Johannes Voelker

Die letzten Tage von Kolberg

Johannes Voelker

Die letzten Tage von Kolberg

Kampf und Untergang einer deutschen Stadt
im März 1945

Lindenbaum Verlag

IMPRESSUM:
Johannes Voelker, Die letzten Tage von Kolberg
Kampf und Untergang einer deutschen Stadt im März 1945
ISBN: 978-3-938176-30-6
Neuauflage 2011 als gebundene Hardcover-Ausgabe
Neuauflage 2018 (Paperback-Ausgabe) als Lizenzausgabe:

Broschierte Ausgabe: Verlag Peter Jancke, Hamburg 1995
Die Erstauflage dieser Dokumentation erschien bereits 1959 als Band 10 der Schriftenreihe „Ostdeutsche Beiträge aus dem Göttinger Arbeitskreis". Die nun vorliegende Neuauflage wurde von Peter Jancke korrigiert, teilweise ergänzt und um eine Einleitung und die biographischen Skizzen des Autors Johannes Voelker und des Festungskommandanten Oberst Fritz Fullriede erweitert.
Internetadresse: www.lindenbaum-verlag.de
E-Brief: lindenbaum-verlag@web.de
Umschlaggestaltung: Studio Haneke, Essen-Kettwig
Druck: Eigendruck
Printed in Germany

INHALTSVERZEICHNIS

EINFÜHRUNG ZUR NEUAUFLAGE 2011

Der Verfasser dieser Chronik vom Untergang des deutschen Kolberg hat das Erscheinen seines Werkes in der Reihe Ostdeutsche Beiträge des Göttinger Arbeitskreises (1959) nicht mehr erlebt. Er starb am 2. Februar 1958 in Stade an der Elbe. 1994 erschien in der Schriftenreihe des Historischen Arbeitskreises Kolberg, Verlag Peter Jancke, Hamburg, ein unveränderter Reprint.

Wenn jetzt über 50 Jahre nach der Niederschrift des Textes im Lindenbaum Verlag eine Lizenzausgabe auf den Markt kommt, schien es geboten, die Texte einer Durchsicht zu unterziehen, um die nach so langer Zeit und den Ergebnissen neuerer Untersuchungen möglicherweise notwendigen Berichtigungen und auch vielleicht einige Ergänzungen aufzunehmen. Es ist dies mit allem Respekt vor der Leistung Voelkers geschehen. Einige offensichtliche Setzfehler wurden korrigiert, Ortsangaben, die heutigen Lesern nicht mehr ohne weiteres verständlich sind, wurden durch einen Zusatz [in eckigen Klammern] ergänzt, längere Erläuterungen oder Korrekturen wurden als Fußnoten* auf den betreffenden Seiten eingefügt. Im Anhang sind einige Dokumente abgedruckt und einige tabellarische Übersichten, z. B. über die auf beiden Seiten eingesetzten Truppenteile, die bei der Räumung beteiligten Kriegs- und Handelsschiffe, dazu eine Untersuchung über die Zahl der im Verlaufe der Kampfhandlungen gefallenen Soldaten. Erfreulicherweise konnte dieser Neuauflage auch ein Bildteil mit Fotos der Zeit beigefügt werden.

Mit Bewunderung und Hochachtung steht man vor der Materialsammlung, die Johannes Voelker in jahrelanger Kleinarbeit unter schwierigsten persönlichen Verhältnissen damals zusammengetragen hat. Diese authentische Darstellung in Form eines Tagebuches der Ereignisse entstand in persönlichen Befragungen durch den Verfasser, durch einen umfangreichen Schriftwechsel, der in großen Teilen noch heute vorhanden ist, durch den Versand von Fragebögen an bekanntgewordene Adressen von Teilnehmern der Kämpfe, aus Einzeltagebüchern und schließlich aus größeren zusammenfassenden Kampfberichten, die für die Heeresangehörigen vom II a im Stab von Festungskommandant Fullriede und für die eingesetzten

Marinesoldaten von deren Bataillonsführer K.-Kpt. Prien unmittelbar nach der Beendigung der Kämpfe zusammengestellt wurden. Aus dieser Vielzahl von Meldungen komponierte Voelker handwerklich sauber mittels Hunderter von kleinen Karteikarten dieses umfassende Tagebuch von Kolbergs Untergang.

Alle späteren Aufsätze in Zeitungen und Illustrierten, Soldatenromane und Bücher zu den Vorgängen bei der Belagerung der Stadt Kolberg im März 1945, die in den darauf folgenden Jahren entstanden, beruhen meist erkennbar auf dieser sachkundigen, gewissenhaft und gründlich recherchierten Arbeit von Johannes Voelker. Auch die beiden polnischen Darstellungen aus kommunistischer Zeit, im Verlag des Ministeriums für Verteidigung in Warschau erschienen: Emil Jadziak „Wyz wolenie Pomorza“ (Die Befreiung Pommerns), und das umfangreiche Werk von Alojzy Sroga: „Na drodze Stal Kolobrzeg“ (Im Wege lag Kolberg), 1980, nennen Voelkers Arbeit als bedeutende Quelle. Das schon 1962 erschienene Werk von Jadziak enthält eine Vielzahl von entsprechenden Fußnoten.

Von den deutschen Veröffentlichungen zum Thema in späterer Zeit ist die Arbeit des Militärhistorikers Erich Murawski „Die Eroberung Pommerns durch die Rote Armee“ (1969)* von besonderer Qualität. Leider gibt es anscheinend bis heute noch von keiner Seite eine zusammenfassende wissenschaftlich/militärische Bearbeitung dieser Tage unter Ausschöpfung der Militärarchive aller drei beteiligten Staaten. Es wäre doch interessant zu erfahren, was damals dazu führte, daß die Eroberung der Stadt Kolberg überwiegend polnischen Truppen überlassen wurde. Wenn es denn so wäre, daß dies auf höheren Einfluß aus politischen Gründen geschah, so haben die polnischen Truppen für diese „Ehre“ schwer bluten müssen.

Ich bedanke mich beim Lindenbaum Verlag, daß durch seine Initiative nun diese Neuauflage möglich wurde, die über den Kreis der betroffenen Kolberger hinaus nun einem erweiterten Leserkreis das damalige Geschehen nahebringen wird.

Peter Jancke

---

* Neuauflage im Lindenbaum Verlag unter dem Titel „Der Kampf um Pommern“, 2011

Das Leben von Johannes Voelker

Geboren wurde er am 23. September 1884 als erstes Kind des Hauptlehrers Franz Voelker und seiner Ehefrau Ida geb. Hauff in Hammer bei Landsberg an der Warthe. Ein Jahr später wurde seine Schwester Johanna geboren. Schon 1886 starb der Vater, wodurch die Familie in große Not geriet. Die Mutter zog mit den beiden kleinen Kindern in ihre alte Heimat Königsberg in der Neumark. Voelker hatte nach seinen eigenen Worten „durch die drückende Armut eine zum Ernst stimmende Kindheit und Jugend".

Nach dreijährigem Besuch der Vorschule wurde er 1894 Schüler des Friedrich-Wilhelm-Gymnasiums, das er 1905 mit dem Zeugnis der Reife verließ. Durch Stipendien und tatkräftige Hilfe treuer Freunde ergab sich die Möglichkeit zu studieren. Er begann sein Studium in Berlin und belegte die Fächer Religion, Hebräisch, Geschichte und Latein. In Greifswald legte er 1910 das Staatsexamen ab.

Es folgte ein Seminarjahr am Königlichen Gymnasium in Köslin, das Probejahr an der Domschule zu Cammin, bevor er 1912 die Versetzung als wissenschaftlicher Hilfslehrer an das Kgl. Dom- und Realgymnasium in Kolberg erhielt. 1916 wurde die Stelle in eine Oberlehrerstelle umgewandelt, bis 1945 war Voelker Studienrat. Kolberg wurde sein Schicksal. 1917 wurde er in Greifswald mit einer Arbeit über Konrad III. zum Dr. phil. promoviert.

Im März 1915 wurde Johannes Voelker Soldat und war zuletzt Sanitätsunteroffizier beim Feldlazarett 120 in Frankreich. Er verarbeitete diese Erlebnisse in dem Buch „Der deutsche Soldat in seinen Liedern und Reimen", erschienen im Hesseland Verlag, Stettin 1929.

Am 4. Oktober 1927 heiratete er Dorothea Bolle, Tochter des Apothekenbesitzers Franz Bolle in Greifenberg in Pommern. Dieser Ehe entstammten vier Söhne: Hermann, Fritz, Hans und Eberhard, keiner von ihnen ist noch am Leben.

Johannes Voelker war sehr national eingestellt und versah viele Ehrenämter in vaterländischen Verbänden. So gründete er 1920 mit der Witwe von Justizrat Richter eine Ortsgruppe der deutschen Kriegsgräberfürsorge in Kolberg. Es war die erste in Pommern, und bis 1935 blieb er ihr Leiter. Vorübergehend war er auch Mitglied der Kolberger Loge, weil er meinte, aus deren Idealen könnte einmal die Erneuerung des Vaterlandes ausgehen. Er fühlte sich aber enttäuscht und trat 1931 wieder aus. Für die Nationalsozialisten war diese Logenzugehörigkeit Grund genug, ihn nach 1933 zur Niederlegung aller seiner Ehrenämter zu zwingen und sein berufliches Fortkommen zu hemmen. Das Amt des Kirchenältesten am Kolberger Dom war das einzige Ehrenamt, das ihm verblieb. Als Historiker und Altsprachler war er im Laufe der Kolberger Zeit zu einer beachtlichen Bibliothek gekommen; sie ging 1945 zugrunde. Am 4. März 1945 – veranlaßt durch den Räumungsbefehl – verließ er zu Fuß mit seiner Frau und den beiden jüngsten Söhnen, seinen Besitz auf zwei kleinen Handwagen, sein geliebtes Kolberg. Die Flucht endete aber bereits in Deep, 12 km westlich von Kolberg, wo die Familie von den Russen überrollt wurde. Zehn Monate irrte sie unter schwersten Bedingungen, allen Drangsalen der rachedurstigen Eroberer ausgesetzt, auf dem Lande in Pommern herum. Der eher schmächtige Mann des Geistes und Wortes mußte schwere Feldarbeit leisten und niedrigste Arbeiten verrichten. Für die zurückgebliebenen Deutschen war er als Seelsorger tätig, hielt Andachten und beerdigte Tote, darunter auch viele Soldaten, die oft erst nach Wochen gefunden worden waren. Der von ihm eingerichtete Schulunterricht für deutsche Kinder aller Altersgruppen wurde ihm vom polnischen Bürgermeister strikt untersagt. Mit knapper Not entging er zweimal der Verschleppung. Am 1. Weihnachtstag 1945 wurde die Familie von den Polen ausgewiesen. Auf der Fahrt über Belgard, Stargard zum Oderübergang bei Stettin wurde sie von polnischen Banden ihrer letzten Habe beraubt. Am 27. Dezember 1945 war die Grenze bei Scheune erreicht. Es grenzt an ein Wunder, daß auch aus dieser Zeit Voelkers gewissenhaft geführtes Tagebuch erhalten geblieben ist – ein außergewöhnliches Dokument aus jener verhängnisvollen Zeit, als Deutsche rechtlos waren.

Über verschiedene Stationen in Vorpommern, Berlin und Westfalen kam Johannes Voelker schließlich nach Stade, wo er für die ersten Monate eine Tätigkeit als Sachbearbeiter beim kirchlichen Suchdienst aufnehmen konnte. Seine Hoffnung, unter den Millionen Verschollenendaten auch einen Hinweis auf seinen vermißten Sohn Fritz zu finden, erfüllte sich nicht.

Dort in Stade wurde ihm die große Genugtuung zuteil, noch einige Jahre bis zu seiner Pensionierung als Pädagoge, jetzt an einer Oberschule für Mädchen, arbeiten zu können. An dieser Vincent-Lübeck-Schule erwarb er sich wie in Kolberg in kurzer Zeit großes Ansehen im Kollegium und gewann durch seine gütige, warmherzige Art Vertrauen und Zuneigung seiner Schülerinnen.

Auch in Stade arbeitete er bald im Kirchenvorstand von St. Cosmae mit und versah über viele Jahre das Amt dessen Vorstehers. Bezeichnend für die Wertschätzung seiner Person ist die große Zahl von Teilnehmern bei seiner Beisetzung und sind die dankbaren Nachrufe durch Kirchenleitung und Gemeinde und die Vertretung der Pommerschen Landsmannschaft, deren Stader Vorsitzender er eine Zeitlang gewesen war.

Die Liebe und Treue zu seiner Heimatstadt ließ Johannes Voelker in Stade ganz früh mit der Arbeit für seine durch die Vertreibung über ganz Deutschland verstreuten Kolberger Landsleute beginnen. Schon 1946, noch unter den dies verbietenden Gesetzen der Besatzungsmacht, gründete er in Stade einen Verein der Kolberger, der am 27.7.1947 im Hotel Birnbaum sein erstes Treffen veranstaltete. Zum ersten Mal nach dem Kriege erklang hier wieder das Pommernlied. Diesem Treffen folgten bis 1949 in Stade weitere Zusammenkünfte, die schon damals bis zu 850 Kolberger zu Feierstunde und Gottesdienst mit Pastor Handtmann im Rathaus vereinigten. Mit anderen wurde Voelker dann zum Begründer der seit 1950 und über mehr als 50 Jahre in Lübeck stattfindenden Bundestreffen aller Kolberger an ihrem traditionellen Feiertag, dem 2. Juli. Hier hielt er 1950, 1951 und 1954 die Festansprache vor nun Tausenden von Kolbergern und bereicherte die jährlich erscheinenden Festschriften durch historische Beiträge aus seiner Feder.

Daneben sammelte der Unermüdliche schon in Stade systematisch die Anschriften von Kolbergern. Den Anfang machte er mit der Suche nach seinen Kolberger Kollegen, weitete dies aus um die Suche nach Kolberger Domschülern. Besonders lag ihm auch die Aufklärung der Schicksale verschollener Flüchtlinge und Kolberger Soldaten am Herzen. In Zusammenarbeit mit Erich Müllers Kolberger Zeitung brachte er Listen von Gefallenen heraus, die 1953/54 vom Verlag Peter Jancke, Frankfurt, zu zwei kleinen Broschüren „Kolberger Totentafel“ mit über 1000 Namen zusammengefaßt wurden. Die Arbeit an einem Gedenkbuch für die Lehrer und Schüler des Kolberger Domgymnasiums konnte er nicht mehr abschließen. Dieses Gedenkbuch wurde durch seinen ehemaligen Schüler Wilhelm Heyden 1985 vollendet und in würdiger Form durch die Vereinigung ehemaliger Domschüler herausgegeben.

Zwei weitere vollendete Manuskripte hinterließ Johannes Voelker bei seinem plötzlichen Ableben am 6. Februar 1958: eine „Geschichte der Stadt Kolberg“ und die hier vorliegende Chronik über „Die letzten Tage von Kolberg“.

Die Geschichte der Stadt Kolberg ist eine Kurzfassung der Geschichte der Stadt von Riemann (bis 1807), fortgesetzt durch eigene Untersuchungen Voelkers bis zum Untergang 1945. Dieses Buch erschien 1964 im Ostseeverlag, Leichlingen.

Rückblickend auf dieses tapfere, fleißige Leben unseres Landsmannes Johannes Voelker kann man nur feststellen: Er hat sich um die Stadt Kolberg und um deren Bewohner in höchstem Grade verdient gemacht. Voller Ehrerbietung und Dankbarkeit gedenken wir seiner.

Peter Jancke

Lebenslauf von Oberst Fritz Fullriede

Die erfolgreiche Verteidigung der Stadt Kolberg im März 1945 und damit die Rettung der in ihr eingeschlossenen Menschen wäre nicht möglich gewesen, wenn die militärische Führung der Verteidiger nicht in der Hand eines außerordentlich tüchtigen Offiziers gelegen hätte. Oberst Fritz Fullriede war ein kampferprobter Offizier, bewährt an der Rußlandfront und in Feldmarschall Rommels Afrikakorps. Am 1. März 1945, drei Tage vor dem Eintreffen der Russen vor Kolberg, traf er, an die Spitze des im Januar aufgestellten Festungsstabes berufen, in der Stadt ein. Er löste den erkrankten General Paul Herrmann ab. Die ersten Tage galten der Ordnung des zivilen Sektors und der Erfassung der versprengten Truppenteile, die ihm zur Verteidigung der Stadt zur Verfügung standen. Nach eigenen Angaben handelte es sich um 3.300 Soldaten der verschiedenen Waffengattungen, Heer, Marine, Luftwaffe und Volkssturm, als am 4. März die Russen vor der Stadt erschienen und das Bombardement begann. Unter seiner umsichtigen Führung verteidigte dieses unterschiedlich bewaffnete und wenig kriegserfahrene Aufgebot an Kämpfern tapfer die Stadt gegen einen zahlenmäßig vielfach überlegenen Feind. Besonders herauszuheben ist der Einsatz des Volkssturms. Die Verteidigung von Kolberg ist eines der seltenen Beispiele von sinnvollem Einsatz dieses letzten deutschen Aufgebotes. Hier kämpften die Männer im wahrsten Sinne ihres Auftrags für die Rettung ihrer Frauen und Kinder.

Fullriedes Ziel war es, entgegen dem Befehl zum Durchhalten bis zum letzten Mann, die Stadt nur so lange zu verteidigen, bis die in ihr Schutz suchenden Flüchtlinge aus den bedrohten Regionen Pommern, Westpreußen und Ostpreußen und die Bewohner Kolbergs die Stadt über See hätten verlassen können. Sein Plan gelang. Die Rettung der Bevölkerung vor dem rachedurstigen Feind vor Augen und auch mit der Aussicht auf eigenes Entkommen über See hielten die tapferen Soldaten und Volkssturmmänner unter schwierigsten Bedingungen den Hafen bis zum Abtransport der letzten Zivilisten feindfrei. Dies wäre ohne die artilleristische Unterstützung durch zwei Zerstörer der Kriegsmarine nicht möglich gewesen. Unvergessen ist auch der mutige Einsatz der Besatzungen der rettenden Handelsschiffe.

In den frühen Morgenstunden des 18. März verließ Oberst Fullriede in einer dramatischen Aktion mit seinem Stab und den letzten militärischen Sicherungen auf kleinen Booten die innerhalb von vierzehn Tagen zusammengeschossene, brennende Stadt. Diese Zerstörungen waren der Preis um den es gelang, 70.000 Frauen, Kinder und Greise vor dem erbarmungslosen Feind zu retten. Statt des bei Aufgabe einer Festung drohenden Galgens erhielt Fullriede für diese herausragende Verteidigungsleistung von seinem obersten Feldherrn das Eichenlaub zum Ritterkreuz. Im April 1945 wurde er noch mit der Führung der in Swinemünde aufgestellten 3. Marineinfanterie-Division betraut. Fullriede starb am 3. November 1969 und wurde mit militärischen Ehren in seiner Heimatstadt Bremen zu Grabe getragen.

Peter Jancke

VORWORT DES HERAUSGEBERS DER ERSTAUFLAGE 1959

Der Name der pommerschen Hafenstadt und zeitweiligen Festung Kolberg ist in der neueren ostdeutschen Geschichte mehrere Male im Zusammenhang mit kriegerischen Ereignissen bekannt geworden. Aus der Lage dieses Platzes, der zwischen Stettin und Danzig der wichtigste pommersche Ostseehafen ist, leitet sich seine militärische Bedeutung ab. So war Kolberg schon in früheren Zeiten – z.B. im Dreißigjährigen Krieg – umkämpft. Der Siebenjährige Krieg brachte eine Reihe von Belagerungen: 1758 vergeblich durch eine russische Armee, 1760 widerstand Kolberg einem schwedisch-russischen Angriff von der See- und der Landseite, 1761 musste sich die Festung nach viermonatiger Belagerung einem russischen Heer ergeben. Berühmt wurde der siegreiche Widerstand Kolbergs unter Gneisenaus und Nettelbecks Führung 1807 gegen einen französischen Belagerer.

Den historischen Ruhm der soldatischen und zivilen Verteidigung von Kolberg versuchte sich im zweiten Weltkrieg eine Propaganda nutzbar zu machen, um in aussichtsloser Kriegslage ein Vorbild unbeugsamen Widerstandswillens zu errichten. Es wurde sogar aus gleichartigen Vorstellungen einer Menschenführung mit äußeren Mitteln unternommen, dem 1945 erneut heraufziehenden Verzweiflungskampf Kolbergs eine zusätzliche Bedeutung für den Kriegsausgang zu geben. Dies ziellose Handeln in auswegloser Lage, das sogar eine ehrwürdige Geschichte, durch Film und Presse verzerrt, dem Augenblick dienstbar machen wollte, nimmt dem letzten Kampf der Stadt nicht den Charakter eines wesentlichen historischen Vorganges oder gar ihren Verteidigern das Ansehen und das Bewußtsein, in höchster Not aufopfernd das Mögliche für die eigenen Landsleute getan zu haben.

Die Bedeutung der Verteidigung Kolbergs gegen die angreifenden sowjetischen Truppen im Frühjahr 1945 kann nur im

Zusammenhang mit der Lage auf diesem Kriegsschauplatz und vor allem der Fluchtbewegung der Zivilbevölkerung erkannt werden. Die große sowjetische Offensive, welche Mitte Januar 1945 zwischen Memel und oberer Weichsel losbrach, erreichte in dem hier interessierenden Abschnitt gegen Ende Januar die Oder bei Fürstenberg und Küstrin. Anfang Februar war Ostbrandenburg in sowjetischer Hand, das bedeutete, daß der militärische Verbindungsweg von Westen durch Ostpommern zu dem noch in Westpreußen kämpfenden deutschen Heer und damit auch der Fluchtweg für die Zivilbevölkerung von Ost nach West in seiner ganzen Länge bis zur Oder vom Feind flankiert waren. Ein sowjetischer Versuch, diese Kommunikationslinie durch einen Vorstoß nach Stettin zu unterbrechen, konnte zwar abgewehrt werden, jedoch gelang es der deutschen Führung nicht, ihrerseits durch einen Gegenangriff die sowjetische Flanke einzudrücken. Ein Mitte Februar im Raum Pyritz-Arnswalde nach Süden angesetzter Angriff blieb nach Anfangserfolgen stecken.

Neben der militärischen Entwicklung, die durch einen tapferen und opfermutigen Widerstand der zusammengeschmolzenen deutschen Verbände gekennzeichnet war und unter dem Schatten unzureichender Kräfte und Materialmangels stand, gehört zum Gesamtbild die Situation der Zivilbevölkerung, die bei einem sowjetischen Einbruch in Ostpommern einem Schicksal von besonderer, aus den schreckenverbreitenden Ereignissen in Ostpreußen bereits bekannter Härte entgegensah. In dem Gebiet zwischen Ostpreußen und dem Unterlauf der Oder, das zu dieser Zeit noch feindfrei war, lebten fast drei Millionen einheimischer und fast eine Million aus Ostpreußen und dem Weichsel-Warthegebiet geflüchteter Deutscher. Erschöpfung, Mangel an Transportmitteln, vor allem aber auch die Hoffnung, bald wieder in eine freie Heimat zurückkehren zu können, hatten diese Menschen in Ostpommern und Westpreußen festgehalten. Zwar hatte die deutsche Kriegs- und Handelsmarine über Danzig und ostpommersche

Häfen in einer beispiellosen Leistung, die zu den großen stillen Heldentaten in der Schlußphase des Krieges gehört, Hunderttausende von Flüchtlingen über See abtransportiert; als aber der sowjetische Großangriff auf Ostpommern und Danzig Anfang März 1945 begann, befanden sich noch rund zweieinhalb Millionen Deutsche, davon über 25 Prozent Flüchtlinge, in diesem Raum. Da der Westweg auf dem Lande entlang der Küste infolge der sowjetischen Erfolge immer schmaler und schließlich abgeschnitten wurde, drängten sich die Flüchtenden in den Häfen zusammen, neben Danzig vor allem auch in Kolberg.

Die sowjetische Märzoffensive, welche die Sicherung der Flanke des auf Berlin gerichteten Stoßkeiles durch Eroberung des westpreußisch-ostpommerschen Gebietes zum Ziele hatte, ging in drei Richtungen vor: aus dem Raume Friedeberg-Arnswalde nach der Odermündung bei Stettin und dann zur Ostseeküste bei Cammin, aus dem Raume Schneidemühl-Deutsch Krone nach der Küste ostwärts von Köslin und schließlich in Westpreussen nach Gdingen und Danzig. Während die Offensive in Westpreußen erst am 22. März bis an die Küste zwischen Danzig und Gdingen gelangte, waren ihr in Ostpommern rasche und erfolgreiche Gewinne möglich. Bereits am l. März wurde die Küste bei Köslin erreicht, am 3. März stand die Rote Armee an der Odermündung: Damit war nicht nur Ostpommern abgeschnitten, sondern auch in zwei Teile aufgespalten. Bis zum 10. März war ganz Ostpommern in sowjetischer Hand, nur Kolberg verteidigte sich noch.

Die in Ostpommern einheimische oder auf der Flucht eingetroffene Zivilbevölkerung wurde durch die sowjetische Offensive aus der trügerischen Ruhe des Februar aufgeschreckt. Überstürzt setzten sich bei winterlichem Wetter Trecks und Transporte in Bewegung; Räumungserlaubnis wurde meist verspätet erteilt. Die Bevölkerung im östlich des sowjetischen Vorstoßes nach Köslin gelegenen Gebiet wandte sich wieder ostwärts nach Danzig, wo vielen noch Rettung winkte. Aus dem westlichen Teil

Ostpommerns gelangten aber nur noch wenige über die Oder, die letzten über die Inseln des Haffs, nach Vorpommern und Mecklenburg. Besonders für die Bevölkerung in den Kreisen Köslin, Kolberg und Belgard war der Weg bis zur Oder zu weit, als daß er noch vor Auftauchen der sowjetischen Angriffsspitzen hätte bewältigt werden können. Deshalb blieb nur Kolberg, die größte Stadt in diesem Raum, mit seinem Hafen eine letzte Rettungsmöglichkeit. Die Einwohnerzahl Kolbergs stieg von 35000 auf 85000 Menschen. Bei Beginn der Einschließung standen noch 22 Eisenbahnzüge mit Flüchtlingen und Verwundeten auf der Strecke von Belgard nach Kolberg. Nur ein Widerstand um Kolberg und die Verteidigung von Stadt und Hafen konnten Aussicht darauf eröffnen, daß Bewohner, Verwundete, Flüchtlinge und die Reste militärischer Verbände über See gerettet wurden. Dies war die Aufgabe der Verteidiger Kolbergs und der Sinn ihres Ringens.

Aufgrund langjähriger Materialsammlungen und Studien hat der Verfasser, der an den Kämpfen selbst teilgenommen hatte, ein eingehendes Bild der Kampfhandlungen und der Vorgänge im zivilen Sektor – sofern dieser Unterschied bei einer Festungssituation noch gemacht werden kann – gezeichnet. Damit ist ihm, der das Erscheinen des Bandes nicht mehr erleben durfte, ein wesentlicher Beitrag zur ostdeutschen Geschichte des Jahres 1945 zu danken, der von mehr als nur lokalem Wert ist. Die Verteidigung der Stadt war militärisch aussichtslos, sie endete auch mit deren Räumung. Dennoch haben die kaum 3300 Soldaten, welche den Kampf gegen sowjetische Panzer-, Artillerie- und Werferverbände sowie gegen drei sowjetpolnische Infanteriedivisionen aufnahmen, die Rettung von rund 70000 deutschen und nichtdeutschen Menschen (z.B. Kriegsgefangene) ermöglicht. Diesem verantwortungsbewußten Mut an historischer Stätte gebührt ehrende Erinnerung.

Der Göttinger Arbeitskreis

Die 6. Belagerung Kolbergs

Sechs Belagerungen hat Kolberg im Laufe seiner Geschichte erlebt. Am 28. Februar 1631 mußte es sich nach fünfmonatiger Belagerung dem schwedischen General Horn ergeben; die Kaiserlichen zogen am 2. März 1631 ab, die Schweden ein. Im Oktober 1758 und vom 27. Juli bis 23. September 1760 belagerten die Russen die kleine Festung vergeblich. Die dritte russische Belagerung, die vierte in der Geschichte der Festung, währte vom 24. August bis 16. Dezember 1761; am Abend des 16.12. unterzeichnete Oberst von der Heyde die ehrenvolle Kapitulation, weil er am 15. 12. den letzten Laib Brot an die Garnison hatte ausgeben lassen. Die fünfte Belagerung Kolbergs durch die Franzosen vom März bis zum 2. Juli 1807 war vergeblich; sie hat den Ruf Kolbergs und den seiner ruhmvollen Verteidiger, des Festungskommandanten Major Neithardt von Gneisenau, des Majors von Schill, des Vizekommandanten Hptm. v. Waldenfels und des Bürgerrepräsentanten Joachim Nettelbeck für alle Zeit mit goldenen Lettern in das Buch deutscher Geschichte eingetragen. Die sechste Belagerung vom 4.-18. März 1945 endete mit der Einnahme Kolbergs durch Russen und Polen; sie eroberten einen Trümmerhaufen, denn die Stadt war durch den vierzehntägigen Beschuß zu 90% zerstört worden.

Kolberg war im März 1945 von Flüchtlingen überfüllt, nachdem seit Januar 1945 wochenlang Trecks aus Ost- und Westpreußen ununterbrochen durch die Stadt rollten. Die Trecks wurden durchgeschleust, bei Verstopfung der Straßen bis zum andern Tage angehalten. Ein großer Teil dieser Trecks vom Januar und Februar hat noch den Raum westlich der Oder erreicht[84)]. Viele Flüchtlinge aber, zumeist von Südosten aus Hinterpommern gekommen und von den Russen immer weiter nach Norden gedrängt, hatten vergebens versucht, sich nach Westen zu retten[45)]; ein Teil ihrer Trecks war von den Russen überrollt worden[84)].

Hitler wünschte angesichts der geschichtlichen Erinnerungen, welche die nationalsozialistische Propaganda um so stärker erfüllten, je hoffnungsloser die Gegenwart wurde, daß Kolberg sich bis zum letzten Mann verteidigte und des Kampfes eines Nettelbeck würdig erweise[44)]. Doch der Kommandant war nicht geneigt, sich von abwegigen historischen Parallelen (Kolberg 1807) betören zu lassen. Wohl aber hielt er es für seine Pflicht, mit seinen 3000 Männern die Stadt so lange zu halten, bis mit tatkräftiger Hilfe der Marine die Flüchtlingsmassen über See gerettet waren[45)].

Nach Kriegsende kam es zu einer bedauerlichen Pressefehde, in der das Für und Wider der Verteidigung Kolbergs leidenschaftlich erörtert wurde. Gegen den ehemaligen Kommandanten, Oberst Fullriede, wurde der schwere Vorwurf erhoben, daß er den „Irrsinnsbefehl" der Verteidigung (und damit der Zerstörung der offenen Stadt Kolberg) befolgt habe[9)].

Der Kampf konnte für Oberst Fullriede nur einen Sinn haben: auszuhalten, bis die in der Stadt eingeschlossenen Flüchtlinge und die Bevölkerung über See gerettet werden konnten. Als der Kampf seinen Zweck erfüllt hatte, gab der Kommandant ihn auf – entgegen dem Befehl, auch den letzten Mann noch zu opfern und damit einen Kolberg-Mythos zu schaffen[44)].

Der Kommandant und seine tapferen Soldaten sind mit Recht davon erschüttert, ihre Verteidigung Kolbergs als „Irrsinn" ausgelegt zu bekommen, um so mehr, als Oberst Fullriede seinen Mitkämpfern ausdrücklich erklärt hatte, daß sie nicht die Stadt oder Festung Kolberg, sondern die Zivilbevölkerung, vor allem Frauen und Kinder, verteidigten[7)] und daß er sie, auch gegen den Befehl, aus Kolberg herausbringen würde, sobald der letzte Zivilist abtransportiert sei[82)]. Der Kommandant gab den Befehl also nur, weil anders eine Rettung der Bevölkerung nicht möglich war[10)]. Kolberg war übrigens die einzige Stadt, die gehalten wurde, bis die Bevölkerung, soweit möglich, abtransportiert war[10)].

Deshalb sind in Verteidigung der Stadt Tausende von Soldaten und Männern des Volkssturms gefallen*, und dieser Kampf bewahrte Zehntausende vor einem schrecklichen Los. Diese Männer wußten genau, welches entsetzliche Schicksal den Einwohnern und Flüchtlingen, besonders den Frauen und Mädchen, bevorstand; immer wieder hatte die militärische Leitung sie darauf verwiesen. Zweimal hatten die Russen Oberst Fullriede zur Kapitulation aufgefordert und den Soldaten Leben und anständige Behandlung zugesichert, nicht aber den Einwohnern[7)]! Die Verteidiger Kolbergs kämpften also einzig und allein für die Bevölkerung[5)]. Was wäre aus den 80000 über See geretteten Einwohnern und Flüchtlingen aus Kolberg geworden, hätten die Soldaten und Volkssturmmänner nicht bis zuletzt ausgehalten?[5)] Es war also kein „Irrsinn", sondern in jenen Untergangstagen eine ehrenhafte und heldische Tat, daß Oberst Fullriede und seine Männer sich für deutsche Frauen, Kinder und alte Leute zu opfern bereit waren[100)]. Was hätte der Feind wohl von Kolberg stehen lassen, wenn es sich nicht verteidigt hätte? Und hätte er auch die Stadt geschont, so sicherlich nicht die 80000 Deutschen**, die in ihr zusammengedrängt waren und nach dem damaligen russischen Verfahren einen Elends- und Todesmarsch nach Osten hätten antreten müssen. Auf jeden Fall gilt bei einer notwendig werdenden Entscheidung: Menschenleben haben mehr Wert als die ehrwürdigsten Gebäude einer Stadt[100)]!

---

* Wegen der Verlustzahlen s. im Anhang unter „Ehrenbuch der Gefallenen".

** Diese Zahl ist überhöht, es sei denn, man rechnete die im Januar und Februar durch die Stadt geschleusten Flüchtlinge mit ein.

Kolberg besaß keinerlei militärische Anlagen, die in einem modernen Kriege irgendwie von Wert waren[31)]. Im November 1944 wurde beschlossen, die Stadt zur Festung auszubauen. Es wurden drei Verteidigungsringe festgelegt: ein äußerer etwa 12 km vor der Stadt (er war nur geplant, da die vorgesehenen Divisionen der Kampfgruppe des Generals von Tettau nie eintrafen)*; ein innerer Verteidigungsring etwa 5 km vor der Stadt (teilweise wurden hierfür Erdarbeiten ausgeführt, aber er war nur im Osten vorübergehend besetzt); und schließlich der Ausbau der Stadtrandsiedlung (Anfang Februar 1945 durch das stellv. Gen.-Kommando des II.A.K. befohlen). Letztere ist dann verteidigt worden, eine einheitliche Hauptkampflinie war aber aus Mangel an Truppen meist nicht möglich; nur die Stadtrandstellung wurde einheitlich besetzt[5)].

Im November-Dezember 1944 wurden Einheiten des Volkssturms für die gegebenenfalls eintretende Verteidigung Kolbergs aufgestellt.

Als die mit dem Aufbau der Verteidigung beauftragten zuständigen Behörden zur Musterung der ihnen zur Verfügung stehenden Kräfte schritten, mußten sie gewahr werden, daß ohne Heranziehung der aus Bürgerkreisen zu stellenden Einheiten an eine Verteidigung gar nicht zu denken war. So wurden alle nur irgendwie waffenfähigen Männer Kolbergs in die Einheiten des Volkssturms** und des Heeres eingereiht[53)]. Kommandeur des Volkssturm-Regiments wurde Marine-SA-Standartenführer Erhard

---

* Die Kampfgruppe Tettau hatte bei gegebener Feindlage auf dem Weg von Bärwalde nach Dievenow einen westlicheren Weg über Greifenberg-Horst genommen.

** Die Aufstellung des Volkssturmes geschah im Oktober 1944 und wurde von der SA durchgeführt. So waren Zug-, Kompanie- und Bataillonsführer meist Parteileute, die über einige militärische Erfahrungen aus dem 1. Weltkrieg verfügten.

Pfeiffer aus Köslin, ein zuverlässiger, tüchtiger Führer. Das Regiment war aus den verschiedensten Volkssturm-Einheitsresten zusammengestellt. Pfeiffer wurde vom Festungs-Kommandanten zum Abschnitts-Kommandanten West ernannt; als solcher befehligte er die Volkssturm-Bataillone, die in Kolberg eingesetzt waren. In der 2.Volkssturm-Kompanie waren alle u.k. gestellten Leute, Behörden- und Wehrmachtsangehörige; Kompanie-Führer war Kreisoberinspektor Franz Müller.

Wegen Unstimmigkeiten mit dem Luftgau war der Leiter des Flak-Schießplatzes Stolpmünde, den er 1937 mit aufgebaut hatte, Krapp, 1943 als Generalmajor verabschiedet worden. Da er als gewissenhafter und fleißiger Offizier bekannt war, und da der Kolberger Oberbürgermeister, Dr. Wegener, als Soldat eingezogen war, wurde Krapp zum kommissarischen Oberbürgermeister von Kolberg (Staatskommissar) ernannt. Er trat diese Stellung am 1. Januar 1945 an.

Ende Januar 1945 wurde General-Major P. Herrmann der erste Kommandant der zur Festung erklärten Stadt Kolberg. Er befand sich schwer ischiaskrank bei seiner Familie in Kolberg und hatte zudem das Unglück gehabt, sich Weihnachten 1944 infolge eines Sturzes auf dem Eise das rechte Handgelenk zu brechen, der Unterarm mußte für ein Vierteljahr in Gips gelegt werden, und so konnte von Dienstfähigkeit kaum die Rede sein. Als Generalmajor Herrmann das Kommando übernahm, war in Kolberg noch nichts für die Verteidigung getan[15)].

Sein Verhältnis zum Kreisleiter war von vornherein gespannt, zumal dieser von militärischen Dingen keine Ahnung hatte, nichtsdestoweniger aber sich zunächst häufig in die militärischen Fragen einmischte.

General Herrmann tat sein Möglichstes, um die vielen Etappen-Dienststellen aus der Stadt herauszubekommen. Er wies beim Generalkommando Stettin immer wieder darauf hin, daß Kolberg mit seinem Hafen wie ein Magnet wirken würde, wenn die Russen weiter vordrängen. Er hatte geringen Erfolg, doch bekam er wenigstens etwas Flakschutz[15)].

Der Stab der Festungs-Kommandantur Kolberg wurde etwa am 26.1.1945 aufgestellt. Oberst Gerhard Troschel wurde als Pionieroffizier der „Festung" nach Kolberg geschickt und traf Anfang Februar, von Südostpreußen kommend, in Kolberg ein. Eine Festung aber gab es nicht; sie sollte erst aufgebaut werden. Der Stab war gerade erst zusammengetreten; eine Truppe, mit der dieser Stab die „Festung Kolberg" hätte bauen und verteidigen können, war nicht vorhanden[18)].

Etwa am 20.1.1945 war aus dem Gren.-Ers.-Btl.4, Kolberg, ein Alarmbataillon aufgestellt worden, das jedoch bald darauf in der Gegend von Küstrin eingesetzt wurde. Die zurückbleibenden Teile wurden durch Rekruten und Soldaten anderer Truppenteile wieder aufgefüllt, auch mit Unteroffizieren von Luftwaffen- und Nachschubeinheiten, die bei dem Ersatz-Btl. infanteristisch zu Unterführern ausgebildet werden sollten. Etwa am 4.2. wurde aus dem Ers.-Btl.4 ein Ausbildungs-Bataillon gebildet; das eigentliche Ersatz-Bataillon wurde bald darauf nach Wismar/Mecklenburg verlegt.

Von dem Ausbildungs-Bataillon Kolberg wurden zunächst nur zwei Kompanien aufgestellt, die allerdings außergewöhnlich stark waren. Die Kompanie von Oblt. Erdmann, die damals als „Unterführer-Kompanie" bezeichnet wurde, hatte zum Beispiel fünf Züge zu je etwa 50 Mann. Der 5. Zug bestand nur aus Unteroffizieren; er wurde von dem sehr tüchtigen Stabsfeldwebel Jaursch geführt. Die Aufstellung zweier weiterer Kompanien durch Teilung der schon vorhandenen konnte zunächst nicht verwirklicht werden, da es an Offizieren, erfahrenen Ausbildern und Gerät mangelte. Die Aufstellung weiterer Kompanien dieses Btls. konnte dann auch nicht mehr durchgeführt werden, da sich die Ereignisse überstürzten.

Im Laufe der nächsten zwei Wochen wurden dann in Kolberg

aus anderen Einheiten und Personalbeständen ein Regiments-Stab und ein weiteres Bataillon mit (wahrscheinlich) drei Kompanien gebildet. Die Soldaten kamen wohl von anderen Kolberger Truppenteilen, aber auch von fremden Einheiten, die nach Kolberg verlegt wurden. Diese neuen Einheiten lagen auch nicht bei dem Ausbildungsbtl. in der Jägerkaserne, sondern an der Straße nach Altwerder bei der Siederlandschanze. Das Ganze wurde etwa am 20.2. zum „Ausbildungs-Rgt. 11. Armee" zusammengefaßt. Es bestand im wesentlichen aus dem Rgt.-Stab (Rgt.-Kmdr.: Oberst Woller) und den beiden noch unvollständigen Bataillonen (I und II). Regiments-Einheiten waren auch erst in Anfängen oder noch gar nicht vorhanden. Es handelte sich demnach um eine noch ganz unfertige und vielfach improvisierte Einheit. Durch einfache Umbenennung erhielt das Rgt. die Bezeichnung „Feld-Ausbildungs-Rgt. Pz. A.O.K. 3"; wohl deshalb, weil der Stab des Pz. A.O.K. 3 unter General der Panzertruppen v. Manteuffel den Befehl über den Abschnitt und die Einheiten der 11. Armee übernahm[23)].

Um die „Festung" entstehen zu lassen, wurde zunächst eine Verteidigungsstellung außerhalb der Stadt erkundet, die sich beiderseits an die Ostsee anlehnte. Ihr Ausbau machte große Schwierigkeiten, da es an sachverständigem Personal und an Material fehlte. Der Ausbau wurde auch dadurch erschwert, daß im Februar regnerisches Wetter herrschte und alle Erdarbeiten im Schlamm endeten. Außerdem liegt in und bei Kolberg das Grundwasser sehr hoch, so daß die Soldaten bald auf Grundwasser kamen. Infolgedessen konnte der Kampftruppe nur eine Stellung geboten werden, die ihr wenig nutzte[18)]. An Pionieren waren vielleicht 100 Mann vorhanden, dazu ein Leutnant. Sie halfen beim Stellungsbau und bereiteten die drei Brücken über die Persante (Eisenbahn-, Friedrichs- und Adlerbrücke) zur Sprengung vor. Infolge der Beschießung gingen diese Brücken dann alle drei vorzeitig in die Luft, so daß im Verlauf der Belagerung schließlich keine Brücke mehr vorhanden war[18)].

General Herrmann konnte sich trotz seines schweren Leidens, zu dem Mitte Februar noch eine Grippe hinzukam, wegen der vielen Aufgaben nicht entschließen, sich krankzumelden. Um den 20.2. mußte er es schließlich doch tun. Sein Stellvertreter war zunächst der Pionieroberst Troschel, ein persönlich sehr tapferer Mann, der trotz seines Alters Oberst Fullriede unermüdlich zur Seite stand.

Am 28.2. oder 1.3. abends meldete sich telefonisch Oberst Fullriede mit der Mitteilung, er sei General Herrmanns Nachfolger. Etwa eine halbe Stunde danach rief der Kommandierende General Hörnlein an und teilte General Herrmann mit, sein Ausscheiden sei ausschließlich deshalb erfolgt, weil die Lage einen gesunden Kommandanten verlange; er möge sich bei der Führerreserve in Stettin melden, sobald er dazu in der Lage sei. General Herrmann entnahm daraus, daß örtliche Parteistellen an diesem Kommandantenwechsel nicht beteiligt waren. Wegen seiner Versetzung zum Wehrkreis-Kmdo.II verließ der General Kolberg[15)].

Bei der Ernennung von Oberst Fullriede zum Kommandanten waren zweifelsohne militärische Gesichtspunkte bestimmend. Im März 1943 erhielt der damalige Oberstlt. Fullriede während des Feldzuges in Afrika den Befehl, „selbständig und nach eigenem Ermessen alle Maßnahmen zu treffen, um einem Angriff in der Enge von Fondouk begegnen zu können". Oberstlt. Fullriede schlug damals den Angriff der Amerikaner und Engländer auf die Enge von Fondouk zurück und rettete damit die Rommelarmee vor dem vorzeitigen Untergang[43)]. Danach hatte er fast dauernd und auf allen Kriegsschauplätzen ähnliche Aufgaben. Kolberg war für ihn nur einer von vielen Kampforten, an die er wegen seiner hervorragenden Tüchtigkeit als Offizier berufen wurde. Hitler schätzte Fullriede als Soldaten sehr. Trotzdem waren „die persönlichen Beziehungen" Fullriedes zu Hitler mehr als gespannt, da der Oberst „fünfmal direkte Befehle" des Führers „nicht befolgt hatte". So hatte Fullriede u.a. die nutzlose Zerstörung der Stadt

Cairouan in Tunesien, die Geiselerschießungen in Piglio und die Niederbrennung der Stadt Putten in Holland verhindert[10)].

Am 26.1.1945 war die Panzerabwehrschule, die in der Waldenfelskaserne ihren Standort hatte, nach Deutsch-Krone verlegt worden; sie kam mit ihren vier Kompanien, darunter etwa 50 Militär-Handwerker, bei Deutsch-Krone mit zum Einsatz[108)]. Am 4.2. war das Volkssturm-Bataillon Kolberg nach Krössinsee bei Falkenburg verlegt worden.

Am 11.2. hatte Superintendent Handtmann, der wegen des Ernstes der Lage die Einsegnung vom Palmsonntag vorverlegte, die Not-Einsegnung seiner Konfirmanden im Dom vorgenommen. Am 12.2. nachmittags waren sie mit ihren Angehörigen in der Garnison- (Kloster-) Kirche zum Abendmahl gegangen. Die Kirche war wegen Fliegergefahr mit wenigen Kerzen nur notdürftig erleuchtet. Für manchen der Konfirmanden, dem wenig später der Tod oder Verschleppung in russische Gefangenschaft beschieden war, ist diese seine erste Abendmahlsfeier zugleich seine letzte gewesen.

Im Februar wurden in Kolberger Deep zwei Batterien aufgestellt. Sie sollten nach Kolberg in den Einsatz. Als der Nachrichtenoffizier und Führer des Unterstabes beim Abteilungsstab der „Abteilung Heimel" vorausfuhr, um Quartier zu machen, war sein erster Eindruck von Kolberg: „Ein von allen Wirrnissen und Gefahren des Krieges bis dahin völlig verschontes Städtchen. Überall Friedensbetrieb, in allen Gassen sorglose Bürger. Das einzige, was an die rauhen Zeiten des Krieges erinnerte, waren einige Trecks mit Flüchtlingen, die, aus dem Osten kommend, die Stadt durchzogen." Mit Unterstützung des Stadtkommandanten erhielt der Abt.-Stab ein verhältnismäßig gutes Quartier in der Jäger-Kaserne (Stettiner Straße). Der Oblt. mußte sich um die Beschaffung des notwendigsten Nachrichtengerätes selber kümmern. Dann rückten die Batterien an. Die Batterie Frehse ging auf dem Fliegerhorst Bodenhagen in Stellung, die Batterie Billerbeck in den Kasematten des Hafengeländes. Außer diesen beiden Batterien wurden dem Abt.-Stab zwei 10,5-Batterien unterstellt, die aus dem Raum Pyritz zugeführt wurden. „Immer noch sorglose Tage”, bemerkt der Oblt.; „abends saß man zusammen beim Kartenspiel. So verging die Zeit”[26].

Der Panzervernichtungstrupp der Horst-Kompanie des Flugplatzes Bodenhagen, die „Hoko”, war unter seinem Truppführer Hfw. Otto Kirchhoff in den letzten Tagen des Februar zwischen Köslin und Bublitz mehrmals eingesetzt worden. Der Trupp hatte am 25.2. nachts ungefähr 1-2 km vor Bublitz die erste feindliche Panzerberührung, war jedoch ohne Verluste zurückgekehrt. Am nächsten Tage wurde wieder ein Panzervernichtungstrupp in Richtung Köslin mit Lastwagen in Marsch gesetzt; dieser Trupp wurde gleich hinter Köslin in Richtung Zanow mit noch anderen Trupps des Heeres vollkommen vernichtet. Die „Hoko” hatte dort mehrere Tote, unter ihnen Obgfr. Schulz(e), Schreiber bei Ofw. Witt[27].

Am 26.2. war für das I./F.A.R. 11. Armee der Ausbau eines Abschnitts des inneren Verteidigungsringes der „Festung” Kolberg befohlen worden (Körliner Straße einschließlich Gefechtsvorposten auf der Hohenbergschanze/Abdeckerei/Gärtnerei Ernst Hoffmann-Stadtfeld an der Chaussee nach Körlin, Bahnstrecke Kolberg-Körlin, Waldenfelskaserne an der Kösliner Chaussee einschl. Kasino Waldenfelskaserne). Rechts angelehnt war das II./F.A.R.; links war die Flanke bis zum Strande noch offen. Am 26.2. nachmittags erfolgte die Einweisung der Kp.-Chefs des I.Btl. durch den Btl.-Kmdr. Hptm. Gruber. Die l.Kp. führte Oblt. Erhard Erdmann. Da seine Kp. stärker war, bekam er den größeren (linken) Abschnitt zugewiesen. Die Stellung war schon etwas ausgebaut; doch waren die Gräben in dem nassen Boden durch Tauwetter teilweise eingestürzt und standen halb voll Wasser. Das Wetter war ziemlich kalt, trotz Sonnenschein. An der Chaussee nach Körlin standen die Salz- und Matzwiesen durch Anstauung der Persante teilweise unter Wasser. Bei der Breite des Abschnitts und den zur Verfügung stehenden Kräften war zunächst nur eine stützpunktartige Besetzung möglich. Im Abschnitt der l. Kp. wurden folgende Stützpunkte vorgesehen: Stützpunkt Bahndamm Kolberg-Körlin, 1. Zug rechts der Bahn eine Gruppe (unmittelbarer Anschluß zum rechten Nachbarn nicht vorhanden, doch Sichtverbindung an der Kösliner Straße, nach links durch den Bahndamm isoliert, gutes Schußfeld); links der Bahn zwei Gruppen (gutes Schußfeld). Am St. Marienfriedhof an der Kösliner Straße war ein s.M.G. aufgestellt, das zunächst die einzige schwere Waffe des Btl. (und der 1. Kp. unterstellt) war. Die Stellung zog sich nach Nordosten bis an die Kösliner Straße hin. Die Stellung des 2. und 3. Zuges befand sich in einem bereits vorhandenen Graben hart ostwärts der Waldenfelskaserne. Eine Gruppe des 3. Zuges wurde als Reserve für diesen Stützpunkt vorgesehen. Der 4. Zug (mit 2 Gruppen rechts der Bahn Kolberg-Köslin und einer Gruppe links davon) bekam als Stützpunkt das Kasino der Waldenfelskaserne (etwa 300-400 m nördlich der Kaserne) zugewiesen. Zwischen dem 2., 3. und 4. Zug war nur Sichtverbindung, aber flaches Gelände mit gutem Schußfeld. Auch hier war das Grabensystem teilweise durch Tauwetter eingefallen. Panzerdeckungslöcher wurden in allen Stützpunkten vorgesehen. 200 m westlich der Waldenfelskaserne, zwischen Kaserne und der Städt. Gasanstalt, verlief ein Panzergraben, der bis auf Durchschneidung der Kösliner Chaussee und der Körliner Bahn fertig war. Den 5. Zug (Uffz.-Lehrgang) behielt Oblt. Erdmann als Panzerjagdzug und Stoßtrupp in Reserve. Als Kp.-Gefechtsstand wurde zunächst eins der Siedlungshäuser vorgesehen[22)].

Am 27.2. wurde mit dem weiteren Ausbau der Stellung der 1. Kp. begonnen. Nachmittags wurden die Zugführer in ihre Abschnitte eingewiesen und im Gelände die Einzelheiten der geplanten Verteidigung besprochen. Der Russe war im Gebiet Bütow-Rummelsburg im Vorgehen. Endlose Flüchtlingstrecks zogen seit Tagen durch die Stadt.

Am 28.2. rückte die ganze 1. Kp. des F.A.R. ohne den 5. Zug

zum Stellungsbau aus. Das Wetter war feuchtkalt, mittags begann es stark zu schneien, und die Gräben bekamen noch mehr Wasser, als sie schon hatten. Am frühen Nachmittag ließ Oblt. Erdmann das Schanzen abbrechen, da der Schlick an den Schaufeln kleben blieb. Die Gräben waren voller Morast.

Am 1.3. schanzte die 1. Kp. weiter; denn das Wetter hatte sich gebessert. Es wurde nahezu alles fertig.

Ausrüstung und Bewaffnung der Kp. wurden ergänzt und nach Möglichkeit einheitlich gestaltet. Jeder Mann empfing neue Wäsche, Strümpfe, Schuhe, Bekleidung. Die Erkennungsmarken wurden überprüft. Es gab noch viel Arbeit; denn die Kp. mußte auch den Abschnitt vom Kasino der Waldenfelskaserne bis zum Strande übernehmen, wozu der Kp.-Führer den in Reserve behaltenen 5. Zug einsetzen mußte; Zugführer war Stfw. Jaursch. Er erkundete morgens die Einsatzmöglichkeiten seines Zuges[22)].

Ende Februar/Anfang März gingen nur noch zwei Personenzüge täglich nach Stettin, und zwar der Zug 842 (ab Kolberg 4.35 Uhr) und der Zug 848 (ab Kolberg 19.35 Uhr). Flüchtlinge, die Verwandte und Bekannte in und um Kolberg hatten, stiegen in Kolberg aus und wollten abends nach Stettin weiterfahren. So standen abends Hunderte von Menschen dichtgedrängt auf dem Bahnsteig und warteten. Noch während der Zug einfuhr, stürzten sich schon die ersten in die Wagen; hielt er dann, so drängte alles, um in den Zug zu kommen. Bei der Abfahrt mußte meistens die Hälfte der Menschen zurückbleiben; oft wurden Familien auseinandergerissen[117)].

Die Heeresentlassungsstelle 1 des II.A.K. in der neuen Kaserne an der Stettiner Straße hatte am 28.2. Abmarschbefehl erhalten. Der militärärztliche Leiter der Entlassungsstelle, Stabsarzt d.R. Dr. med. Karl Hille, übergab das Säuglingsheim, das er neben seinem militärischen Dienst bis zu diesem Zeitpunkt versorgt hatte, dem Zivilbeauftragten der Kolberger Ärzte, Dr. med. Werner Brand; er selbst tat nur noch Dienst bei der Entlassungsstelle.

Diese sollte nach Demmin verlegt werden, kam aber mit dem erst zum 4.3. gestellten Lazarettzug nicht mehr aus Kolberg heraus, sondern wurde dann am 6.3. mit Schiff abtransportiert. Die Wartezeit verbrachte die Dienststelle in einer Notunterkunft im Hause Riemannstraße-Ecke Luisenstraße, während der Kommandeur, Major v. Wedel, und Dr. Hille meist bei dem Hafenkommandanten (am Hafen) oder in der Befehlsstelle von Oberst Fullriede (Finanzamt, Parkstraße) blieben, um ein Schiff für die Kriegsverletzten zu bekommen[39)].

Die am 28.2. in Henkenhagen eingesetzten Männer der 2. Volkssturm-Kompanie kehrten am 1.3. nach Kolberg zurück, um die von Köslin kommenden Trecks über Quetzin auf die Körliner Chaussee umzuleiten. Am 2.3. befanden sich Männer dieser Kp. an der Waldenfelskaserne. Am 3.3. wurde die Kp. an der Körliner Chaussee eingesetzt, um von Belgard kommende Kraftwagen aufzuhalten; die Volkssturm-Männer holten außerdem Wasser für die Trecks und kochten für sie. Das Quartier der 2. Volkssturm-Kompanie war zunächst im Landratsamt[37)].

Am 1.3. traf Oberst Fullriede in Kolberg ein. Die Verteidigung Kolbergs war ihm durch das O.K.W. wenige Tage vor der Einschließung übertragen worden.

Die Erklärung Kolbergs zur Festung lehnte Oberst F. durch Funkspruch an das O.K.W. ab. Diesen Funkspruch hatte sein Ia mit seinem statt mit Fullriedes Namen unterzeichnet, was gegenüber vorgesetzten Dienststellen nicht erlaubt war. Hitler, der Sabotage vermutete, verlangte daraufhin, daß der Ia gefesselt an Bord zu bringen und sofort zu degradieren sei; erst die Funkerklärung Fullriedes, daß er für diesen Funkspruch verantwortlich zeichne, veranlaßte Hitler, seinen Befehl wieder aufzuheben. – Kolberg ist tatsächlich nicht zur Festung erklärt worden, und der übliche Festungseid wurde Oberst Fullriede nicht abgenommen[10)].

Die Schwierigkeiten, die dem Kommandanten bei der Räumung Kolbergs von Flüchtlingen und Einwohnerschaft entstanden, waren groß[10]. Das Verhältnis des neuen Kommandanten zum Kreisleiter Gerriets war von Anfang an gespannt, weil der Kommandant sämtliche Befehle irgendwelcher Parteiinstanzen, auf die sich der Kreisleiter und andere Parteimitglieder beriefen, sofort nach seinem Eintreffen in Kolberg aufhob; Gauleiter und Kreisleiter haben später ohne Erfolg deswegen Klage gegen Oberst Fullriede erhoben. Viele Soldaten verkannten Fullriedes Absichten und bezeichneten angesichts der Lage in Gesprächen die Verteidigung als militärisch aussichtslos[104]. Der Erfolg jedoch hat den Entschluß des Kommandanten, Kolberg zwecks Rettung möglichst vieler Menschen zu verteidigen, glänzend gerechtfertigt.

Als Oberst Fullriede in Kolberg eintraf, ließ er die Verteidigungsarbeiten der Kolberger Bevölkerung sofort einstellen, weil er derartige Anlagen für völlig sinnlos hielt[10].

Von den vorgesehenen und in Angriff genommenen Stellungsbauten waren bis dahin lediglich ein Teil des Panzergrabens und der Infanteriestellungen sowie 16 behelfsmäßige Stellungen für schwere Wurfkörper (28 cm) ausgebaut[5]. Eine Eisenbahnsperre befand sich auf der Bahnlinie Kolberg-Köslin an der Südost-Ecke der Gneisenauschanze (Wolfsberg), eine zweite auf der Bahnlinie nach Belgard ganz nahe (östlich) der Gasanstalt, eine dritte auf der Bahnlinie nach Treptow südlich vom Kolberger Vorbahnhof. Panzersperren lagen an allen Ausfallstraßen der Stadtrandstellung. Straßensperren waren am Ausgang der Kösliner, Körliner, Treptower und Kamminer Straße errichtet. Die Straße Kolberg-Köslin wurde am 7.3. unterbrochen, die Straße Kolberg-Körlin-Belgard wahrscheinlich am 8.3.[2]. Zum Teil handelte es sich allerdings nur um sehr behelfsmäßige Sperren[40].

Die „Festung" war beim Eintreffen des Kmdt. verpflegungsmäßig zu 85%, munitionsmäßig lediglich für schwere Wurfkörper und Flak bevorratet. Erst am 6. und 7.3. trafen über See 100 t Munition aller Art ein[5].

Bei Übernahme des Befehls durch Oberst Fullriede fand für

den Festungs-Stab folgende Offz.-Stellenbesetzung statt: Kmdt. – Oberst Fritz Fullriede; Ia – Major Döring; IIa – Hptm. Döllefeld; O1 – Oblt. d.R. Günther Kuchenbecker; Ia Pioniere – Oberst Gerhard Troschel; Ia Panzer – Oberstlt. d.R. Karl August v. d. Osten; Ia Nachr. – Oberstlt. Ulrich-Kurt Endemann[3)].

An Truppen standen am 1.3. zur Verfügung: ein Btl.F.A.R. Pz.A.O.K. 3, 11. Armee, mit Rgt.-Einheiten und Rgt.-Stab; ein nur teilweise bewaffnetes V.St.-Btl. (für jedes Gewehr waren nur 7 Patronen vorhanden); ein V.St.-Werferzug; Teile der Flak-Abtlg. Heinzel[5)].

Aus der in Kolberg stationierten Torpedoschule III (T.S.III) wurden am 2.3. Alarmeinheiten gebildet. Die T.S. III bestand damals aus 170 Mann Stammpersonal. Zugeteilt war ihr ein Sonderkommando Fähre mit 70 Mann, 33 M.E.A. 59, 3 M.E.A. 25, Funkmeß-Nachr. Trupp 49. Die Gesamtstärke betrug 373 Mann und 7 Offiziere. Der Kmdt. ernannte K.Kpt. Waldemar Prien im Einvernehmen mit dem See-Kmdt. Pommern zum Abschnitts-Kmdr.Mitte, unterstellte ihm sämtliche Marinesoldaten und beauftragte ihn mit der Führung der Geschäfte der T.S. III[16)].*

Die Besatzung bestand im übrigen aus Soldaten aller Waffengattungen. Ein großer Teil der Bodenhagener Luftwaffe war infanteristisch eingesetzt[31)].

Nach Beginn der Kämpfe wurden aus Versprengten das Alarm-Btl. Hempel, die Art.-Gruppe Schleiff und die Pz.-Gruppe Beyer aufgestellt[5)]. Die Pz.-Gruppe bestand aus vier Hetzern und vier Panzern 4, die als Schadpanzer von der Division Holstein nach Kolberg abgeschoben waren, um hier instandgesetzt zu werden[5)]; sie mußten teilweise in die Feuerstellung geschleppt werden und waren sehr häufig manövrierunfähig[19)]. Die Kampfstärke des Btl.

---

* Die zur Schulung dorthin abkommandierten jungen Torpedomechaniker waren auf höheren Befehl unter Führung von Freg.-Kpt. Riede am 2. März zu Fuß Richtung Dievenow in Marsch gesetzt worden. Sie wurden auf Usedom dem Marine-Festungs-Regiment 5 zugeteilt und stellten den größten Teil des Alarm-Bataillons 128.

Hempel betrug am 4.3. etwa 400 Mann. Es unterstand unmittelbar dem Kmdt. Die Verpflegung für das Btl. war ausreichend, die Bewaffnung z.T. mangelhaft; Munition war jedoch genügend vorhanden[25)].

Am 2.3. trafen acht Geschütze und zwar leichte Feldhaubitzen 18 (Kaliber 10,5 cm) ohne Bedienung, Protzen und Bespannung ein. Protzen wurden aus dem Gerätelager Kolberg beschafft. Um wenigstens eine Batterie feuerbereit zu machen, wurden von einer M.G.-Kp. zwei Beobachter, fünf Richtschützen und Kanoniere zur Stabs-Kp. versetzt; die fehlende Bedienung wurde durch V.St.-Männer aufgefüllt[5)]. Es wurden zwei Batterien zu je vier Geschützen aufgestellt[19)]. Als Ersatz für fehlende Geschütze waren im Februar 820 Schuß schwere Wurfkörper (28 cm Durchmesser) geliefert worden. Für den Einsatz wurden mit etwa 60 Volkssturm-Männern 16 behelfsmäßig vorbereitete Feuerstellungen ausgebaut. Außerdem waren eingesetzt: 7 Flak-Geschütze 10,5 cm; 7 Flak-Geschütze 3,7 cm; 2 Flak-Geschütze 2 cm[5)19)]. Am 3.3. kam das Fest. -M.G.Btl. 91 (m) hinzu, am 4.3. der Pz.-Zug Römig und das Fest.-M.G.Btl. 9 mot.

Eine Batterie mit 3 Geschützen stand zunächst im Gartengelände südlich des Reichsbahn-Ausbesserungswerkes, ein Geschütz dieser Batterie war als vorgeschobenes Geschütz in der Nähe der Pz.-Sperre am Stadtausgang nach Körlin in Stellung gebracht. Diese Batterie hatte nach mehrfachem Stellungswechsel zuletzt mit 3 Geschützen am Strand in der Nähe des Strandschlosses ihren Standort[19)].

Die 2. Batterie hatte ihre Feuerstellung im Hafengelände südlich Fort Münde[19)]. Am 4.3. soll eine Batterie in der Maikuhle (rechts an den Schießständen) gestanden haben, scheint dort aber nicht eingesetzt worden zu sein[118)].

Die 16 Werferstellungen waren größtenteils am südwestlichen bis südöstlichen Stadtrande ausgebaut, einige vorgeschobene hart nördlich und nordöstlich Sellnow und bei Altwerder[19)].

Panzer waren an den Hauptbrennpunkten eingesetzt[19)].

Munitionslager befanden sich hauptsächlich im Fort Gneisenau (Wolfsberg-Schanze), am Strande getarnt im Buschwerk und Strandwald sowie in der Maikuhle[19)].

Auf dem Kolberger Bahnhof standen 8 tschechische Geschütze, die aus Mangel an optischen Mitteln nicht eingesetzt werden konnten[19)].

Es waren also keine Geschütze über 10,5 cm Kaliber vorhanden; die vorhandenen aber waren nur so lange zu benutzen, wie sie noch außerhalb der Stadt in Stellung gebracht werden konnten. Als der Russe die Verteidiger bis in die Stadt hineingedrückt hatte, gab es für die Geschütze keine Möglichkeit zum Einsatz mehr. Es konnten nun nur noch Nebelwerfer, Do-Geräte, eingesetzt werden, die auch dicht hinter den Häusern feuern konnten und sehr gute Dienste leisteten[18)].

Der Einsatz der schweren Wurfkörper erfolgte ausschließlich durch Volkssturm-Männer, die mit unerschütterlicher Ruhe und gutem Erfolg ihre Pflicht taten. Ende Februar wurde mit den schweren Wurfkörpern ein Übungsschießen auf dem Platz beim Wasserwerk (Koppendicksgrund) durchgeführt[19)].

Etwa 400-500 m ostwärts der Stellung an der Waldenfelskaserne verlief am Westrande des Salinenmoors ein ausgebautes Stellungssystem. In der Hauptsache war es nur ein voll Wasser stehender Kampfgraben mit einigen M.G.-Ständen. Ein Annäherungsgraben von der Waldenfelskaserne aus war vorhanden, aber kaum benutzbar[22)].

Das östlich der Stadt gelegene Bodenhagen war zum Fort von Kolberg erklärt und dort die „Hoko“, die einzige infanteristisch ausgebildete Kompanie des Horstes Bodenhagen, am 1.3. unter Führung von Major Engewald eingesetzt worden. Sie bestand aus etwa 60 Mann, darunter Wehrmachtsangehörige, die aus dem Osten gekommen waren. Die „Hoko“ hatte den nördlichen Abschnitt einer Verteidigungslinie zu besetzen, die hart an der Küste begann, nach Süden verlief und südlich durch die Landstraße Kolberg-Köslin begrenzt wurde. Die Nachbareinheit war die Werftabteilung, die schon Ende Februar, weiter nach Henkenhagen vorgeschoben, eingesetzt worden war und zur Zeit des Einsatzes der „Hoko" schon einen Toten zu beklagen hatte[27)].

Der Panzervernichtungstrupp der „Hoko" wurde durch seinen getrennten Einsatz von den übrigen Einheiten des Horstes Bodenhagen, die ihm bis dahin wirtschaftlich und disziplinar unterstellt waren, vollkommen abgesondert. Jede dieser Einheiten war nun auf sich selbst angewiesen. Zu ihnen kamen noch Sprengkommandos, die bis zuletzt im Fliegerhorst ausharrten und die vorgesehenen Sprengungen erst auslösten, als der Russe bis zum Horst vorgedrungen war. So gut es ging, behielt der Panzervernichtungstrupp mit den Einheiten der „Hoko" Fühlung[27)].

In der Nacht vom 2. zum 3. März herrschte Schneesturm. In der Stadt liefen die verschiedensten Gerüchte um, u.a., die Russen seien schon in Köslin[58)].

Auf dem Kolberger Markt standen Kraftwagen mit Beamten der Regierung und der Polizei aus Köslin, die dann auf Befehl der Gauleitung aber wieder nach Köslin zurückkehren mußten[58)].

Viele Kolberger versuchten nun, die Stadt zu verlassen. Auf dem Bahnhof konnte ihnen niemand sagen, ob und wann ein Zug ginge. Hier hielten mit Menschen überfüllte Güterzüge, die schon seit 24 Stunden auf Abfahrt warteten[58)]. Oberst Fullriede gibt den Bahnbehörden – neben den Dienststellen der Partei – die Schuld an der Anhäufung von Menschen in Kolberg, da sie die Bevölkerung am Verlassen der Stadt gehindert hätten[7)]. Auf dem Kolberger Bahnhof waren Ende Februar/Anfang März täglich etwa zehn Züge mit Flüchtlingen aus Ost- und Westpreußen durchgeschleust worden[117)]. Das Betriebsamt Kolberg konnte den sich stündlich steigernden Menschenzustrom nicht mehr bewältigen. Der vorletzte Güterzug fuhr dann am 3.3. kurz nach 4 Uhr in Richtung

Stettin ab, blieb aber in Speck [bei Naugard] liegen; zwei Tage verbrachten die Flüchtlinge im Zuge, der ohne Lokomotive war, und viele verliessen ihn, weil ihnen die Wartezeit unheimlich wurde. Ein letzter Güterzug mit Flüchtlingen verließ Kolberg am 3.3. bald nach dem um 4 Uhr abgefahrenen; es hieß, er sei bereits vom Russen bombardiert worden[97)].

Den Kolberger Beamten war es noch am 3.3. verboten, die Stadt zu verlassen. Eine Lehrerin ließ durch ihren Rektor dieserhalb beim Schulrat anfragen und erhielt zur Antwort, daß jeder, der abfahre, sich strafrechtlicher Verfolgung mit Entlassung aus dem Amte ohne Pension aussetze. Diese Auskunft ließ viele zögern, die sonst noch die letzten Züge hätten erreichen können. Erst in der Nacht zum 4. März wurde der Räumungsbefehl unterzeichnet; aber nun war es zu spät.

Das Res.-Lazarett IV hatte in der Nacht zum 3. März das Kurhaus St. Martinsbad geräumt, um Kolberg zu verlassen, und auch die zehn Schwestern sollten mit dem Lazarettschiff mitgenommen werden. In der gleichen Nacht erschien eine Militärabordnung und übernahm das Haus als Hauptverbandsplatz der vor Kolberg kämpfenden Truppe; die zur Abreise bereiten Schwestern wurden dringend gebeten zu bleiben, und sie blieben in Kolberg. Wegen der Gefahr des Beschusses wurden dann nur die Räume des Erdgeschosses und die gut abgestützten Kellerräume belegt. Das Haus füllte sich schnell mit verwundeten Soldaten und Zivilisten. Die Sanitätsgruppen hatten einen Akku-Wagen mitgebracht, so daß das Haus nachts mit Licht versorgt werden konnte; auch konnte durch ihn der Rundfunk abgehört werden, was in der damaligen Lage von großer Bedeutung war, aber leider nicht lange dauerte, da der Akku-Wagen bald ausfiel. – Große Sorge bereitete dem Hause der Wassermangel. In den ersten Tagen wurde Wasser durch Kommandos aus der Persante geholt. Als der Russe aber in den ersten Häusern des Haberlingsplatzes saß und es beim Wasserholen die ersten Verwundeten gab, war dies nicht mehr möglich[63)].

Die Stadt wurde mit ihrem Vorgelände in drei Kampfabschnitte eingeteilt. Dies waren l.) der Kampfabschnitt Ost, besetzt vom Heer, Kmdr.: Oberst Woller, Rgt.-Kmdo. des F. A.R. Pz.A.O.K.3, Deckname: „Leibjäger"; 2.) der Kampfabschnitt Mitte, besetzt von der Marine, Kmdr.: K.Kpt. Prien, Deckname: „Indigo", Gefechtsstand in der Stadtgärtnerei; 3.) der Kampfabschnitt West, besetzt vom V.St., Kmdr.: SA-Standartenführer Pfeiffer, Deckname: „Nussknacker"[16)].

Eine Sicherungslinie war, vom Westrand ausgehend, südlich Altwerder, Sellnow, Necknin durch Alttramm zum Ostrand vorgesehen, konnte aber aus Mangel an Kräften nicht besetzt werden. Drahtverbindungen zu den Kp.-Gefechtsständen fehlten bei der Marine, ebenso Signalmunition[16)]. Eine einheitliche Hauptkampflinie war mangels Truppen meistens nicht möglich; nur die Stadtrandstellung war einheitlich besetzt[13)].

An Waffen waren bei der Marine vorhanden: italienische Gewehre, hinreichend Munition, einige Handgranaten, 50 Panzerfäuste, 4 französische schwere und 10 leichte M.G. Durch Erproben wurde eine um 1 m abweichende Treffsicherheit der Gewehre festgestellt. Die französischen leichten M.G. erwiesen sich als ebenfalls sehr unzuverlässig. Zwei Tage später glückte es, die italienischen Gewehre gegen deutsche Karabiner auszutauschen, die teils von Soldaten übernommen, teils von der Sammelstelle empfangen worden waren. Es erfolgte der Ausbau der angefangenen Feldstellungen einschließlich der M.G.-Nester und die Besetzung der Panzersperren[16)].

Der Führer der l.Kp. des F.A.R., Oblt. Erdmann, ließ sicherheitshalber schon Alarmmunition für Handwaffen ausgeben. Die M.G.-Munition blieb griffbereit in den Munitionsbunkern. Panzerfäuste und Handgranaten wurden scharfgemacht. Panzerfäuste waren reichlich vorhanden, Handgranaten zunächst nur eine für jeden Mann. Die Kompanie hatte 9 leichte M.G.[18)].

Die Befehlsstelle des Festungs-Kommandanten befand sich am 3.3. in der Schillkaserne (Proviantstraße), am 5.3. im Finanzamt (Parkstraße). Am 13.3. verlegte der Kmdt. seinen Gefechtsstand in das Luftwaffen-Bauamt (Seestraße). Der Einsatzleiter und Kmdr. der Artillerie, Major Erich Schleiff, hatte seinen Gefechtsstand während der ersten Belagerungstage ebenfalls in der Schillkaserne, danach im Finanzamt und zuletzt im O.T.-Haus (Organisation Todt) südwestlich des Strandschlosses[19)].

Die Küstenüberwachungsstelle Kolberg lag in der Querbaracke des Zollamtes am Lotsenturm. Das Kommando bestand aus Fregatten-Kapitän Knust (Leiter der Stelle), Fw. Geist (Zollamt Kolberg), Obermaat Mindner, Obgfr. Fiss (Sorenbohm bei Köslin), Maat Marx, einem Gefr. aus Sachsen und dem Matrosen Karl Tuchtenhagen (Kolberg). Auf der Dienststelle fanden sich Kolberger ein, die sich selbstlos einsetzten und beim Abtransport der Tausende von Menschen halfen. – Während der Tage des Vernichtungsfeuers hat die Küstenüberwachungsstelle des öfteren im Funkverkehr mit dem Führerhauptquartier um Räumung der Stadt gebeten; die Antwort lautete: „Bis zur letzten Patrone aushalten", denn größere Panzereinheiten seien zum Entsatz im Anmarsch. – Das Kommando war das letzte, das Kolberg verließ[119)].*

Eine Einsatz-Kompanie des Fliegerhorstes Bodenhagen, die in Nest lag, erreichte am 3.3. in einem Nachtmarsch entlang der Küste den Horst. Das Gepäck der Kompanie war mit LKW vorausgeschickt worden. Es ging verloren, so daß die Männer ohne Kochgeschirr und viele ohne die notwendigsten Habseligkeiten waren. Die Kompanie wurde zuerst der „Hoko" zugeteilt, dann aber noch am 3.3. neu aufgestellt und kam unter Major Kofke sofort

* Die Aussagen dieses Absatzes sind mit Vorbehalt zu betrachten. Über die Vorgänge gibt es einen teilweise entgegenstehenden Bericht von Oberfischmeister Dr. Otto Marquard, dem damaligen Leiter der Seetransport-Dienststelle Kolberg der Kriegsmarine-Dienststelle Stettin aus dem Jahre 1945, der Voelker offensichtlich nicht bekannt war.

zum Einsatz; sie besetzte die Kösliner Chaussee von der Gaststätte Schülerbrink bis zum Waldrand bei Bodenhagen. Major Kofke gab die Führung der Kompanie an einen Beamten aus Nest ab, da er fortan zur Kommandantur des Horstes gehörte. Mehrere Tage lag die Kompanie in ihrer Stellung ohne Ablösung, ohne Schlaf und fast ohne Essen. Luftwaffen-Feldwebel Schmidt organisierte mit Luftwaffen-Feldwebel Nickel etwas Verpflegung, doch reichte sie nicht aus[29)].

Am 3.3. mittags war Oberst Woller mit Oblt. Erdmann im Kasino der Jägerkaserne geblieben. In der Garderobe trafen sie mit Hptm. Reck zusammen, der Oberst Woller meldete, es sei Vollalarm gegeben worden. Oblt. Erdmann ging daraufhin sofort in die Kaserne zurück, wo seine Kompanie schon alarmiert war; die Gruppen hatten Munition, Panzerfäuste und Handgranaten empfangen, und sofort erfolgte der Marsch durch die Stadt in die befohlenen Stellungen. Der Gef.-Stand der l. Kp. wurde in den Ostflügel der Waldenfelskaserne verlegt. Der 5. Zug mit vier Gruppen bezog Stellung „Am Strande". Der 4. Zug lag mit zwei Gruppen ein wenig ostwärts von der Gneisenauschanze (links und rechts an den Eisenbahndamm nach Köslin angelehnt), seine dritte Gruppe an der Ostseite des Kasinos. Der 2. und 3. Zug bezogen an der Ostseite der Waldenfels-Kaserne Stellung. Der 1. Zug lag in dem Winkel, den die Kösliner Chaussee mit der sie schneidenden Bahnstrecke nach Belgard bildet und hatte nach rechts Fühlung mit der 2. Kp., die westlich vom Schnittpunkt Kösliner Chaussee/Belgarder Strecke stand und ein Stück der Kösliner Chaussee und den Ostrand des St. Marienfriedhofs bis zum St. Georgenfriedhof besetzt hatte. Gefechtsvorposten der 2. Kp. standen auf der Chaussee nach Körlin und auf der Hohenbergschanze. Aus dem 2. und 3. Zug der l. Kp. hatte Oblt. Erdmann je eine Gruppe herausgezogen, um etwas Reserve zu haben; sie ging im Keller der Kaserne in Bereitstellung. Kaserne und Kasernenhof waren noch von Flüchtlingstrecks überfüllt. Der Btl.-Gef.-Stand befand sich in der Nähe des Bürgerheims. Ein ausgebauter Graben zog sich vom Schnittpunkt Kösliner Chaussee/Belgarder Bahnstrecke über die Chaussee bis zur nördlich gelegenen Bahnstrecke nach Köslin.

Der Nachmittag des 3.3. verlief noch ohne Zwischenfälle. Es erwies sich als dringend notwendig, noch mehr Munition und Verpflegung in die Stellungen zu bekommen. Die Verteilung der Verpflegung bereitete große Schwierigkeiten, da in der Jägerkaserne gekocht werden mußte und kaum Fahrzeuge und Pferde vorhanden waren, hatte doch z.B. das I. Btl. zunächst nur zwei Gespanne zur Verfügung[18)].

Auf dem Dachboden des Ostflügels der Waldenfelskaserne richtete sich ein vorgeschobener Beobachter einer 10,5 Flak-Batterie ein.

Am Abend des 3.3. wurde auch das I. Volkssturm-Bataillon im Kampfabschnitt West (Maikuhle) eingesetzt. Btl.-Führer war ein hauptamtlicher Angestellter der Deutschen Arbeitsfront Köslin, Kastenbein; sein Btl.-Gef.-Stand befand sich im Hause des Kantinenpächters der Gneisenaukaserne. Ein zweiter Gefechtsstand war im Hause des Mittelschullehrers Zander [Greifenberger Weg]. Das Btl. hatte seine Stellung an den Bunkern der Marineschule und der Torpedo-Schule III in Richtung Gribow; es hatte sie bis zum 12.3. einschließlich inne[35) 36)]. San.-Fw. und Ausbilder beim Stabe des Volkssturms war Paul Rutzen, staatl. Angestellter im Wasserstraßen-Bauamt; er stand zur Verfügung des Btl.-Arztes Dr. med. Werner Brand. Als Sanitäter waren dem Btl. Heilpraktiker Müller und Bruno Lüdtke (bis dahin Angestellter im San.-Kolonnenheim in der Persantenstraße) zugeteilt. In der Maikuhle stand keine Artillerie[19)]. – Während der Kämpfe in der Maikuhle fiel am 6.3. der Leiter der Bauernhochschule Henkenhagen, Tonscheidt, als Kompanie-Führer; sein Sohn begrub ihn. Der Führer des Volkssturm-Bataillons, Kastenbein, suchte den Tod, nachdem sein einziger Sohn gefallen war. Er wurde auf einer Lichtung der Maikuhle, unweit des im Walde stehenden Bunkers, begraben; neben ihm liegen 7-9 andere Kompanie-Angehörige und der Btl.-Melder, ein Milchhhändler aus dem Vogelsang.

Führer des II. Volkssturm-Bataillons war Hans Petersen, Leiter des Kolberger Polizei-Meldeamtes. Zu seinem Stabe gehörten Major d.R. v. Köller aus Karow und Rittmeister a.D. Werner v. Sanden aus Zürkow (Kr. Kolberg-Körlin); beide gerieten in russische Gefangenschaft, und Major v.Köller starb im Mai 1945 in Archangelsk, Rittmeister v. Sanden-Zürkow Anfang September 1945 in einem Gefangenenlager am Eismeer. – Das II. Btl. lehnte sich links an die Gewächshäuser der Gärtnerei Maass (Stettiner Str. 60, an der Bahnlinie nach Süden) an. Es hatte über die Torpedolager hinweg nach Westen Anschluß an das I. Volkssturm-Btl. In der Stellung des II. Btl. lag die Kirche der Neuapostolischen Gemeinde (Stettiner Str. 38), in der viele gefallene deutsche Soldaten, fast alle ohne Erkennungsmarke, aufgebahrt waren. Das Volkssturm-Bataillon warf später polnische Verbände, die bis zu einem der Marinelager vorgedrungen waren, wieder zurück. Mangels Munition und schwerer Waffen konnte sich das Btl. jedoch hier nicht halten; es wurde Tag für Tag mehr zurückgedrückt, bis es an der Mole die letzte Stellung bezog.

Die 8. Volkssturm-Kompanie gehörte nicht mehr zum II. Btl. Kompanie-Führer war Hauptmann d. R. Schulz aus Pasewalk; Zugführer waren Schornsteinfegermeister Adolf Laboschewski, Lehrer Johannes Falkenberg und Sägewerksbesitzer Wilhelm Lüsch, alle aus Kolberg. Die 8. Kompanie war die einzige, die ordentlich mit Waffen ausgerüstet war. Sie wurde einem anderen Volkssturm-Btl. zugeteilt und erhielt auch eine andere Kompanie-Nummer. Mit den anderen Volkssturm-Kompanien hielt sie Verbindung und sorgte dafür, daß sie Verpflegung erhielten; sie war in der Greifenberger Straße, Stettiner Straße und an der Marineschule in Richtung Gribow eingesetzt[34)].

Die Alarmierung der Besatzung erfolgte am 3.3. abends auf

Grund einer Feinderkundung durch die Kampfgruppe Tettau[5]. Um 23.30 Uhr wurde Alarm zur Besetzung der Stadtrandstellung durch die Marine gegeben. Die M.-Kp. Schulte besetzte das Gelände vom Nettelbeckpark bis zur Treptower Chaussee, die M.-Kp. Baumstark bezog Stellung von der Treptower Chaussee bis zum Exerzierplatz, die M.-Kp. Bracker lag vom Rande des Exerzierplatzes bis zum Greifenberger Weg[16].

Schon gegen 20 Uhr waren die Panzersperren am östlichen Stadtausgang vom Volkssturm besetzt worden. Panzerjäger gingen an der alten Georgenkirche (Lauenburger Vorstadt) in Stellung[31].

In der Kaserne an der Gribower Chaussee wurde am 3.3. ein Inf.-Geschützzug neu aufgestellt, für den der Kolberger Räuchereibesitzer Burkhardt – zunächst beim Volkssturm eingesetzt – einen Gestellungsbefehl erhielt. In den ersten Kampftagen sah er auf einem Meldegang zur Gasanstalt auf dem Güterbahnhof Waggons mit neuen Geschützen stehen (wobei es sich wahrscheinlich um die bereits – 2.3. – erwähnten tschechischen Geschütze handelte) und in der Kummertstraße Panzer ohne Bedienung[57].

Am 2.3. gegen 4.30 Uhr hatten Kolberger Bahnbeamte mit dem Zuge 842 noch Geheimsachen des Bahnbetriebsamtes Kolberg zur Reichsbahndirektion Stettin gebracht. Nachdem die Beamten mehrere Stunden in Stettin gewartet hatten – man sagte ihnen, es sei zweifelhaft, ob überhaupt noch ein Zug nach Kolberg ginge –, kamen sie dann doch mit dem letzten Personenzug zurück und meldeten sich auf dem Bahnmeisterei-Büro bei dem technischen Oberinspektor Lehmann; sie ahnten nicht, daß es der letzte Tag ihres Dienstes an der Kolberger Bahn war, als sie sich bei dem Sekretär der Bahnmeisterei (Schulz) abmeldeten. Schulz soll bald darauf mit mehreren anderen Eisenbahnern am Strande gefallen sein[117]. – Am 3.3. konnte in Richtung Belgard kein Zug mehr fahren. Die Strecke nach Stettin über Treptow war zwar noch frei, aber Stettin konnte keine Züge mehr abnehmen[5]. Trotzdem verließ am 3.3. gegen 19 Uhr ein nach Berlin bestimmter Lazarettzug mit Ärzten, Schwestern, Verwundeten und Flüchtlingen Kolberg. Ein Personenzug fuhr am 3.3. gegen 21 Uhr von Kolberg über Cammin-Dievenow-Swinemünde-Greifswald-Rostock-Schwerin bis Bad Kleinen. Aus Stettin kam ein letzter Personenzug in Kolberg an.

Am 3.3. abends 21.30 Uhr hörte eine Kolbergerin den Schreckensruf: „Russische Panzerspitzen stehen bei Schivelbein und beschießen Groß-Jestin!" Sie lief sogleich zum Bahnhof, um zu sehen, ob es noch möglich wäre, die Stadt auf dem Landwege zu verlassen, und erfuhr, daß früh um 6 Uhr (4.3.) ein Güterzug mit Wehrmachtsgut und Flüchtlingen, die schon aus Neustettin und Belgard kamen, in Richtung Swinemünde abgehen sollte. Auf dem Bahnhof herrschte große Aufregung. Auf dem ersten Bahnsteig stand ein Zug mit Verwundeten und Flüchtlingen, der aber schon dermaßen überfüllt war, daß den Menschen verboten wurde, ihn zu besteigen; dieser Zug verließ am 4.3. gegen 4 Uhr den Bahnhof und war der letzte Zug, der die Strecke nach Stettin über Treptow noch ungehindert passiert hat. – Der für 6 Uhr früh angesagte Güterzug fuhr bei Morgengrauen wirklich aus der Stadt. Auf der Landstraße in Richtung Altwerder sah man vom Zug aus viele Menschen mit Flüchtlingsgepäck ziehen. Über dem Zuge kreisten etwa 10-15 Flugzeuge, flogen aber so hoch, daß nicht zu erkennen war, ob es deutsche oder russische Maschinen waren. Kurz vor Altwerder hielt der Zug einige Zeit. Als er wieder anfuhr, rollte von links, von der Kirche bei Altwerder kommend, an der russische Panzer standen, quer über das Feld ein russischer Panzer heran und gab einige gutgezielte Schüsse ab; die Lokomotive wurde zerschossen, der Lok.-Führer Kirchhoff getötet, der Heizer schwer verwundet; einige Insassen des ersten Wagens wurden leicht verletzt. In heillosem Durcheinander flüchteten alle unter die Waggons, weil der Zug nun auch noch Bordwaffenbeschuß bekam. Nach Abflug der Flugzeuge sprengte ein russisches Kommando von 4 Mann die Gleise vor und hinter dem Zuge. Viele Zuginsassen ließen ihr Gepäck am Bahndamm liegen und liefen querfeldein in Richtung See, um am Strande entlang zu entkommen. Ein Bahnbeamter beruhigte die Verstörten: Der Schaden werde schnell ausgebessert sein und eine neue Lokomotive den Zug abholen. Es herrschte Schneesturm, und die Zuginsassen, etwa 40 Personen, vorwiegend Frauen mit kleinen Kindern, suchten im nahen Hause des Bauern Bernhard Görke Schutz. Gegen 9 Uhr kamen die ersten Russen, fragten nach deutschen Soldaten, nahmen den Flüchtlingen die Wertsachen ab, durchsuchten das Gepäck, nahmen was ihnen gefiel und belästigten und vergewaltigten junge Frauen und Mädchen[111)]. Viele Insassen des Zuges waren in Richtung Treptow geflüchtet; sie holten sich später noch längere Zeit Verpflegung aus den Lebensmittelbeständen des Zuges.

Es wurde immer deutlicher, daß der Feind südwestlich von Kolberg auf Treptow und die Bahnlinie Kolberg-Treptow-Stettin zu drängte, um durch die Besitznahme der Bahn Kolberg nach Westen hin abzuriegeln[18)]. In der gleichen Nacht konnte ein Zug, der auf dem Bahnhof Gummin lag, nicht in Richtung Kolberg weiterfahren. Der Lok.-Führer meldete sich telefonisch bei der Kolberger Lok.-Leitung: Er sei über 32 Stunden nicht von der Lok gekommen und jetzt am Ende seiner Kräfte. Da eine Weiterfahrt des Zuges nicht möglich schien, sollten Lok und Zug auf dem Bahnhof Gummin stehenbleiben und das Zugpersonal mit anderer Fahrgelegenheit oder zu Fuß nach Kolberg zurückkommen. Die Männer kamen bis Treptow, wo sie mit anderem Kolberger Personal zusammentrafen, das gleichfalls nach Kolberg wollte, besorgten sich Fahrräder und kamen glücklich nach Kolberg. Das von Gummin kommende Personal begab sich in einen Übernachtungsraum; hier wurde der Lok.-Führer durch einen russischen Artillerie-Treffer tödlich verwundet[95)].

Immer wieder suchten auf die Kunde von dem erteilten Räumungsbefehl Menschen mit einem Zuge dem Unheil zu entgehen. Die geschlossenen Eisenbahnwagen waren bereits besetzt, zu spät gekommene Flüchtlinge suchten daher auf offenen, völlig randlosen Loren unterzukommen. Dieser Zug setzte sich erst nach einigen Stunden in Bewegung, machte aber schon vor der Persantebrücke (Siederland) halt, weil dem Zugpersonal bekannt wurde, daß bei den Kasernen feindliche Panzer stünden und die Bahnlinie unter Beschuß liege. Der Lok.-Führer schob den Zug rückwärts bis zum Güterbahnhof zurück.

TAGEBUCH DER KÄMPFE UM DIE STADT

Sonntag, 4. März 1945

Als die Russen am Sonntag, den 4. März, den Kolberger Raum erreichten, waren die Gleise des Bahnhofs mit Flüchtlings- und Räumzügen sowie einem Panzerzug der Wehrmacht besetzt. Auf den Gleisen in Richtung Köslin und Belgard standen 16 (nach Fullriede: 22) Verwundeten-, Flüchtlings- und Materialzüge hintereinander[31)], die wegen der besetzten Gleise keine Einfahrt in den Bahnhof erhalten konnten. Das Personal und ein großer Teil der Flüchtlinge kam zu Fuß nach Kolberg. Diejenigen, die in den Zügen blieben, wurden von den Russen zu Fuß in ihre Heimatorte zurückgeschickt[95)]. Im Betriebswerk standen die verfügbaren Loks zunächst noch unter Dampf. Da für sie nun keine Verwendung mehr war, wurden sie für eine sofortige Wiederverwendung unbrauchbar gemacht. Auf Grund der späteren stärkeren Beschießung – die Schüsse gingen meistens in die Gegend der Drehscheibe, einige auch in die Büroräume – und da es ja keine Arbeit mehr gab, wurde das Betriebswerk vom Personal verlassen. Die von auswärts gekommenen und die einheimischen

Eisenbahner quartierten sich in den Kellerräumen des Bahnhofsgebäudes ein. Auch dieses Gebäude erhielt Artilleriefeuer. Die Geschosse hatten starke Splitterwirkung, die Durchschlagskraft aber war nicht so stark, so daß der Schaden an den Gebäuden nicht allzu groß war. Von der Festungskommandantur erschien eines Tages ein Hauptmann, der alle Männer vom Bahnhof zum Volkssturm holen wollte; als er durch schriftliche Beweise davon überzeugt wurde, daß wegen dienstlicher Überlastung niemand ausgebildet war, lehnte er die Verwendung mit dem Bemerken ab, nicht ausgebildete Männer wären nur eine Belastung für die Verteidigung[95)]. – In den letzten Tagen tauchte eine Frau in Eisenbahner-Uniform auf und versuchte, Bedienstete der Bahn zu überreden, in Kolberg zu bleiben und sich den Russen zur Wiederinstandsetzung zur Verfügung zu stellen. Als Beweis dafür, daß die Betreffenden von den Russen nichts zu befürchten hätten, bediente sie sich eines französisch geschriebenen und abgestempelten Schriftstücks. Ob die Frau mit ihrer Werbung Erfolg hatte, ist nicht bekannt[95)]. – Ab 15.3. abends war es den Eisenbahnern erlaubt, Kolberg mit Schiffen zu verlassen[95)]. Sie hatten 41 Tote zu beklagen, die sie unbestattet haben liegen lassen müssen[79)].

Am Morgen des 4.3. wurde das Wetter – Schnee und Regen – so schlecht, daß viele Kolberger in ihre Wohnungen zurückkehrten und beschlossen, in Kolberg zu bleiben und alles abzuwarten. So auch die Stiftsdamen im Kloster. Sie blieben in den folgenden Tagen stets in der Nähe ihrer Oberin, zeigten eine große Fassung und beschlossen, nicht zu fliehen, sondern den Einzug der Russen abzuwarten[38)]. Die Insassen des Städt. Waisenhauses in der Treptower Straße dagegen hatten wie so viele andere das Haus in wilder Verwirrung verlassen[38)].

Tausende von Flüchtlingen drängten sich seit dem Aufhören des Bahnverkehrs am Hafen zusammen, um auf dem Wasserwege zu entkommen[38)]. Durch die Flüchtlingstrecks aus dem Osten war die Bevölkerung der Stadt seit Ende Januar von 37000 Einwohnern bis Anfang März auf ca. 85000* angewachsen. Stündlich trafen aus der näheren und weiteren Umgebung neue Scharen von Flüchtlingen ein. Viele hatten noch auf der Strandstraße über Gribow nach Westen weiterzukommen versucht, waren dort aber bald auf sowjetische Panzer gestoßen. Von Stettin waren keinerlei Nachrichten über die Lage an der Oder mehr zu erhalten[46)]. Außer der großen Zahl von Flüchtlingen mit ihren Fahrzeugen und der Mehrzahl der Einwohner befand sich auch eine große Menge versprengter Soldaten in Kolberg[18)]. Bauern, die aus weiter ostwärts gelegenen Gebieten mit ihren Wagen bis Kolberg gekommen waren, ließen die Fahrzeuge hier in den Straßen stehen[31)]; sämtliche Anlagen standen voller Wagen[9)]. Die Soldaten bestritten ihre Verpflegung oftmals aus den Lebensmitteln, die sie in den Wagen vorfanden[31)].

Oberst Fullriede hatte sofort nach seinem Eintreffen in Kolberg auf beschleunigten Abtransport der Flüchtlinge und der Kolberger Bevölkerung gedrängt, solange der Weg zur Oder noch offen schien. Er forderte daher sogleich (1.3.) die Kreisleitung auf, dafür zu sorgen; diese aber erklärte, daß ein diesbezüglicher Befehl der Gauleitung noch nicht vorliege. Eine nochmalige Aufforderung an den Kreisleiter am 2.3. blieb ebenfalls erfolglos. Daraufhin handelte Oberst Fullriede auf eigene Verantwortung und befahl dem Kreisleiter am 3.3. um 20 Uhr, Flüchtlinge und Einwohner zum unverzüglichen Verlassen der Stadt aufzufordern. Zu dieser Zeit war ein Abfließen der Trecks über die Strandstraße nach Gribow noch möglich[5)].

Die wiederholte Weigerung des Kreisleiters, den Evakuierungsbefehl zu geben, erklärt sich daraus, daß er sich gebunden fühlte, die Befehle des Landesverteidigungskommissars strikt zu befolgen[9)]; außerdem fürchtete er schärfste Maßnahmen des Gauleiters Schwede-Coburg, seines Schwagers, oder dessen Vertreters[44)]. Der Kolberger Bevölkerung, die keinen Einblick in diese

* 70.000 wäre realistischer.

maßgebenden Gründe hatte, war sein Verhalten unverständlich; es bemächtigte sich ihrer eine gewaltige Empörung[14)]. Der Befehl der Gauleitung, wonach die Kolberger Bevölkerung erst zuletzt die Stadt verlassen sollte, war wahrscheinlich in Zusammenarbeit mit der Wehrmacht erfolgt, um die katastrophale Verstopfung sämtlicher Verkehrswege und der wenigen Oderübergänge nicht noch zu vermehren[9)]; nach Auffassung der zuständigen Parteiinstanzen sollten zunächst – bis zum 4.3. – die vielen Flüchtlinge aus der Stadt herausgebracht werden, und ab 5.3. sollte dann die Evakuierung der Kolberger Bevölkerung beginnen; bis zu diesem Zeitpunkt verweigerte demgemäß die Kreisleitung den Kolbergern die Ausreise[84)]. Nur ganz wenige Kolberger hatten trotz des Verbotes die Stadt vor der Einschließung verlassen, darunter auch Familien von Parteimitgliedern; diese Tatsache erregte besonderen Unwillen bei der Bevölkerung[84)]. Aber auch als bei der Kreisleitung das Anrücken der Russen bekannt war, ordnete sie die Räumung der Stadt von der Zivilbevölkerung noch nicht an[84)]. Dadurch, daß der Kreisleiter die ihm am 1.3. vom Festungs-Kommandanten befohlene Räumung der Stadt nicht sofort ausführte, sind unter der Zivilbevölkerung bedeutend höhere Verluste zu beklagen als bei der Truppe. Ungezählte fielen der Beschießung während der Flucht aus der Stadt zum Hafen zum Opfer. Wie viele von den in westlicher Richtung zu Fuß oder auf dem Fahrrad am Strand entlang flüchtenden Männern, Frauen und Kindern ihr Ziel nicht erreicht haben, spurlos verschwunden und elend umgekommen sind, wird wohl niemals festgestellt werden können[10)].

Die Parteileitung hatte die Kolberger, um sie zu beruhigen, mit Vorspiegelungen über die wahre Lage getäuscht[15)]. Nur zu lange hatten sie voller Vertrauen auf die Haltbarkeit der Front geblickt[1)]. Im allgemeinen hatte die Mehrzahl der Einwohner die ihnen drohende Gefahr noch nicht in ihrer ganzen Größe erkannt, obwohl der Russe immer weiter in die pommersche Heimat eindrang. Die

Kreisleitung hatte den Glauben der Kolberger, in sicherer Obhut zu sein, auch noch im Januar und Februar 1945 unterstützt, als bereits die Trecks aus Ost-, Westpreußen und dem Warthegau durch Kolberg fuhren. Am 13.2.45 traf in Kolberg ein Urlauber aus Oberammergau ein, der seine Familie aus Kolberg holen wollte. Während der Bahnfahrt hatte er gesehen, daß auf der Strekke Stettin-Kolberg feste Erdlöcher ausgehoben wurden; „als ich in Kolberg eintreffe, ist alles still, als wenn garnichts ist, und dabei stand der Russe vor Stettin"[82)]. Die harten Kämpfe um Pyritz waren bereits entbrannt. Noch am 3.3. war der Unterricht in den Schulen Kolbergs nicht geschlossen.

In solcher Ahnungslosigkeit überraschte den weitaus größten Teil der Einwohner in der Nacht zum 4.3., etwa gegen 2 Uhr früh, die Meldung, der Russe hätte an der Hohenbergschanze Aufstellung genommen. Er kam von Osten aus Richtung Köslin, Körlin und Belgard und blieb vor Kolberg an der Hohenbergschanze stehen, ohne die Beschießung zu beginnen. Selbst die Stadtverwaltung war durch die Kreisleitung nicht vom Anrücken der Russen unterrichtet worden und daher von deren Eintreffen ebenso überrascht wie die Bevölkerung[84)], die, meist völlig unvorbereitet, in eine namenlose Katastrophe gestürzt wurde, mit ihr die endlosen Trecks aus dem Osten[1)].

Der Russe erschien mit etwa drei Divisionen vor Kolberg.

Ihnen hatte der Kommandant anfangs an Truppen 3300 Mann entgegenzustellen, davon 2200 Mann für den Infanterieeinsatz[5)]. Hinzu kamen 373 Marinesoldaten mit 7 Offizieren[16)], Luftwaffen- und Volkssturm-Einheiten (der Volkssturm mit rd. 700 Mann). Verluste wurden laufend durch versprengte Wehrmachtsangehörige und die Neuhinzuführung des Alarm-Btl. Kell (I) Fest.-Rgt. 5 am 15.3. ausgeglichen[5)]. Die Armierung und die schwere Artillerie reichten bei weitem nicht aus.

Es erschien unmöglich, die Stadt mit diesen wenigen Truppen gegen einen Gegner zu verteidigen, der mit schweren Panzerverbänden am 7.3. beiderseits Kolbergs zur Ostsee durchstieß, die Stadt einschloß und in den Tagen danach 20 schwere Batterien, zahlreiche Werferbatterien, Granatwerfer schweren Kalibers, Stalinorgeln und Teile polnischer Divisionen heranführte[46)]. Die 20 russischen Batterien wurden durch einmalige Fliegeraufklärung festgestellt[19)].

Die russisch-polnische Armee, bestehend aus Inf.-Divisionen, einer Panzer-Brigade und einer Artillerie-Brigade, marschierte sowohl von Alt-Wuhrow (Kreis Dramburg) über Langhof (Kreis Deutsch Krone), Rheinfeld (Kreis Rummelsburg), Schivelbein, Stolzenberg und Gr.-Jestin als auch über Polzin, Gr.-Rambin, Pobloth, Podewils und Rossenthin auf Kolberg[42)]. Russische Feuerstellungen befanden sich u.a. südwestlich des Kautzenberges, bei Prettmin, Rossenthin, Bullenwinkel, am Rande des Stadtwaldes[19)], hinter Henkenhagen[64)] und bei Wobrow[104)].

Der Räumungsbefehl am 4.3. früh erreichte die Bewohner von Altstadt nicht mehr, obwohl deren Treck bereitstand[112)].

Auch für Kolberg kam der Räumungsbefehl viel zu spät, denn alle Wege um Kolberg waren durch Trecks und Autos verstopft, Züge kamen über Kolberg-Siederland nicht mehr hinaus, und der Feind schloß bereits einen großen Teil der Stadt ein[69)].

Das Dorf Degow erhielt den Räumungsbefehl am 4.3. morgens 3 Uhr. Auch hier war es zu spät! Im Winter durchziehende Flüchtlinge hatten den Bauern geraten, sich auch bald auf den Weg zu machen. Doch die Degower Bauern blieben; der Gauleiter hatte angeordnet, daß kein Bauer seinen Hof verlassen dürfe, bevor der Räumungsbefehl erfolgt sei, andernfalls werde er kein Anrecht mehr haben, wieder auf seine Wirtschaft zurückzukommen. Bei vielen Bauern kam die starke Bindung an den väterlichen Hof hinzu (so war z.B. der Hof des Bauern Erich Finger seit 1578, in nun 13. Geschlechterfolge, im Besitz der Familie), und wie er konnten viele sich nicht vom Erbe der Vorfahren trennen. So hatten die Bauern sich halten lassen, bis Russen und Polen nur noch 6 km von Degow entfernt waren. – Lt. Räumungsbefehl sollte der Treck der Degower um 5 Uhr in Richtung Kolberg in die anderen Trecks eingeordnet sein. Der Marsch begann mit vielen Stockungen, so daß die Degower gegen 9 Uhr erst kurz vor Zernin waren. Da die Landstraße von dort bis Kolberg schon mit Artilleriefeuer belegt wurde, kehrten die Degower um und waren gegen 12 Uhr wieder in ihrem Dorf. Inzwischen hatten sich dort so viele Trecks eingefunden und Quartier bezogen, daß die Degower Bauern kaum noch auf ihren eigenen Höfen unterkamen. Um 17 Uhr verbreitete sich das Gerücht, sämtliche russische Panzer vor Kolberg seien erledigt und ein Bataillon Infanterie sei beauftragt, die Chaussee Kolberg-Körlin zu räumen, so daß sie zu 19 Uhr wieder für Militär und Trecks befahrbar sei. Auf dieses Gerücht hin faßte der Bauer Erich Finger nochmals Mut und verließ mit seiner Familie im Treck gegen 19 Uhr Degow. Die Chaussee war sehr belebt, ein Fahrzeug fuhr hinter dem anderen, meistens in zwei Reihen. Die Nacht war stockdunkel; denn Licht durfte wegen feindlichen Flieger- und Artillerie-Beschusses nicht gemacht werden. Es gab – auch infolge von Glatteis – große Stockungen auf der Fahrt durch die zahlreichen zerschossenen Wagen und Autos und toten Pferde, so daß der Treck 12 Stunden für die 10 km von Degow bis Kolberg brauchte. Als es hell wurde, bekamen die Treckleute kurz vor Kolberg Feuer durch russische Artillerie und mußten im Chausseegraben Deckung suchen. Um 7 Uhr (5.3.) wurde die Panzersperre an der Körliner Chaussee für die Trecks geöffnet. Aber von Kolberg aus kamen die Degower mit ihrem Treck nicht mehr weiter, da die Straße Treptow-Cammin schon besetzt war, und so mußten sie ihre beladenen Fahrzeuge in Kolberg stehen lassen und mit wenigen Habseligkeiten versuchen, über See zu entkommen[83)].

Mit der Meldung von der ersten Feindberührung verhängte Oberst Fullriede am 4.3. um 4 Uhr den Belagerungszustand und das Standrecht über Kolberg. Die Männer der C.F.Post'schen

Buchdruckerei hatten in der Nacht den Aufruf über die Verhängung des Belagerungszustandes zu setzen und zu drucken, und sie kamen dann, soweit sie in dem Neugelderschen Siedlungsgelände wohnten, nicht mehr zu ihren Familien zurück, sondern wurden unmittelbar von den rasch eingesetzten Kampfverbänden aufgenommen[53)].

Mit der Einschließung Kolbergs übernahm der Festungs-Kommandant die gesamte Befehlsgewalt. Oberst Fullriede erklärte dem Kreisleiter und den Behörden – und gab durch öffentlichen Anschlag bekannt –, daß sämtliche Parteiinstanzen und Behörden ihm unterstünden und kein Mann ohne seine schriftliche Einwilligung die Stadt verlassen dürfe, da zuerst Frauen und Kinder evakuiert werden sollten. Der Kommandant war der Ansicht, daß jeder diensttaugliche Mann sich dem Volkssturm zur Verfügung zu stellen habe, da es um das Leben der Frauen und Kinder ging, und daß jeder Kolberger die Pflicht hätte, nicht eher als nach deren Rettung an Bord zu gehen. Vor allem erwartete er die Beteiligung der in Kolberg maßgebenden Männer an der Verteidigung[10)]; doch hat er niemanden zum Eintritt in den Volkssturm gezwungen.

In der Anhäufung von Flüchtlingen sah Oberst Fullriede eine verbrecherische Anordnung der Gauleitung und keine militärische Notwendigkeit. Er hob den diesbezüglichen Befehl daher sofort auf und versuchte, noch auf dem Landweg abzutransportieren, was möglich war. Zu diesem Zweck brach er den Einschließungsring an der Küste noch einmal für kurze Zeit auf[2)].

Da ein Versuch, durch die zuständigen Instanzen Ordnung in den zivilen Sektor zu bringen, mißlang, unterstellte Oberst Fullriede am 4.3. um 16 Uhr sämtliche nichtmilitärischen Dienststellen dem Kreiskommandanten, SS-Oberführer Bertling, der am 27.2. als Beauftragter der Partei in Kolberg eingetroffen war. Eingeweihte wollten wissen, Bertling sei dem Kommandanten aus politischen Gründen beigegeben worden[50)]. Oberst Fullriede eröffnete Bertling, daß nur allein seine, des Kommandanten Befehle Gültigkeit hätten. Er beauftragte Bertling, den Abtransport der Frauen und Kinder zu regeln. Die Zusammenarbeit beider war nicht immer reibungslos, doch betonte Oberst Fullriede, daß Bertling einer der wenigen Parteileute gewesen sei, die sich voll für die Bevölkerung und die Verteidigung einsetzten. Ein „Versagen" der zivilen Dienststellen bestreitet der Zivilbeauftragte für das Sanitätswesen während der Belagerung, Dr. med. Werner Brand. Er weist vor allem darauf hin, daß vom Ostpreußentreck in Kolberg von Ende Januar bis Anfang März 1945 mehr als 250000 Menschen von zivilen Dienststellen durchgeschleust, verpflegt, untergebracht und ärztlich versorgt worden sind[53)]. Bei Beginn der Belagerung arbeiteten diese Dienststellen am Hafen weiter. Es hatte sich eine feste Arbeitsgemeinschaft gebildet, zu der je ein Vertreter der Stadtverwaltung (Stadtamtmann Wachholz), der Kriegsmarine-Dienststelle und des Wasserstraßenamtes sowie ein Zivilarzt gehörten; anfangs beteiligte sich auch der Hafenkommandant an dieser Arbeit. Dr. Brand war am Hafen als Arzt eingesetzt. Täglich haben mit Flüchtlingen überfüllte Schiffe den Hafen verlassen.

Gegen Abend des 4.3. ließ die Kreisleitung durch Lautsprecher in den Straßen bekanntgeben, daß die Stadt unter starken Beschuß kommen würde, und forderte die Einwohner, vor allem Frauen und Kinder, auf, sich um 19 Uhr vor dem Hauptbahnhof zu versammeln; sie würden am Weststrande entlang zu Fuß nach Cammin geführt werden. Nur wenige wagten diesen Marsch mit Gepäck, und von diesen wenigen konnte sich nur ein kleiner Teil ohne Gepäck retten. Völlig ungeordnet wickelte sich dieser Marsch ab. Einige hatten das Glück, sich Truppen anschließen zu können, die aber auch beschossen wurden[84)]. Andere gerieten in das feindliche Feuer und machten deshalb schon in der Maikuhle halt[7)]. Der größte Teil der Kolberger aber brachte Liegestühle, Decken und Eßwaren in die Keller, die bald von aufgeregten Menschen überfüllt waren. Die Aufforderung der Kreisleitung zum Verlassen der Stadt war zu spät gekommen: Bereits zehn Minuten danach setzte starker Beschuß ein.

Auf der Strandschloßplatte machte ebenfalls am 4.3. abends ein Offizier bekannt, die Bevölkerung sollte sich zur Maikuhle begeben, da von dort aus noch eine Möglichkeit bestehe, am Strande entlang Kolberg zu verlassen. Ein Menschenstrom aller Altersklassen, in der Mehrzahl Bewohner der Münde, wälzte sich durch die Pfannschmieden über die Eisenbahn- und Holzgrabenbrücke in Richtung Maikuhle. Ein Teil der Flüchtlinge wollte über Vogelsang weiter nach Westen gelangen, doch zogen hier so viele Menschen, daß nur im Schneckentempo weiterzukommen war und einige deshalb die Stettiner Straße benutzten. Der Russe schoß zunächst über die Stettiner Straße hinweg, nahm dann aber die Straße selbst unter Feuer. Da es aussichtslos erschien, weiterzugehen, suchten Flüchtlinge zunächst im Hause des Kaufmanns Besser (Stettiner Str. 33), dann (um 4 Uhr früh) im Keller des Hauses Hubertusweg 18 (Justizsekr. a.D. Ferd. Bogatek) Schutz[93)]. – Wie sich später herausstellte, war die Bekanntmachung auf der Strandschloßplatte von einem Offizier einer in Kolberg eingeschlossenen lettischen SS-Division gegeben worden[93)]. – Am 5.3. früh kehrten die Geflüchteten, die am 4.3. abends bis zum Friedhof in der Maikuhle gelangt waren, in die Stadt zurück, da ein Entkommen über die Maikuhle nicht mehr möglich war und die naßkalte Witterung das Übernachten unter freiem Himmel besonders für Kinder unerträglich machte; in Abständen erfolgte außerdem Beschuß durch russische Panzer. Auch der Strandweg nach Gribow lag unter Beschuß[93)]. In den ersten Märztagen waren noch viele Trecks über die Maikuhle und Kolberger Deep in Richtung Dievenow weitergeflüchtet; bald aber brach der Russe hier zur Küste durch, und Wehrmachtswagen kamen und versperrten auch diesen Weg[120)]. Der Maikuhlenfriedhof glich einem großen Lastwagen-Friedhof[120)]. Umgekippte Sanitäts-, Verpflegungs-

und Munitionswagen, tote deutsche Soldaten, Wehrmachtskleidung, geschlachtete Enten, Eimer voll Hühnereier lagen zwischen und auf den Gräbern. An der Friedhofshalle lag ein totes Pferd, das in seiner Todesangst noch ein Fohlen geworfen hatte[56)]. Hunderte von verlassenen Verpflegungsautos lagen in der Maikuhle auf dem Wege längs den Scheibenständen der Schießplätze umgestürzt in den Gräben und blockierten zuletzt die gesamte Straße[120)]. Auf dem Hubertusweg standen Treck-Wagen; in einem der Wagen jammerte ein etwa 8-10 Wochen altes Kind, halb erfroren und verhungert, das ein deutscher Soldat und eine Kolbergerin erst zum Brandenburgischen Seehospiz brachten (wo aber keine Schwestern mehr waren) und dann zum Städt. Krankenhaus, wo es endlich aufgenommen wurde[56)].

Die Bevölkerung drängte nun zum Hafen und zum Fliegerhorst Bodenhagen. Viele, die darauf gehofft hatten, vom Horst herausgeflogen zu werden, wurden enttäuscht. In den letzten Februartagen war auf dem Horst ein ständiges Kommen und Gehen von Verbänden gewesen. Transportmaschinen wechselten mit Jägern ab; alles verlegte nach Westen[99)]. Einige Flieger nahmen nun in ihren Maschinen Flüchtlinge aus Kolberg mit, obwohl die Mitnahme von Zivilisten verboten war. – Der Funkwagen einer Staffel verließ am 4.3. morgens 5.30 Uhr den Fliegerhorst Bodenhagen, um sich über Kolberg nach Swinemünde durchzuschlagen, bekam hinter Kolberg Beschuß von russischen Panzern, die von Treptow durchgebrochen waren, und nach Achsenbruch bei Rewahl gingen die Insassen unter Zurücklassung ihrer Habe zu Fuß den Strand entlang bis Horst, gerieten in einen Kessel, der nach vier Tagen auf 4 km Breite geöffnet werden konnte, und unter vielen Strapazen ging es zu Fuß bis Swinemünde; 10 Tage hatten die Mannschaft des Wagens und die Flüchtlinge zu ihrer Flucht gebraucht[28)].

Tausende umlagerten das Hafengebiet. Erschütternde Szenen spielten sich hier ab. In den anliegenden Häusern und in dem alten Fort Münde (Lotsenturm) saßen Flüchtlinge, die mit den Trecks aus den östlichen Provinzen bis Kolberg gekommen waren. Trotz des Beschusses stürzten die Menschen, die am Hafen Unterschlupf gefunden hatten, an den Hafendamm, wenn nur von irgendwo der Ruf ertönte: „Schiff in Sicht!" Meistens waren es Falschmeldungen, und jedesmal blieben Verletzte und auch Tote aus dem Gewühl zurück![120]. Trotz der pausenlosen Beschießung durch die russische Artillerie mit Stalinorgeln und allen Kalibern gingen nur wenige der am Hafen Wartenden in Deckung; alle beherrschte nur ein Gedanke: auf das nächste Schiff zu kommen. Die Verladung auf Siebelfähren (Artillerie-Pontons) ging noch am schnellsten. Auch die Kolberger Fischerflotte machte drei bis vier Fahrten in diesem Einsatz[119]. – Hunderte von ausgespannten Pferden durchrasten nach jedem Fliegerangriff die noch freigebliebenen Wege und drängten in ihrer Angst dahin, wo auch die Wartenden Schutz suchten. Besonders unheilvoll wirkte sich das in der Hafengegend aus, wo die Tiere mitten in die Reihen der Flüchtlinge stürzten und viele Menschen verletzten[120].

Da die Tage zuvor Sturm gewesen war, lagen verschiedene Schiffe im Hafen vor Anker, die für Flüchtlinge freigegeben worden waren. Ein großes Schiff, der Dampfer Heluan, verließ den Hafen am 4.3. um 6 Uhr mit 1500 Menschen, wartete auf der Reede auf andere Schiffe und fuhr, nachdem das Geleit beisammen war, ab. Die Schiffe fuhren hintereinander und wegen Minengefahr dicht an der Küste in der Brandung; daher wurden die Flüchtlinge im Laderaum des großen Schiffes alle seekrank. Nach dem Auslaufen dieser Schiffe fielen die ersten Bomben in die Stadt; es war der erste Angriff auf Kolberg, und Feuerschein war vom Schiff aus zu sehen. Ursprünglich sollten diese Flüchtlinge nach Schleswig-Holstein gebracht werden, wurden aber, um die Menschenmassen möglichst schnell aus Kolberg herauszubringen, schon in Swinemünde an Land gesetzt[103][92]. Ein Fischkutter verließ Kolberg um 10 Uhr und brachte ebenfalls Flüchtlinge nach Swinemünde[98]. Am Nachmittag des 4.3. trafen Flüchtlinge in Swinemünde ein, die in Segelbooten geflohen waren, und erzählten, russische Panzer seien von Westen in die Stadt Kolberg eingedrungen[103], doch traf diese Nachricht nicht zu.

Zum Abtransport über See hatten die Kolberger anfangs wenig Neigung. „Aufs Wasser wollte keiner von uns, aber es war der einzige Weg, um herauszukommen"[67]. Der Gedanke an das Schicksal des großen KdF-Schiffes „Wilhelm Gustloff" und des 17500 t-Dampfers „General Steuben" schreckte viele ab. Die „Wilhelm Gustloff" war am 30./31.1.45 auf der Höhe von Stolp mit rd. 4000 Flüchtlingen aus Ost- und Westpreußen in kürzester Frist gesunken*, und nur etwa 950 Flüchtlinge und Besatzungsangehörige waren gerettet worden[52]; kleinere Marine-Einheiten hatten in den ersten Februartagen 600-700 dieser Schiffbrüchigen in Kolberg gelandet[53]. Am 10.2.45 wurde „General Steuben" ebenfalls in der Höhe von Stolp von einem russischen U-Boot torpediert, wobei rd. 3000 Menschen ertranken; ein Häuflein Geretteter wurde ebenfalls in Kolberg gelandet[52].

Viele Kolberger mußten fast mit Gewalt auf die Schiffe gebracht werden, damit diese vollbesetzt abfahren konnten. Eine junge Frau, die sich schon auf einem Schiff befand, konnte sich nicht zur Mitfahrt entschließen und ging nach Kolberg zurück[104]. Viele wagten später wegen des Artilleriefeuers den Weg zum Hafen nicht[23]. Nachdem Kolberg völlig eingeschlossen war, blieb aber nur der Wasserweg noch offen. – Wer Glück hatte, wurde in den ersten Tagen von der Fischerflotte mitgenommen, die allerdings nur wenige Flüchtlinge an Bord nehmen konnte[84].

Auf Grund der Feinderkundung durch die Kampfgruppe Tettau war in der Nacht zum 4.3. ein Spähtrupp (Lt. Achtner mit einem Uffz. und 12 Mann) in einem Wagen zur Aufklärung in Richtung

---

* Nach neueren Forschungsergebnissen sollen fast 9.000 Menschen bei dem Unglück ums Leben gekommen sein.

Rossenthin entsandt worden. Am Waldrand vor Rossenthin traf er plötzlich auf russische Panzer und Soldaten, wobei alle Insassen des Wagens, es waren durchweg Hitlerjungen, verwundet wurden, außer Lt. Achtner, der von der Bürgermeisterei Sellnow die Meldung an die Kommandantur durchgab, daß 25-30 russische Panzer bis zum Nordausgang Sellnow vorgedrungen seien. Auf diese wertvolle Meldung hin wurde um 4 Uhr der Ausnahmezustand erklärt[19)]. Um 5 Uhr erreichten feindliche Panzer und Infanterie Sellnow. Damit wurde für Kolberg die Wasserversorgung aus dem Wasserwerk Rossenthin (Koppendicksgrund) abgeschnitten[1)].

Ein zweiter Spähtrupp aus Soldaten des 4. Zuges der 4. Kompanie des Fest.-M.G.Btl. 91 sollte bei Sellnow zwecks Erkundung bleiben, mußte sich aber unter Verlust seiner Fahrräder eiligst nach Kolberg zurückziehen. Dieser Radfahrzug war der einzige „schnelle" Aufklärungstrupp der „Festung"[33)]!

Um 4 Uhr erschien ein Feldwebel in der Jägerkaserne beim Nachrichten-Offizier der Flak-Batterien und meldete „russische Panzer aus Süden im Anmarsch auf Kolberg". Sofort wurde Alarm gegeben. Die meisten Soldaten der Einsatzbatterien waren noch nicht an der Front gewesen[26)].

Hfw. Hock lag mit schwachen Resten einer Nachrichten-Ersatz-Kompanie in den Kasernen an der Gribower Chaussee. Er sah mit 4 Kameraden (Rhode, Hedrich, Lux, Kahl) auf der Straße nach Treptow 5 russische Panzer halten, die einige Schüsse in die Stadt feuerten. Hock beschoß einen kleinen russischen Kraftwagen; sogleich saß eine Granate im Stallgiebel. Anschließend ging Rhode (aus Bochum) mit 2 Mann los, um Panzer zu knacken; er hatte darin schon Erfahrung und war dafür mit dem Deutschen Kreuz ausgezeichnet worden. Er wurde durch Bauchschuß schwer verwundet, von Hedrich zurückgeholt und starb am selben Abend[50)]. Hock meint: „Wenn der Russe mit seinen Panzern bei dem Tor des neuen Kasernenblocks an der Gribower Chaussee hineingefahren wäre, über den Kasernenhof hinweg, dann bei unserer Wache hinaus, so wäre er im Nu ungesehen und ungehindert in der Langenbeckstraße gewesen." Der Hfw. sperrte mit seinen Kameraden noch rasch behelfsmäßig das erste Tor der Kaserne[50)]. Uffz. Lux berichtet: „Gegen 5 Uhr Großalarm. Die Kaserne war in kürzester Zeit leer. Von unserer Kompanie waren nur 5 oder 6 Mann da.... Alles lief durcheinander. Man wußte überhaupt nicht, woran man war. Später wurden die Soldaten gesammelt, entsprechend verteilt und eingesetzt."[52)]

Um 4.30 Uhr erfolgte ein überraschender Vorstoß starker russischer Panzerspitzen zum Stadtrand Kolbergs mit dem Schwerpunkt Gelder Vorstadt[16)]. Um 6 Uhr drangen russische Panzer mit aufgesessener Infanterie, von Schivelbein kommend, über Rossenthin bis zur Brauerei Karlsberg vor. Einige der Panzer machten bei der Brauerei halt und gruben sich ein, andere blieben auf der Treptower Chaussee; diese Panzer waren gegen 7 Uhr an der Panzersperre Gelder Vorstadt[5)]. Etwa um 8 Uhr war der Russe zwischen Karlsberg und Treptower Straße und hielt von hier aus sämtliche nach Kolberg führenden Straßen unter Beschuß. Trotzdem glaubten die Beamten im Heeres-Verpflegungs-Hauptamt (Stettiner Str.11), die Lage nicht allzu ernst nehmen zu müssen. Aber abends kam ein Treffer vor das Haus; auf diese Warnung hin zogen der Chef des Amtes und 2 Stabsintendanten (Goerth und Winkel) noch am ersten Abend in den Keller der Schillkaserne (Proviantstr.) um, während zwei Intendanten (Kräft und Nehring) in der Stettiner Straße blieben[20)]. Zu Beginn der Belagerung wurde der Dienstbetrieb im Heeres-Verpflegungs-Hauptamt verstärkt weitergeführt; denn die Läger sollten so weit wie möglich geräumt werden[21)].

Um 6 Uhr erhielt die Jägerkaserne den ersten Volltreffer. Lange Zeit blieb es dann ruhig. Da die Jägerkaserne unmittelbar hinter den Panzersperren des Stadtrandes lag, gab der Art.-Kmdr. Befehl zum Stellungswechsel in das Stadtinnere. Der Abt.-Stab bezog ein neues Quartier in der Pension „Haus Berndt" (Hakenstr.5), die von den Bewohnern verlassen war[26)].

Auf dem Grundstück Tannenbergstr. 4 wurde ein Schützengraben ausgehoben, der aber schon in geringer Tiefe unter Wasser stand und daher unbrauchbar war. Gegen 12 Uhr wurde im Garten des Grundstücks ein s.M.G.-Gefechtsstand eingerichtet. Der Besitzer verließ mit seiner Familie das Haus, als es militärisch besetzt wurde, und bat den Leutnant, seine Hunde zu erschießen, wenn er das Grundstück wieder räumen müßte; der Leutnant erwiderte, das wäre leider nicht möglich, da jeder Mann nur 2 Schuß Munition habe[40)].

Um 7 Uhr fielen die ersten Bomben in die Stadt, die ersten Granaten im Laufe des Vormittags. Das starke Feuer der russischen Panzer und Granatwerfer war ohne erkennbaren Plan[16)]. Der Beschuß erfolgte von der Hohenbergschanze, vom Ostrande der Maikuhle und von Karlsberg aus[69)]. Das Fehlen eigener schwerer Artillerie war sehr nachteilig[16)]. Gleichzeitig mit der Beschießung setzte starke feindliche Fliegertätigkeit ein. Schlachtflieger rasten im Tiefflug über den Bahnhof[31)]. Der Luftangriff zerstörte die Bahnstrecke nach Belgard, und es gab die ersten Toten, unter ihnen Ober-Gerichtsvollzieher Alb. Ueckert, Eisenbahner Boldt, Konrektorin Herta Sanft und die 16jährige Pflegetochter des Kaufmanns Willi Hass[69)].

Zwischen 8 und 9 Uhr erfolgte der erste feindliche Panzervorstoß auf Kolberg durch jene Panzer, die um 7 Uhr den Stadtrand an der Gelder Vorstadt erreicht hatten. Der Angriff wurde durch 2 Flakgeschütze und 6 Werfer des M.G. -Btl. 51 unter Abschuß von 6 feindlichen Panzern in der Gelder Vorstadt abgewiesen. 8.30 Uhr griffen deutsche Schlachtflieger die Russenpanzer an und stoppten deren Vormarsch unter Vernichtung zahlreicher Panzer[16)]. Im Raum über Rossenthin, Kolberg, Sellnow, Altwerder entwikkelte sich eine kurze, heftige Luftschlacht[112)]. Die russischen Angriffe wurden abgewehrt, und der Feind zog sich zunächst nach

Karlsberg zurück; sein Versuch, die Stadt im Handstreich zu nehmen, war gescheitert[47]. Während dieser Abwehrkämpfe erhielt der Marine-Kompaniechef, Kptlt. Schulte, der einen Panzer mit der Panzerfaust ansprang, einen schweren Bauchschuß. Der Marine-Kompanieführer, Oblt. Hans Bracker, fiel um 13 Uhr; Lt. Schmitzdorf übernahm das Kommando über die Einheit[16].

Die Landstraße nach Gribow wurde vorübergehend freigekämpft, um die Trecks und die Zivilbevölkerung sowie durchmarschierende Heeres-Einheiten aus dem Osten nach Westen abströmen zu lassen.

Um 23 Uhr wurde am Lübecker Weg ein Russenpanzer von der Marine erledigt, ein weiterer beschädigt, aber abgeschleppt. Der Angriff wurde abgeschlagen. Von 5 l.M.G. an der Treptower Chaussee fielen 3 aus, ohne daß Ersatz möglich war[16].

Bei der Marine wurde im Laufe des 4.3. der Munitions- und Verpflegungsnachschub organisiert; Stellungen und Panzersperren wurden weiter ausgebaut, Geheimsachen der Generalkommandos und der Torpedo-Schule III auf Befehl durch den Adjutanten, Oblt. z.S. Wagner, vernichtet[16].

An diesem ersten Kampftage und am 5.3. fühlte der Feind dann nur mit schwächeren Panzer- und Infanteriekräften im Kampfabschnitt Mitte entlang der Treptower Straße gegen die Stadt vor. Durch Artillerie, schwere Wurfkörper, Flak und Panzer-Vernichtungstrupps wurden diese Vorstöße abgewiesen[16].

Im Ostabschnitt der Front erfolgte die erste Feindberührung mit Panzerspitzen an der Hohenbergschanze gegen 9 Uhr. Der hier befindliche Zug der 2. Kp. des F.A.R. nahm den Kampf auf. Er verschoß mehrere Panzerfäuste; davon war ein Treffer ohne ausreichende Wirkung, ein Fehlschuß und ein Nichtdetonierer. Die Gefechtsvorposten räumten die Stellung unter geringem Feinddruck. Die Hohenbergschanze fiel in die Hand des Feindes, der sogleich Pak nachzog; diese schoß ziemlich wahllos in die Stadt[22].

Die meisten Mannschaften des I./F.A.R. waren guten Willens, doch reichlich unerfahren. Die Unteroffiziere als Unterführer waren zuverlässig[22]. – Der R.O.B.-Gfr. Ernst Toews von der 1. Bttr. der Lehr- und Ersatzabtl. für Eisenbahn-Artillerie (mot.) 100 war am 1.3.45 zu seinem Truppenteil nach Rügenwalde in Marsch gesetzt worden, zu einem Zeitpunkt, als die russische Dampfwalze längst über Rügenwalde hinweg war und in der Höhe von Köslin-Neustettin stand, ein Beweis, welch ein Durcheinander bei den Frontleitstellen bereits herrschte. Toews kam am 3.3. nachmittags in Kolberg an, wurde aufgefangen und als Artillerie-Beobachter eingesetzt. Am 4.3. 12 Uhr bezog er mit Kameraden die B.-Stelle auf der Wolffschen Mühle, der Untermühle, an der Südostecke Kolbergs. Die B.-Stelle stand zur Verfügung des A.-Kmdr. Major Schleiff. Die mehrstöckige, ganz moderne Mühle lag bis unter das Dach voll mit Getreide, Mehl und Gries[31].

Um 12 Uhr, als Toews mit seinen Kameraden eben die B.-Stelle bezogen hatte, setzte Beschuß auf Kolberg ein, zuerst schwach, dann von Stunde zu Stunde stärker, weil der Russe laufend neue Batterien um Kolberg in Stellung brachte und rings um die Stadt Panzer auffuhr[31]. Von der B.-Stelle war auch zu erkennen, wie die Infanterie durch die Wiesen hindurch an die Stadt heransickerte. Die B.-Stelle blieb zunächst unbehelligt, weil der Russe immer nur mitten in die Stadt hineinschoß. Alle 4 Stunden lösten sich die Männer ab und verbrachten die Ruhepause in der Schillkaserne[31].

Die Batterie, mit der Gfr. Toews schoß, stand in den Tennisplätzen nahe der Rennbahn, die Batterie Billerbeck in den Kasematten des Hafengeländes[31]. Eine Feuerstellung schwerer Wurfkörper befand sich in der Stadtgärtnerei[19].

Am 4.3. gegen 21 Uhr kamen die ersten russischen Kampftruppen nach Henkenhagen. Panzerlärm hörten die Henkenhagener in Richtung Bodenhagen[107]. Am Bahnhof Bodenhagen sicherte abends ein Geschütz vom III. Zuge der leichten Flak[32]).

Im Ostabschnitt der Front verlief die Nacht zum 5.3. ruhig. Die Stellung brauchte nur dünn besetzt zu sein[22].

San.-Fw. Rutzen hatte am 4.3. Befehl, Sanitätsunterricht für das San.-Personal des Volkssturms im Sanitätskolonnenheim (Persantenstr.) abzuhalten. Um die Vorbereitungen dafür zu treffen, begab er sich kurz nach 8 Uhr von seiner Wohnung (II. Pfannschmieden 6) zur Persantenstraße; als er am Hause des Schmiedemeisters Reinke (II. Pfannschmieden 14) vorbeikam, stand dieser im Vorgarten und sagte ihm, daß die Russen in Kautzenberg seien. In demselben Augenblick schlug ein Zünder, von einer russischen Granate herrührend, etwa 2 m entfernt von ihm in den Boden. Rutzen ging sofort wieder nach Hause und sah auf diesem kurzen Wege, wie der Russe von Kautzenberg aus mit Leuchtmunition in die Stadt schoß. Vom Btl.-Arzt des Volkssturms, Dr. Brand, erhielt Rutzen die Weisung, sofort eine San.-Station einzurichten, um Verwundeten aus der Zivilbevölkerung erste Hilfe bringen zu können. Da in II. Pfannschmieden 6 beschußsichere Keller waren, richtete Rutzen die Verbandsstation in einem dieser Keller ein und mußte im Laufe des Tages wiederholt verwundete Zivilisten verbinden. Er beobachtete, daß es an diesem Tage bereits an vielen Stellen der Stadt brannte[93]. Es brannte z.B. das Schützenhaus am Schweinemarkt ab; gegenüberliegende Häuser wurden beschädigt[8]. Besonders heftig beschoß der Russe die Gegend am Siederlandbahnhof, d.h. er nahm das Marinelager – Torpedoschule – auf bzw. hinter dem Langenbecksportplatz unter Beschuß[93]. Etwa am 7./8.3. schoß er das Marinelager auch in Brand; Kolberger, die sich in das neue Gymnasium geflüchtet hatten, sahen vom Ausgang des Luftschutzkellers das Lager brennen[94][96].

Die Russen waren auf deutsche Vorposten in Altstadt aufmerksam geworden. Infolgedessen lag das Dorf sogleich unter starkem feindlichen Artillerie- und Panzerbeschuß. Die kleine Johanniskirche, die älteste Ostpommerns, erhielt drei schwere Treffer, der Holzturm wurde gänzlich hinweggefegt[40][112].

Der Wassermangel war seit dem 4.3. (Zerstörung des Wasserwerks) groß. Vorsorglich hatten die Einwohner rechtzeitig alle Behälter ihrer Wohnungen mit Leitungswasser vollaufen lassen; diese Vorräte genügten trotz größter Sparsamkeit aber nur für die ersten Tage[109)]. Man nahm dann das Wasser aus den Heizröhren, und viele sammelten Schnee, den sie schmolzen. Schließlich mußte unter Lebensgefahr Wasser aus der Persante geholt werden[58)]. Kurz nach 12 Uhr trat gewöhnlich eine Feuerpause von etwa einer Stunde ein; beherzte Leute liefen dann schnell und vorsichtig an den Häusern entlang zum Flusse. Als die Feuerpausen später unregelmäßiger und das Betreten der Straßen immer gefährlicher wurde, die Russen auch schon in die Vorstädte eingedrungen waren, mußte das Wasserholen eingestellt werden.

Die Versorgung mit Gas hörte am 4.3. ebenfalls gegen 20 Uhr auf. Die Gasometer in der Gasanstalt wurden abgeblasen, da sie bereits durch Schrapnellkugeln beschädigt waren[62)].

Die Belieferung mit elektrischem Strom endete in der Nacht zum 5.3.

Am 4.3. war es noch möglich, innerhalb der Stadt und nach auswärts zu telefonieren[38) 68)].

Das entbehrungsreiche Leben konnten vor allem die alten Leute nicht lange ertragen. So starb der hochbetagte Lehrer Franz Schilter einen Monat vor seinem 90. Geburtstage (14.3.)[75)].

Die Bewohner der General-Litzmann-Straße verließen bereits am 4.3. ihre Wohnungen, da sämtliche Fensterscheiben restlos zersplittert waren. Seitdem lebten die meisten Bewohner der Kasernengegend im Splittergraben des neuen Gymnasiums (Langenbeckstraße), mußten ihn aber nach etwa vier Tagen räumen; sie zogen dann von einem Luftschutzbunker in den andern.

In der Waldenfelskaserne herrschte ein großes Durcheinander von Flüchtlingsfahrzeugen. Jeden Augenblick kamen noch neue Wagen angerollt, da die Kösliner Chaussee noch nicht vom Feinde besetzt war. Die große Turnhalle war Pferdestall geworden, in dem sich etwa 40-50 Tiere befanden. Der Mittelblock war von Flüchtlingen belegt, die noch auf die Möglichkeit warteten, in Richtung Treptow-Stettin weiterzukommen. Die Truppe half, wo sie konnte, und verteilte Essen[22)].

Gegen Plünderer mußte der Kommandant mit abschreckenden Strafen vorgehen; Plünderer trieben sich bereits zahlreich in der Stadt herum und umlauerten vor allem die Vorratshallen der Kasernen. Lt. Abrolat überraschte bei seinen Streifen zur Aufklärung mit seiner Gruppe wiederholt Leute dieser Art beim Plündern; bei der Untersuchung stellte sich dann heraus, daß es Ausländer (meist Angehörige lettischer Verbände) waren[33)], Marine-Offiziers-, Polizei-und Feldgendarmerie-Streifen wiesen versprengte Soldaten zum Ratskeller ein, wo eine Sammelstelle eingerichtet worden war. Soweit die Aufgegriffenen brauchbar waren, wurden sie in die kämpfende Truppe eingereiht; z.T. wurden aus ihnen, um die Abwehr- und Kampfstärke zu erhöhen, eigene brauchbare Kampfeinheiten gebildet wie z.B. das Btl. Hempel, das völlig aus Versprengten bestand. Unbewaffnete Soldaten wurden durch Marine-Offiziere gesammelt, sobald durch Tod oder Verwundung Waffen frei wurden. Der Kampfwert der aus allen nur möglichen Einheiten gebildeten Truppen war unterschiedlich[5)], bei manchen gering[22)]. Die Männer waren einander fremd und kannten ihre Vorgesetzten kaum[13)]. Viele versprengte Soldaten meldeten sich aber auch freiwillig[13)]. Untaugliche hatten ihre Waffen abzuliefern, woraufhin sie zum Arbeitsdienst herangezogen wurden, namentlich zum Verbarrikadieren aller wichtigen Straßen und Plätze; zu diesen Arbeiten wurden auch Angehörige der lettischen und estnischen SS herangezogen[5)].

In Kolberg gab es auch eine Polizei-Kompanie, etwa 100 Mann stark und voll bewaffnet. Sie wurden in einer Auffangstellung hinter der Persante eingesetzt[13)].

Die Männer der Volkssturm-Kompanie 9, die für den Einsatz

eigentlich nicht mehr in Frage kamen, machten Wachdienst in der Waldenfels-Gaststätte, in der Freilichtbühne und auf der Rennbahn. Die Führung der Kompanie hatte am 4.3. ein Beamter des Finanzamtes erhalten, der bereits am 6.3. wegen Krankheit abgelöst werden mußte; für ihn wurde Kaufmann Littmann zum Kompanie-Führer ernannt. In der Rennbahn waren 4-5 Männer auf Wache, in der Freilichtbühne zwei. Hier lagerten große Mengen Munition; die beiden hier wachenden Männer des Volkssturms hatten Gewehre Modell 71 mit 1 Patrone Munition! Am 7.3. nachts traf Littmann auf seinem Rundgang einen Kapitänleutnant, der ihn anrief und ihn nach der Parole fragte und ihm – als er hörte, er wolle seine Leute inspizieren – sagte: „Sie sind doch Zivilisten. Sind Sie sich klar darüber, was mit Ihnen geschieht, wenn der Russe mit Stoßtrupp hier durchbricht? Er hängt Sie am nächsten Baum auf! Gehen Sie und sagen Sie Ihren Leuten, sie sollen sich nach Hause scheren zu Muttern, wenn sie noch ein Zuhause haben." Littmann ging darauf zur Wachstube in der Gaststätte der Waldenfelsschanze, die Volkssturm-Männer verbrannten die Wachbücher, und die Kompanie löste sich auf[87)].

Täglich begann der Kampf etwa um 7 Uhr und dauerte bis Anbruch der Dunkelheit. Der Russe schoß dann irgendein Viertel Kolbergs in Brand und hielt zunächst die ganze Nacht Ruhe. In dieser Zeit wurden die Verwundeten, Frauen und Kinder zum Abtransport an Bord der Schiffe gebracht[30)]. Am Hafen war der Beschuß in den ersten Tagen noch erträglich[83)].

Aber Kolberg wurde nun allmählich eingeschlossen, wenn dieser Einschließungsring zunächst auch nur dünn und locker war und, von wenigen Durchbruchsstellen abgesehen, noch kilometerweit vor dem Stadtrand lag. Schwerwiegend war es, daß in Aussicht gestellte schwere Granatwerfer nicht eintrafen[16)].

*

Montag, 5.3.1945

Am Montag, dem 5.3., besetzten die Russen Kamp.

Ein winziges Werkzeugboot der Kriegsmarine verließ nach 18-stündigem Warten im Morgengrauen den Hafen mit Flüchtlingen[105)].

Die Post war geschlossen, aber die Männer des Telegrafen-Bautrupps vom Telegr.-Baubezirk Kolberg blieben und standen als zivile Truppe den Nachrichtentruppen der Wehrmacht treu zur Seite. Es ging darum, eine ausreichende Fernsprechvermittlung mit den dazugehörenden Fernsprechleitungen betriebsfähig zu erhalten. Für den Fernsprechverkehr der Wehrmacht war eine bescheidene Fernsprech-Notvermittlung in den Kellerräumen des Postamts vorhanden, aber es war möglich gemacht worden, das ganze Fernsprechwählamt mit allen Leitungen, wozu auch die Kabelverteiler usw. gehörten, bis zum letzten notwendigen Zeitpunkt betriebsfähig zu erhalten; dadurch ließ sich für die Wehrmacht jede Nachrichtenvermittlung von allen Teilen der Stadt durchführen. Es war eine schwere Aufgabe für die Männer der Post, fast ununterbrochen und zu jeder Zeit einsatzbereit zu sein. Jeder Einsatz wurde möglichst in Begleitung eines Soldaten angetreten. Alle Aufträge konnten ausgeführt werden. Ebenso konnte trotz Fehlens des normalen Stroms aus dem Lichtnetz für die Maschinen und trotz weiterer Widerstände das Fernsprechwähleramt betriebsfähig gehalten werden, obwohl das Postamt etwa 15 Treffer erhalten hatte. Ein polnischer Motorfachmann setzte ein notwendiges Netzstrom-Ersatzgerät und dessen Motor zweimal instand. Das Wähleramt wurde dann, als es mit der Zeit unverwendbar wurde, am 15.3. abgeschaltet. Das Notamt war so gut wie nicht benutzt worden, galt aber trotzdem als letzte Sicherheit. Das Fernamt wurde bereits am 3./4. März außer Betrieb gesetzt. – Mit der Abschaltung der Ämter endete die Aufgabe des Posttrupps. Einige Postmänner wollten im Keller des Postamtes bleiben und alles über sich ergehen lassen; ein gütiges Geschick fügte es aber, daß alle Männer sich am 16.3. früh vom Hafen über See nach Swinemünde absetzen konnten. Ein führender Offizier erklärte: „Solche Unterstützung habe ich bisher durch zivile Einsatzgruppen noch nicht erlebt."[54)]

Der Ausgabebetrieb im Heeres-Verpflegungs-Hauptamt lief unter verstärktem Beschuß weiter. Die Stabsintendanten versuchten, noch möglichst viel Verpflegung zu den Magazinen in der Stadt zu schaffen[20)].

Das Staatl. Gesundheitsamt war nicht mehr besetzt. Im Theaterwäldchen war ein großes Lager von Trecks. Viele tote Pferde und einzelne Leichen lagen hier[38)].

In der Lauenburger Vorstadt brannte es im Morgengrauen an mehreren Stellen. Feuerschein war von der Georgenkirche her zu sehen[109)]. Detonationen rollten den ganzen Tag. Menschen liefen zur Bahn, aber es fuhr kein Zug mehr.

Superintendent Handtmann und P. Srocka sowie die andern Bewohner des Hauses Hans-Schemm-Str. 14 hatten sich zu einer Schicksalsgemeinschaft zusammengeschlossen wie die Bewohner vieler anderer Häuser. Die Altarkerzen des Domes leuchteten der Hausgemeinschaft. Der Dom hatte drei unbedeutende Treffer. Es gab schon etwa 100 Tote, die auf Plätzen und in Gärten beerdigt wurden[58)].

Frühmorgens setzte ein umfangreicher Verkauf von Lebensmitteln ein. Viele Geschäftsleute verkauften die Waren ohne Lebensmittelkarten, manche gaben alles sogar ohne Bezahlung fort. Ein Kaufmann nahm Geld und Marken, belieferte aber die Marken für den ganzen Monat[65)]. – In der Hansa-Molkerei (Börsenstraße) war keine Verkäuferin erschienen. Oberstudienrat Dr. Wachsmuth, seine Frau, Tochter, Enkelin und Pflegetochter hatten die Nacht im dortigen Keller verbracht; als sich nun morgens viele Menschen vor dem Geschäft ansammelten, sprangen sie ein und verkauften Milch, Butter und Käse[68)].

Im Westen war der Russe am 5.3. bis Neuwerder, Neugeldern und Karlsberg vorgestoßen. Um 6.30 Uhr unternahm er einen Hauptangriff an der Treptower Chaussee. In den Siedlungshäusern vor der Panzersperre lag feindliche Infanterie, und Feindpanzer waren bis auf 600 m an die Sperre herangekommen. Die Marine trug hier die Hauptlast des Kampfes[16)].

Der Abschnitts-Kommandeur „Indigo" beantragte, den Panzerzug vom Hauptbahnhof bis vor Neugeldern vorzuziehen, um Flankeneinwirkung auf die Treptower Chaussee und Karlsberg zu haben, und besprach die Lage im Panzerzug mit dessen Führer, Hauptmann Römig. Durch Zerstörung des Schienenstranges war aber der Einsatz bis zur Dunkelheit nicht möglich[16)]. Der Zug sollte dann hinter dem Siederlandbahnhof in Stellung gehen und die bei Altwerder stehenden russischen Panzer beschießen. Trotz aller Bemühungen der Panzerzugbesatzung stellten sich keine Erfolge gegen die Russen ein, der Zug zog vielmehr das Feuer der feindlichen Artillerie auf das Nettelbecklager der T.S.III. Der Zug wurde daher wieder in den Bahnhof gefahren, wo er noch einige Tage stand und dann von der Besatzung gesprengt wurde[95)].

Morgens gegen 6 Uhr weckte ein Melder den Führer der 1. Kp. des F.A.R.: es seien starke Bewegungen auf der Körliner Chaussee zu sehen: viele Fahrzeuge, auch einige Panzer; Infanterie gehe vor. Ob Feuer eröffnet werden solle? „Wir können allerdings im Morgendunst nicht genau erkennen, ob es nicht eigene Truppen sind." „Noch kein Feuer eröffnen!" Der vorgeschobene Beobachter hatte die Bewegungen auch schon ausgemacht, war allerdings auch im Zweifel, ob es Freund oder Feind sei. Plötzlich gab ein eigenes l. M.G. am Bahndamm einen Feuerstoß auf einige Gestalten ab, die über die Wiese aus Richtung der Hoffmannschen Gärtnerei (Stadtfeld 6a) kamen; die Stellung lag 200 m vor der l. Kp., aber es fragte sich, ob man dort schon etwas erkennen konnte. Die Masse der Bewegung ging gegen die 2. Kp. vor. Dort war alles ruhig. Warum schossen die Männer der 2.Kp. nicht? Waren es doch eigene Truppen? Endlich lichtete sich der Dunst, und der Führer der l. Kp. konnte einen Panzer IV und ein Sturmgeschütz erkennen, auch ein paar deutsche LKW. Es war also eine eigene Kampfgruppe, die sich von Südosten durchgeschlagen und sogar noch 5 russische Panzer an der Hohenbergschanze in den Morgenstunden abgeschossen hatte; die feindliche Infanterie war dort sofort verschwunden, und die Hohenbergschanze wurde wieder durch eigene Gefechtsvorposten besetzt. Es herrschte daraufhin überall eine gehobene Stimmung; die Essenfahrzeuge brachten warmen Kaffee, und es gab reichlich Schokolade und Rauchwaren[22)].

Dem I. Btl. des F.A.R. wurde an diesem Morgen eine Kompanie des Fest.-M.G.-Btl. 92 zugeführt, die durchweg aus Magenkranken bestand und im Abschnitt des I. Btl. eingesetzt wurde. Die Leute sahen krank und unlustig aus, waren aber hervorragend bewaffnet (s.M.G. neuester Modelle, Panzerschreck, Mehrladegewehre), doch hatte die Truppe in der Eile der Aufstellung nur eine ungenügende Ausbildung erfahren. Das I. Btl. glaubte, einen erheblichen Zuwachs seiner Gefechtskraft erhalten zu haben. Im Abschnitt der 1. Kp. wurden 7 s.M.G. 42 und 12 Panzerschreck eingesetzt. Gleichzeitig erhielt die Kp. Befehl, Gefechtsvorposten in die Salinenmoorstellung vorzuschieben. Die Front wurde gegenüber der Stellung am 3.3. weiter ostwärts verlegt. Der 2. Zug lag mit einer Gruppe rechts, mit 2 Gruppen links der Kösliner Chaussee, eine Gruppe des 4. Zuges lag am Bahndamm Kolberg-Köslin; zum 2. Zug kam 1 s.M.G. und eine Panzerschreckgruppe aus 3 Trupps, alle mit dem Auftrag, sich erst unter starkem Feinddruck und auf Befehl des Kompaniechefs auf die Hauptstellung abzusetzen. Die übrigen s.M.G. wurden folgendermaßen eingesetzt: eins im Abschnitt des 1. Zuges mit Schußrichtung auf die Bahn Kolberg-Köslin und die Straße (dort waren einschließlich Gewehr Rexilius 2 s.M.G. in Stellung); ein s.M.G.

im Abschnitt des 3. Zuges als Schweige-M.G. und zum Schießen in die Lücke zwischen dem 3. und 4. Zuge; 4 s.M.G. waren im Abschnitt des 5. Zuges – ostwärts von „Am Strande" bis an die linke Seite des Bahndammes Kolberg-Köslin – so verteilt, daß sie auch vor den Gefechtsvorposten wirken konnten und den 4. Zug (am Bahndamm) flankierten. Eine Gruppe Panzerschreck war an der Kösliner Chaussee in Höhe der Kaserne, eine andere im Abschnitt des 3. und eine weitere im Abschnitt des 5. Zuges am Strandweg eingesetzt. Stfw. Jaursch hatte aus einem notgelandeten Flugzeug im Salinenmoor beide M.G. ausgebaut und das Zwillings-M.G. in den Dünen mit Schußrichtung auf den Strand, das Flieger-M.G. in den Dünen mit Schußrichtung auf das Salinenmoor eingebaut. Somit hatte die 1. Kp. einen erheblichen Zuwachs an schweren Inf.-Waffen zu verzeichnen[22)].

Auf Befehl des Btl. schickte der Führer der 1. Kp. eine schwache Aufklärung nach Henkenhagen, um festzustellen, was dort noch an eigenen Truppen vorhanden und ob schon Feindberührung zu verzeichnen war. Abends kam die Radfahraufklärung mit der Meldung zurück, Henkenhagen sei noch von einer eigenen Luftwaffen-Kompanie besetzt, desgleichen war die Straße Henkenhagen-Bodenhagen von einer Kompanie gesichert und der Flugplatz Bodenhagen noch besetzt. Somit war der Abschnitt unmittelbar vor I./F.A.R. noch nicht vom Feinde bedroht[22)]. – Die Meldung der Radfahrstreife über Henkenhagen widerspricht allerdings den Aussagen von Bewohnern Henkenhagens, nach denen seit dem 1.3. keine eigenen militärischen Verbände in und um Henkenhagen mehr lagen; auch der Flakplatz Roonshagen sei unbesetzt gewesen[107)]. Am 4.3. gegen 21 Uhr seien die ersten russischen Kampftruppen nach Henkenhagen gekommen[107)]; nach einem anderen Bericht waren die Russen gegen 23 Uhr im Dorf[64)]. In Henkenhagen sei kein Schuß gefallen[107)]. Noch vor dem Morgengrauen des 5.3. sei eine Batterie Stalinorgeln und verschiedene M.G.-Abteilungen in Henkenhagen (Dünenstr.) mit Schußrichtung auf See in Stellung gegangen[64]; sie beschossen von dort aus den Kolberger Hafen. Schwere Artillerie und Stalinorgeln hinter Henkenhagen schossen vom 5.-16.3. nach Kolberg Stadt[107].

Uffz. Peters hatte auf dem Flugplatz Bodenhagen am 5.3. Hauptwache. Um 5 Uhr meldete er, russische Panzer stünden vor dem Dorfe Bodenhagen. Die „Hoko" war durch einen plötzlichen Panzer-Vorstoß der Russen, an dem starke Infanteriekräfte teilnahmen, eingeschlossen worden; die Kompanie war auf diese Lage keinesfalls vorbereitet; denn Oberstlt. v. Borcke und Hptm. Kreimann hatten zunächst nur vereinzelt Panzer und Begleit-Infanterie beobachtet. Die „Hoko" hatte auch nicht die nötige Munition und sehr wenige Waffen (drei oder vier M.G. 15 mit ein paar Trommeln). Die Russen hatten die südliche Hälfte des Dorfes Bodenhagen eingenommen und waren westlich in Deckung des Schießstandes bis an den Ostzaun des Horstes und den Strand vorgestoßen, so daß die „Hoko" in dieser Richtung nur steinwurfweit von den Russen getrennt war und sich schon verloren gab. Viele zur Verteidigung des Dorfes eingesetzte Soldaten hatten sich nach Kolberg abgesetzt, indem sie die Steilküste als Deckung nutzten. Ofw. Woldt und Hfw. Otto Kirchhoff bedienten ein M.G. am Wege vom Fliegerhorst nach Bodenhagen, kurz hinter dem Schießstand. Ihre Rettung war die Sprengung der Startbahn im Horst. Eine über 100 m hohe und längs der ganzen Bahn aufsteigende schwarze Rauchwand, verbunden mit starken Detonationen und einem gewaltigen Luftdruck, vermochte es wahrscheinlich, den Russen den Einsatz einer neuen Waffe glaubhaft zu machen. Ob die Russen dadurch Verluste erlitten, konnte nicht festgestellt werden; jedenfalls zogen sie sich schleunigst zurück. Diese Gelegenheit nutzte die „Hoko" zum langsamen Rückzug nach Kolberg im Schutze der Steilküste. Von der Werft-Abt. war niemand dabei; vermutlich war sie schon mit dem Rest des Fliegerhorstes nach Kolberg gegangen; denn in dem Abschnitt der Kolberg-Ksliner Chaussee und im Stadtwald wurde der Russe nicht wesentlich aufgehalten. Um 7.30 Uhr waren die technischen Gebäude (Hallen, Werft, Waffenmeisterei, Kfz.-Werkstatt und Luftwaffen-Werkstatt) gesprengt worden[28)][99)]; unversehrt blieben sämtliche Unterkunftsgebäude, Offz.-Kasino, Offz.-Heim, Sanitätsgebäude, Küche I und II, Wasserwerk, Kesselhaus I, Befehlsgebäude und Kommandanturgebäude[28)]. Die „Hoko" war nur ein kleines Häuflein, doch wahrscheinlich vermutete der Russe im Fliegerhorst starken Widerstand, er ließ daher das Gebiet am Strande nun rechts liegen und fuhr mit seinen Panzern auf der Chaussee bis vor Kolberg[27)]. Um 12 Uhr bezog die „Hoko" im Strandschloß Quartier.

Als die Russen bis zum Rande des Kolberger Stadtwaldes vorfühlten, führte Fw. Schmidt von der Luftwaffen-Kompanie, die seit dem 3.3. die Straße vom Forsthaus Schülerbrink bis zum Waldrand bei Bodenhagen besetzte, den Befehl aus, beim Erscheinen der Russen am Waldrand eine rote Leuchtkugel abzuschießen und dann zur Kp. zu stoßen. Er kam ins Artilleriefeuer und wäre den Russen beinahe in die Hände gefallen, weil er auf die Reste der Kompanie wartete, die sich aber bereits durch den Stadtwald zurückgezogen hatten. Die Kompanie ging gefechtsmäßig auf die Stadt zurück (Strandschloß), wo sie die Horst-Kompanie – es war kurz nach 12 Uhr – bereits vorfand[29)].

Die „Hoko" blieb nicht lange in Ruhe. Fw. Nickel wurde als persönlicher Melder zu Oberstlt. v. Borcke kommandiert, und um 17.30 Uhr bezog die Kompanie Stellung am Stadtrand von der Kösliner bis zur Körliner Chaussee[27)]. Hfw. Kirchhoff hatte keine Zeit behalten, die Männer der Kompanie namentlich zu erfassen. Die Kompanie, die nicht geschlossen zum Einsatz kam und von Hptm. Kreimann geführt wurde, wurde eingesetzt, wo Kräfte in der Front fehlten.

Auch die Einsatz-Kompanie wurde neu eingeteilt; Fw. Schmidt bemühte sich vergeblich, bei der „Hoko" zu bleiben, und kam mit einigen Kameraden aus Nest zu einer neugebildeten Kompanie, deren übrige Soldaten ihm fremd waren; unter Obfw. Karl Strelow aus Kolberg als Zugführer wurde er als Gruppenführer eingesetzt. Noch am Abend des 5.3. ging die neugebildete Kompanie in Stellung und besetzte einen Teil des Panzergrabens am Wäldchen an der Waldenfelsschanze. Der Graben zog sich von dort bis zur Gasanstalt an der Kösliner Chaussee hin. Die Kompanie stand im Schneematsch, es waren fast alles alte Leute; Fw. Schmidt (47 J.) war einer der Jüngsten. Es war für ihn und seine Kameraden aus Nest die fünfte Nacht ohne Schlaf. Sie hatten nur 2 Panzerfäuste, ein altes M.G. und verfügten über eine Anzahl von Karabinern, mit denen jedoch nicht einmal alle versehen waren. Spaten konnte sich die Kompanie erst im Laufe der nächsten Tage besorgen. Die wenigsten hatten ein Kochgeschirr und eine Decke. Zunächst bekam die Kompanie kaum Beschuß, denn vor ihr lag noch Infanterie in vorderster Stellung; doch Müdigkeit und Nässe setzten ihr sehr zu. Am schlimmsten quälte die Männer der Durst, denn weit und breit gab es kein Trinkwasser, die Ration betrug nur eine halbe Feldflasche voll Kaffee für den Tag. Das Essen war gut. Viel Schokolade und Kakao wurde von den Trägern nach vorn gebracht[29)].

Neben der „Hoko" war, westlich verlaufend, die Werft-Abt. eingeteilt.

Infanteristische Feindberührung aus Richtung Bodenhagen hatte Kolberg bis zum 5.3. noch nicht gehabt, nur vereinzelten Beschuß durch Panzer.

Den ganzen 5.3. schoß der Feind aus der Gegend von Rossenthin und südwestlich der Hohenbergschanze mit Pak und Artillerie schon ziemlich heftig in die Stadt. Melder und Begleiter des Essenfahrzeugs von I./F.A.R. berichteten über Granateinschläge[22)].

Die B.-Stelle auf der Wolffschen Untermühle lenkte den Beschuß auf Panzer-Ansammlungen. In der Mühle herrschte geschäftiges Treiben: Unentwegt suchten die Beobachter mit den Gläsern die Umgebung ab, und sobald sie die heranrollenden Panzer ausgemacht hatten, fing der Apparat an zu spielen. Die Batterien hatten es nicht leicht; sie mußten mit ihren einzelnen Geschützen auf Weisung mehrerer B.-Stellen schießen[31)].

Der Russe zog nun seine Truppen um die Stadt herum in Richtung Neugeldern-Treptow. Von Stunde zu Stunde wurde der Beschuß stärker, und schon in der ersten Nacht der Belagerung flakkerten an vielen Stellen Brände, die den Nachthimmel weithin erleuchteten[31)]. Es brannten einige Häuser in der Gartenstraße, und wegen des Wassermangels konnte nicht gelöscht werden. Aus der Persante Löschwasser zu entnehmen, mißlang, weil die Pumpen nicht genügend Druck erzeugten. Auch die Kohlenplätze von Bunde und Rusch am Bahnhof standen in Flammen[38)]. Das Haus von W. Pagel, Brunnenstraße, hatte ein großes Loch, und auch auf dem Viktoriaplatz waren Löcher von den Einschlägen zu sehen[38)]. Die Scharnhorstkaserne (Lübecker Weg 34) brannte als erste der Kasernen. Tagelang brannte der Aschersche Speicher am Hafen[51)].

In den Kellern des Hauses Brunnenstr. 6 richteten Soldaten einen Verbandsplatz ein; die Bewohner mußten das Haus verlassen[76)].

Viele hofften immer noch, zu Fuß fortzukommen[58)]. Der Frachtdampfer „Greif" brachte Flüchtlinge nach Swinemünde, ebenso ein Marinefahrzeug.

*

Solange die Straße von Köslin und Belgard-Körlin noch frei war, strömten immer noch Flüchtlingstrecks in die Stadt. Sie konnten nur auf dem Strandweg nach Gribow weitergeleitet werden, jedoch unter Gefährdung durch einzelne russische Panzer. Es kam also vor allem darauf an, die Eisenbahnstrecke nach Westen freizubekommen, die Straße nach Gribow zu sichern und damit einen stärkeren Abfluß von Flüchtlingen zu ermöglichen[5)].

Dienstag, 6.3.1945

Aus diesen Gründen wurde für Dienstag, den 6.3., ein Vorstoß beiderseits der Treptower Straße auf Neuwerder, Neugeldern und Karlsberg in den Morgenstunden befohlen . Zwei Züge französischer Freiwilliger von „Charlemagne", einer Kompanie des Bataillons Hempel zugeteilt, bildeten beim Freikämpfen der Küste als Sturmtrupp den ‚verlorenen Haufen'. Sie schlugen sich hervorragend[5)]. Der Angriff begann um 6 Uhr und erreichte um 6.30 Uhr den Südrand von Neugeldern, mittags Neuwerder. Karlsberg konnte gegen überlegene feindliche Panzerkräfte, die in Altwerder, Sellnow und später auch in Neuwerder auftauchten, nicht genommen werden. Infolgedessen blieben die Treptower Straße und die Eisenbahnlinie unter Feindbeschuß. Lediglich die Küstenstraße über Gribow nach Westen war durch das Zurückdrängen des Gegners wieder geöffnet worden. In der Annahme, daß sie auch weiter westlich noch offen sei, wurden die Flüchtlingstrecks auf ihr abgeschoben; doch eine diesbezügliche Funkanfrage über die Feindlage nördlich Stettin blieb unbeantwortet[5)]. Seit 18 Uhr stand in der Wallstraße eine lange Fuhrparkkolonne leerer militärischer PKW und LKW, die den Auftrag hatte, von Stettin Munition zu holen. Zivilisten war gestattet worden, mit diesen Fahrzeugen Kolberg zu verlassen; bis zum 7.3. 5 Uhr saßen sie in den Wagen und mußten dann alle wieder aussteigen. Die Kolonne fuhr allein und sollte den Einschließungsring im Westen durchbrechen, mußte aber unverrichteter Dinge nach Kolberg zurückkehren[101)].

Flüchtlinge, die sich am 4.3. Wehrmachtsabteilungen angeschlossen hatten, mußten bis zum 6.3. auf dem Maikuhlenfriedhof warten, um dann ihre Flucht mit allen Schrecken fortsetzen zu können[87)]. Eine vierköpfige Familie kam bis zu den Schießständen, wo der Mann (Eisenbahner), obwohl er einen Marschbefehl vorwies, von einem Volkssturm-Mann zur Rückkehr in die Stadt veranlaßt wurde; die Frau setzte mit 2 Töchtern auf vereisten Straßen längs des Strandes mit zurückgehenden deutschen Truppen ihre Flucht bis Dievenow zu Fuß fort[86)].

Der Russe versuchte an diesem Tage, von Westen her auf der Treptower Straße in die Stadt einzusickern. Deshalb wurde die B.-Stelle aus der Wolff'schen Mühle an den Westrand der Stadt in die Scharnhorstkaserne (Lübecker Weg) verlegt. Die dorthin führende Straße hatte schon schwer unter dem Beschuß gelitten; Holz, Mauerwerk und Glassplitter bedeckten das Pflaster. Lt. Troche und Gfr. Toews gingen an den Häusern entlang vor und setzten im Sprung über die Straßenkreuzungen hinweg, da der Russe ununterbrochen in die Stadt hineinschoß, sprangen dann noch ein Stück über freies Feld und erreichten die ersten Gebäude der Scharnhorstkaserne. Dort begaben sie sich in das am weitesten westlich gelegene Haus, wo auf dem Dach wie ein Starenkasten ein Beobachtungshäuschen angebracht war, das bisher der Luftbeobachtung gedient hatte. Jetzt wurde es von den beiden Beobachtern besetzt. Es dauerte dann nicht lange, bis der Russe die B.-Stelle ausgemacht hatte. Der Gegner lag etwa 200 m vor den Beobachtern. In allen Häusern der Treptower Straße, die als einzige weit aus der Stadt hinausführte, befand sich russische Infanterie, und hinter den Häusern standen Sowjet-Panzer und schossen die Straße entlang in die Stadt hinein, vor allem aber in die Scharnhorstkaserne, die ziemlich weit außerhalb der Stadt lag. Schuß um Schuß kam heulend heran, fegte rechts und links von den Beobachtern vorbei und zerfetzte die Dächer, daß ihnen die Dachziegel um die Ohren flogen. Jeden Augenblick konnte ein Volltreffer das Beobachtungshäuschen mitsamt den Beobachtern hinwegfegen. Doch die beiden A.B. versuchten, die Infanterie wieder aus den Häusern hinauszutreiben; sie gaben die Unterlagen an die Batterie durch, der Feuerbefehl kam, aber die Batterie schoß zu weit. 1800 – 1600 – 1400 Meter, – die A.B. zogen sich das eigene Feuer immer mehr auf den Leib, bis sie die sowjetische Infanterie so zermürbt hatten, daß sie aus den Häusern stürzte und sich fluchtartig zurückzog. In diesem Augenblick schob sich wenige hundert Meter vor den Beobachtern ein Panzer um die Hausecke. Im Besitz einer Pak wäre es ein Leichtes gewesen, ihn in direktem Beschuß zu erledigen; so aber konnten die A.B. nichts tun, als ihn mit der Batterie indirekt zu beschießen, worauf er schleunigst die Treptower Straße entlang zurückrollte[31)].

Da von der Westseite vorerst kein Angriff zu erwarten schien, verließen der Lt. und der Gfr. am Nachmittag die B.-Stelle in der Scharnhorstkaserne und zogen wieder auf die Wolff'sche Mühle. Unterwegs nahmen sie einen jungen Russen mit, der sich verlaufen hatte und nun glaubte, er werde sofort erschossen. Er stammte von der Krim und konnte einige deutsche Brocken stammeln[31)].

In den Morgenstunden des 6.3. wurden an der Artilleriestraße 3 leichte deutsche Panzer unter Lt. Scheibe eingesetzt und zu ihrer Unterstützung die Res.-Heeres-Kp. Less vorgezogen, um die Häuserreihe vor der Panzer-Sperre Treptower Chaussee zu säubern und neue Sperren zu legen. Kptlt. Baumstark erhielt Befehl, die Kompanie vorzureißen, was auch gelang. Die Häuserreihe wurde daraufhin um 10.30 Uhr bis zur Straßenbiegung besetzt. Die Linie bis Karlsberg vorzuverlegen, war aber nicht möglich. Ein bewegungsunfähiger russischer Panzer wurde 600 m vor der Panzer-Sperre vernichtet. Schweres feindliches Granatwerferfeuer lag auf den eigenen Linien, ohne aber größere Ausfälle zu verursachen[16)].

Um 10.45 Uhr erhielt der Schlachthof einen Artillerievolltreffer[16)].

Um 13 Uhr erfolgte der Anmarsch einer Reihe russischer Panzer mit aufgesessener Infanterie auf der Straße von Neugeldern. Um 16 Uhr wurden die Stellungen der Marine durch Stalinorgeln beschossen, aber trotz heftiger Angriffe russischer Infanterie gehalten. Der Gefechtsstand „Indigo" (Stadtgärtnerei) erhielt mehrere Artillerietreffer, durch die Gefechtskarten zerfetzt wurden[16)].

Im Osten war in der Nacht zum 6.3., als die „Hoko" eben ihre Stellung an der Kösliner und Körliner Chaussee besetzt hatte, sowjetische Infanterie vorgestoßen. Die Kompanie hatte den ersten Verlust: Ein ihr zugeteilter Beamter, der nicht zum Horst gehörte, wurde tödlich getroffen. Verwundet wurde als erster der Kompanieführer, dann Oberstlt. v. Borcke. Gefallene konnten nicht begraben werden[28)]. Die Werft-Abt. verlor den Gfr. Arthur Henke, einen gebürtigen Kolberger, der von Russen mit Gewehrkolben erschlagen wurde[28)]. Ferner fiel Ofw. Strassberger vom Flugzeugbergetrupp .

Die Salz- und Matzwiesen waren überschwemmt worden wie zur Zeit Nettelbecks, aber diese Maßnahme war zu dieser Zeit kein großes Hindernis mehr[28)].

In dem Abschnitt der Werft-Abt. wurde die Stellung zurückgenommen, weil sie, wie auch bei der „Hoko", von Truppen entblößt war.

Die 1. Gruppe des 4. Zuges der 4. Kp. des M.G.-Btl. 91 wurde nach Ausfall von Fw. Köblick mit 4 Mann unter Uffz. Kirchner Lt. Abrolat vom Festungsstab unterstellt: Als sich die Front immer mehr verkürzte, war eine weitere Aufklärung nicht mehr erforderlich, und Lt. Abrolat gab die 5 Mann an die 4. Kp. des Btl. zurück[33)].

In den frühen Morgenstunden des 6.3. kam vom Gef.-Stand des F.A.R. der Befehl, das I. Btl. umzugliedern. Der bisherige Abschnitt der 2. Kp. (Ost- und Südrand des St. Marien- und Georgenfriedhofs) wurde vom II. Btl. übernommen; die 2. Kp. übernahm das Stück der 1. Kp. bis zur Kösliner Straße, und ihr neuer Gef.-Stand wurde der bisherige Gef.-Stand der 1. Kp., deren neuer Gef.-Stand das Kasino der Waldenfelskaserne wurde, in dem sich noch immer zahlreiche Flüchtlinge befanden. Bei allen Zügen der 1. und 2. Kp. war unmittelbarer Anschluß vorhanden. Der Btl.-Gef.-Stand wurde in ein Gehöft nördlich vom Kasino, hart an der Bahnstrecke, verlegt[22)].

Der 5. Zug der 1. Kp. unter Fw. Jaursch hatte sich in den Häusern am Strand gut einquartiert. Er hatte die Möglichkeit gefunden, sich in die Tiefe zu staffeln, doch war die Besetzung für den großen Abschnitt reichlich dünn. Die großenteils noch nicht geflüchtete Zivilbevölkerung versorgte die Soldaten reichlich mit Zusatzverpflegung[22)].

In der Nacht zum 6.3. rollten sowjetische Panzer, von Köslin kommend, bis zur Straßenkreuzung Henkenhagen-Degow vor, spät abends gingen sie weiter gegen Kolberg vor. Eine russische Batterie ging bei der Försterei Ritterland in Stellung, eine zweite in Henkenhagen hinter dem Bauerngehöft Emil Waskow, während eine Kosakenschwadron das Sägewerk Glander besetzte. Bei Vorrücken der Russen kam es zu einem Gefecht an der Malchow, in dem ein russischer Panzer mit Panzerfaust vernichtet wurde. Die deutsche Infanterie zog sich bis zum Bahnhof Henkenhagen zurück, ging bei dem Siedlergehöft Stechling in Stellung und verteidigte es, solange Munition vorhanden war[66)].

Beim Flughafen Bodenhagen blieb es am 6.3. tagsüber ruhig. Die Kampfgruppe vollzog einen Stellungswechsel auf den Flughafen und sicherte abends den Bahnhof Bodenhagen[32)].

Bis 20 Uhr beschossen die Russen wahllos Stadt und Hafen[16)]. Gegen Abend bekam das Vorderhaus Kummertstr.25 den ersten Treffer aus Richtung Hohenbergschanze; die Granate traf den Küchenschornstein, Kochen in diesen Küchen war nicht mehr möglich[65)]. „Haus Berndt" (Hakenstr. 5) wurde durch Volltreffer zum größten Teil zerstört; der hier am 4.3. eingezogene Abt.-Stab hatte keine Verluste, aber von den ostpreußischen Flüchtlingen, denen für eine Nacht ein Zimmer eingeräumt worden war, fanden 3 Frauen und 1 Kind den Tod[26)]. Überall entstanden größere Brände, die wegen Wassermangels nicht gelöscht werden konnten. Um 23 Uhr erhielt das Nettelbecklager der Marine (Gradierstr., in der Nähe des Salzbergs) einen Artillerietreffer. Das Wirtschaftsgebäude der Torpedoschule brannte völlig nieder (2 Motorspritzen versagten trotz früherer Alarmübungen), die Truppenvorräte wurden jedoch größtenteils geborgen. Die Truppenküche wurde nach der Oberschule für Jungen (Langenbeckstraße) verlegt[16)].

Die Heeresentlassungsstelle l/II verließ am 6.3. gegen 12 Uhr den Kolberger Hafen auf der „Stolpe". Das Schiff hatte außer den Angehörigen der Entlassungsstelle noch 300 bis 400 Verwundete und mehrere hundert Flüchtlinge an Bord. Es kam gegen 21 Uhr auf der Reede von Swinemünde an und fuhr am 7.3. morgens (gegen 5 Uhr) in den Hafen[39)].

Auf dem Verpfl.-Hauptamt gab es am 6.3. die ersten Verwundeten[20)].

Am Hafen, in der Münderschule, in Siloah und auf der Strandpromenade warteten Tausende von Frauen und Kindern in Kälte und Sturm ohne genügende Verpflegung auf ihren Abtransport über See. Das Gedränge am Hafen und die Panik bei fortwährendem Beschuß waren so groß, daß beim Einbooten Menschen in die Persante gestoßen wurden und ertranken[69)]. Auch verwundete Soldaten und Zivilisten, die am Bollwerk auf Bahren zum Abtransport bereitlagen, fanden hier den Tod[5)]. Der Kommandant richtete deshalb eine Hafenstreife ein, die den Abtransport künftig überwachen und regeln sollte. Die Hafenstreife bestand aus einem Feldwebel, einem Unteroffizier und 6 Mann und wurde zeitweilig verstärkt. Sie hatte ihr Büro am Hafen. Die Streife hatte streng darüber zu wachen, daß zunächst nur Mütter mit Kindern und Männer über 65 Jahre abtransportiert wurden. Wer Kolberg vorzeitig mit einem Schiff verlassen wollte, weil er alt, krank oder gebrechlich war, hatte sich an SS-Oberführer Bertling um einen Erlaubnisschein zu wenden. Vor der Überfahrt zu den auf der Reede liegenden Schiffen wurden die Flüchtlinge ausgesucht und vor Betreten der Laufplanken zu den im Hafen liegenden Booten von der Hafenstreife nochmals überprüft. Militärdienstpflichtige Männer wurden zurückgewiesen; auch nicht wehrfähige Männer mußten häufig zurückbleiben infolge der strikten

Anweisung des Kommandanten: Frauen und Kinder zuerst! Aus dieser notwendigen Maßnahme ergaben sich unvermeidbare Härten: Familien wurden auseinandergerissen, und Frauen weigerten sich, ohne ihre Männer die Stadt zu verlassen. Ab 6.3. durften Männer ohne Unterschied die Stadt überhaupt nicht mehr verlassen[84)].

Die zivilen Dienststellen, unter deren freiwilligem Einsatz die Einschiffung der Flüchtlinge bis dahin erfolgt war, beklagten sich über die Behinderung ihrer Arbeit durch die Hafenstreife[6)]. Auch viele Flüchtlinge gehorchten nur widerwillig den Anordnungen der Letztgenannten, durch deren angeblich „rigoroses" Auftreten sie sich bedroht und beunruhigt fühlten[14)].

Auch die Städtische Polizei half, daß Mütter und Kinder, alte und kranke Leute in die Zubringerboote kamen, und tat ihr Bestes, wie allgemein anerkannt wurde[13)]. Leider war auch das Verhältnis zwischen ihr und der Hafenstreife gespannt. Nach Ansicht der zivilen Dienststellen hinderte die Hafenstreife die Städt. Polizei in ihrer Arbeit am Hafen[14)].

Am 6.3. verließ um 10 Uhr ein Minensuchboot den Hafen und brachte Flüchtlinge um 22.30 Uhr nach Swinemünde. Ein zweites Minensuchboot mit Flüchtlingen verließ den Hafen gegen 17 Uhr bei Windstärke 9 und konnte sie am Morgen des 7.3. in Swinemünde glücklich an Land bringen[83)]. Auch ein Frachtdampfer brachte am 6.3. Flüchtlinge nach Swinemünde[88)]. – Ein Benzintanker, der Benzin für die Besatzung gebracht hatte, nahm abends etwa 100 Flüchtlinge an Bord. Die Bordwände waren mit leeren Benzintonnen umstellt, und die Flüchtlinge standen und saßen eng zusammengedrängt. Der Tanker landete am 7.3. um 6.30 Uhr in Swinemünde[114)].

Viele Flüchtlinge, die weder mit der Bahn noch mit einem Schiff fortgekommen waren, zogen durch die Straßen[58)]. Sie kehrten z.T. in die Luftschutzkeller zurück[69)]. Es schneite und war kalt. Die Gerüchte wuchsen ins Riesenhafte. Der Wehrmachtsbericht meldete: „Schwere Kämpfe zwischen Greifenberg und Kolberg. 300 Panzer abgeschossen." Die Kolberger fragten einander in banger Hoffnung: ‚Ob das die neue Waffe ist?'[58] Manch einer aber verlor die Nerven und beging Selbstmord[69]. Verzweifelte Mütter töteten ihre kleinen Kinder, dann sich selbst[5]. Am 8.3. stürzten die zwei Töchter des Drogeriebesitzers Paul Schunke und die Witwe des Tierarztes Dr. Utendörfer in den Keller der Hansa-Molkerei und suchten Dr. Wachsmuth, verloren aber gleich darauf die Besinnung; Dr. W. bemühte sich lange mit Wiederbelebungsversuchen, aber nachdem die Umstehenden Zyankali bei ihnen gefunden hatten, wußte man, daß es keine Rettung mehr für sie gab[68]. Der Vater begrub seine Töchter in den Verteidigungsgräben auf dem Preußenplatz.

Mittwoch, 7.3.1945

Am Mittwoch, dem 7.3., gelangte der Russe bereits auf den Infanterie-Exerzierplatz hinter den Kasernen. Zwischen ihm und dem Verpflegungs-Hauptamt lag nur noch die Kasernenhofbreite; die Ausgabe der Verpflegung ließ sich daher nur noch unter großen Schwierigkeiten durchführen. Der Beschuß wurde zunehmend stärker, die Treffer waren zahlreicher. Gegen Abend brannte das Wiegehaus. Bei Beginn der Nacht zum 8.3. erhielt Oberstabsintendant Alfred Holtz vom Kommandanten den Befehl zum Absetzen in die Schillkaserne (Proviantstraße)[20]. Die Auslagerung der Vorräte in der Stettiner Straße wurde fortgesetzt, zunächst noch möglichst bei Tage, dann nachts[20].

Auf Stadt und Hafen lag um 9 Uhr wieder lebhaftes feindliches Feuer, in das erstmals auch schwere Kaliber, anscheinend 17,2 cm, eintraten[22]. Verpflegung und Munition konnten nur noch nachts an die Front gebracht werden[22]. Brände loderten überall in der Stadt und am Hafen auf. Das Haus II. Pfannschmieden 6, in dessen Keller San.-Feldwebel Rutzen am 4.3. einen Verbandsplatz für Zivilisten eingerichtet hatte, erhielt einen Volltreffer; doch da die Bewohner des Hauses sich alle im Keller aufhielten, waren keine Verluste an Menschen zu beklagen[93)].

Die Wasserversorgung wurde allmählich immer schwieriger[22)].

Die Trosse hatten in der Nacht zum 7.3. die Jägerkaserne (Stettiner Straße), die dauernd unter Beschuß lag, geräumt und waren in die Stadt gezogen[22)]. Die Räumung erfolgte Hals über Kopf, und zur Mitnahme der Kassenbestände blieb keine Zeit mehr. Den Zahlmeister vom I./F.A.R., Schwerdtfeger, ließ das Pflichtbewußtsein jedoch nicht ruhen: Er holte noch in der Nacht unter Lebensgefahr aus der brennenden Kaserne, an deren Rand der Russe saß, die Kasse mit einem Bestande von 50000 RM heraus[24)].

Der Feind hatte nun Kolberg mit starken Panzer- und Infanteriekräften fast vollständig eingeschlossen[16)]. Partisanen sikkerten mit letzten Trecks in Kolberg ein; der Kommandant erließ einen Befehl über ihre Bekämpfung[16)]. Ein Funkspruch vom O.K.H. um 15.35 Uhr verbot das weitere Freikämpfen einer Abzugstraße nach Westen; befohlen wurde, die eigenen Kräfte zusammenzuhalten und sie auf die Verteidigung der Stadt und den Abtransport der Bevölkerung über See zu beschränken[5)].

Im Kampfabschnitt der Marine waren um 5.30 Uhr an der Reihe der Siedlungshäuser vor Neugeldern 4 Sowjet-Panzer aufgefahren. In dem Gefecht verlor die Marine durch Beschuß 3 Tote und 3 Verwundete. Um 10 Uhr griff ein russischer Panzer vom Typ T 36 von Karlsberg her die Panzer-Sperre an; der Angriff wurde jedoch abgeschlagen. Um 16 Uhr wechselten 8 russische Panzer ihre Stellung von Karlsberg nach Neugeldern. Die Russen rechneten offenbar damit, hier leichter durchbrechen zu können[16)].

Um 17 Uhr mußte der Abschnitts-Gef.-Stand „Indigo" unter schwerem Art.-Feuer über den Holzgraben in den Bunker des Städt. Krankenhauses verlegt werden[16)].

Gegen Abend stieß der Feind mit Panzer-Unterstützung entlang der Treptower Straße bis in die Gelder Vorstadt vor. Das Bataillon Hempel riegelte die Einbruchsstelle sofort mit einer Kompanie an der Stettiner Straße ab. Die Feindverluste waren hoch, jedoch gelang es nicht, einzelne bis an die Ecke Camminer-Treptower Straße vorgedrungene Feindtruppen wieder hinauszuwerfen[5)]. Um 19 Uhr hielt ein russischer Panzer vor dem Hause Treptower Str.15; die Soldaten betraten das Haus, fanden die 7 Bewohner, die sich im Keller versteckt hatten und dann bis zum 11.3. früh in ihrem Versteck ausharren mußten, aber nicht[71)].

Um 21 Uhr stieß auf der Treptower Chaussee ein Panzer „Stalin" auf die Panzer-Sperre vor. Die Panzerfäuste waren wirkungslos, da der Panzer Betonplatten trug. Die russische Infanterie wurde zunächst zurückgeschlagen; später erfolgte der Einbruch des „Stalin"-Panzers bei der vorgeschobenen Gruppe des Stabsapothekers Merkens. Die Gruppe ging zurück. Dies bewirkte, daß die Kp. Lt. Jansen die Häuserreihe vor der Panzer-Sperre nun nicht mehr halten konnte und ebenfalls wich; so gelang dem Panzer und der nachfolgenden Infanterie das Aufbrechen der Sperre. Etwa 80 Mann der M.-Kp. Baumstark fluteten über die Holzgrabenbrücken bis Mühlenpost zurück, wurden aber von Lt. Scheuch und Vorwohlt wieder vorgeschickt. Heftige Angriffe wurden abgewehrt[16)].

Um 23 Uhr warf ein erneuter Angriff durch einen überschweren Panzer mit Infanterie die Verteidiger zurück, wobei Kptlt. Baumstark als letzter über den Holzgraben ging. An den Brücken über den Holzgraben stand je ein verantwortlicher Offizier mit einem Sprengkommando, das erst im letzten Augenblick, aber rechtzeitig, sprengte; so wurden die Eisenbahnbrücke an der Gradierstraße, die Wilhelmsbrücke (in der Langenbeckstraße an der Stadtgärtnerei) und die Kuhbrücke (in der Camminer Straße) gesprengt. Das Sprengkommando konnte leider nicht den günstigen Augenblick, in dem der überschwere Russen-Panzer auf der Kuhbrücke war, zur Sprengung ausnutzen, da nur Zeitzünder vorhanden waren. Nach der Sprengung der Brücken zogen sich die Feindpanzer auf die Treptower Straße zurück. Eigenes starkes Feuer über den Holzgraben hinweg verhinderte das Eindringen der Russen in die Camminer Straße, doch nisteten sich russische Scharfschützen in den Eckhäusern an der Biegung ein. – Die Nachrichtenübermittlung wurde durch die Zerstörung der Telefonkabel stark verzögert[16)].

Die deutsche Besatzung in Altstadt wurde am 7.3. durch russische und polnische Verbände niedergekämpft. Bei Helenenhöhe gingen russische Granatwerfer in Stellung und feuerten über Altstadt hinweg Salve auf Salve in die Häuserblocks von Kolberg. Die Deutschen blieben keine Antwort schuldig; Gutshaus und Hof in Altstadt bekamen schwere Treffer, auch die Schule, und ein Haus ging in Flammen auf. Alle arbeitsfähigen männlichen und weiblichen Bewohner Altstadts mußten den polnischen Soldaten beim Bau einer Brücke über die Persante durch Herbeitragen von Steinen und Balken helfen; obwohl es lebensgefährlich war, im Freien zu arbeiten und das deutsche M.G.-Feuer oft genug die Brückengegend bestreute. Es traten jedoch keine Verluste ein.

Kolberg wurde immer mehr zur Hölle. Häuserfronten stürzten ein, und Großbrände flackerten in wachsender Zahl auf. Die Gotteshäuser mit ihren Türmen standen noch[112)]. Ein Öltank der Fa. Borowski (Maschinenbau) geriet in Brand, und das brennende Öl floß auf die Persante und unter der Eisenbahnbrücke hindurch, was nachts einen schaurigen Anblick bot[62)].

Am 7.3. traf russische Infanterie in Altwerder ein, wo auf dem Hofe des Bauern Paul Darsow ein Lazarett eingerichtet wurde. Die Front verlief nun von Altwerder auf den Wiesen nach Neuwerder. Die Russen kamen von Prettmin nach Neuwerder und Altwerder, wo sie sich Unterstände bauten. Auch der Nachschub bewegte sich über Neuwerder in Richtung Kolberg. Die Artillerie stand hinter Altwerder nach Altbork zu bei dem Bauern Lemke; auch auf dem Sellnower Feld stand Artillerie. Zweimal erschienen noch deutsche Flieger, worauf die Russen mit ihren Pferden in vollem Galopp vom Sellnower Feld nach Altwerder in Dekkung kamen, „Fritze, Fritze" schrien und dabei nach oben zeigten. In Altwerder standen 4 russische Langrohrgeschütze, die aber selten schossen[61)].

Vom 7.-9.3. lag der Beschuß aus Richtung Hohenbergschanze vor allem auf der Kummertstraße[65)].

Im Osten war der Feind am 7.3. bis Vineta und Schülerbrink vorgestoßen. Oblt. Erdmann ließ morgens von der 1. Kp. eine kampfkräftige Sicherung als Gefechtsvorposten bis in die Gegend Haltepunkt Schülerbrink (am Schnittpunkt der Eisenbahn Kolberg-Köslin mit der Kösliner Chaussee) vortreiben. Ihr Führer, Uffz. Schulz, erhielt den Auftrag, sich bei starkem Feinddruck entlang der Bahnlinie Kolberg-Köslin auf die eigene Stellung abzusetzen. Vormittags fuhr der Kompanieführer selbst mit zwei Meldern auf dem Rade bis in die Höhe des Flugplatzes zu den Gefechtsvorposten. Vom Flugplatz her hörte er starke Detonationen[22)]. Sie rührten her von der Sprengung der langen Auffahrtsbrücke der Straße Köslin-Kolberg, welche die Verbindung zum Flugplatz herstellte[99)]; der Flugplatz wurde geräumt, und die Batterie Frehse bezog eine neue Stellung im Verteidigungsgürtel der Stadt selbst.

Der Führer der „Hoko", Major Engewald, wurde an der Kreuzung der Kösliner und Körliner Straße durch Splitter an beiden Oberschenkeln und am Unterleib verwundet; er hatte den Truppführer Kirchhoff zum Kp.-Gef.-Stand an der Kreuzung geschickt, und so blieb Kirchhoff verschont, verband den Major, der immer seine Pistole verlangte, um sich zu erschießen, und brachte ihn ins Lazarett, wo gerade Fw. Riedl (Flugleitung) ein Bein amputiert wurde[27)]. Eine Geschäftsführung gab es bei der „Hoko" nicht. Der Rechnungsführer, Ob.-Gfr. Beikirch, war als M.G.-Schütze eingesetzt; er hatte 15000 RM in einer Aktentasche am Koppel hängen[27)]. – Die Infanterie wurde alle 8 Stunden abgelöst; bei der „Hoko" aber wurde nur dann geschlafen, wenn einmal etwas Ruhe war. Wenn eine Einheit wegen Ausfall Ersatz gebrauchte, wurde jemand aus der nächstliegenden Einheit ohne Wissen des Einheitsführers herausgezogen[27].

Die Baumsperre an der Kösliner Chaussee wurde durch Pioniere verstärkt, die Brücke über den „Salinenbach" zur Sprengung vorbereitet.

Das Wetter, das am Vormittag sonnig und klar war, wurde in den Nachmittagsstunden regnerisch und kalt. Eine dünne Eisschicht bedeckte bald die Pfützen und nasser Schnee den Boden. Die Soldaten hatten unter der Nässe erheblich zu leiden, da in den Gräben nur dürftige Unterstände waren, die wohl etwas Schutz gegen Regen und Schnee boten, aber nicht gegen die Kälte. Die ersten Fälle von Erfrierungen, Magen- und Darmkatarrh und Grippe traten auf. Da Schnaps reichlich vorhanden war und ausgegeben werden konnte, war es möglich, Erkältungskrankheiten vorzubeugen[22].

Für den 7.3. war für etwa 3 Uhr ein großer Dampfer angesagt worden, die „Theseus", die vor dem Silo halten sollte. Dr. med. Haenisch, der mit seiner Tochter (Dr. med. dent. Else Marenke) und ihren 3 Kindern und mit der Frau des Holzbildhauers Schlieben nebst Familie am Hafen stand, schildert die dortigen Vorgänge: „Wir hatten das Glück, recht nahe am Bollwerk zu stehen, auch nahe am Laufsteg des Dampfers, der völlig leer geradezu wie ein Haus in die Luft ragte. Ich half zuerst beim Hinaufbringen des Kinderwagens, stieg wieder hinab und brachte Sigrid nach oben – nicht, ohne von Schutzleuten angeschnauzt zu werden, daß ich unerlaubterweise mitflüchten wolle. Inzwischen waren auch die anderen auf dem Dampfer angelangt und gleich auf der sehr schwankenden Leiter in den Bauch des Laderaums hinabgestiegen. Frau Schlieben erschien oben an Bord, und mit Hilfe eines Matrosen zogen wir die Gepäckstücke an Bord, d.h. ich band sie unten an, das Ziehen besorgten die beiden andern. Ohne Abschied hatte ich mich von meiner Familie getrennt, vielleicht auf Nimmerwiedersehen. Meine Schwester und ich standen eingekeilt in der Menschenmenge, in der stehengebliebene

Handwagen jeden Verkehr hemmten, und niemand dachte daran, auch nur einen Augenblick seinen Platz zu räumen, selbst wenn Aussicht war, dafür beachtlich vorrücken zu können."[38)]

Donnerstag, 8.3.1945

Die Nacht zum 8.3. (Donnerstag) verlief verhältnismäßig ruhig[22)]. Der Wehrmachtsbericht meldete schwere Kämpfe südlich Kolberg.– Im Laufe der Nacht und in den ersten Stunden des 8.3. stieß der Feind westlich und ostwärts der Stadt bis zur See vor, so daß der Einschließungsring nunmehr endgültig geschlossen war[5)].

Nachts beobachteten Lt. Troche und Gfr. Toews auf den Wiesen im Süden der Stadt hin- und herhuschende Lichter, die vorübergehend verschwanden, um dann wieder aufzutauchen. Bei genauem Hinhören vernahmen sie auch das tiefe Brummen von Motoren und das Gerassel von Panzerketten. Es waren also Panzer, die sich bis unmittelbar an den Stadtrand herangeschoben hatten und wahrscheinlich in der Frühe in die Stadt einbrechen wollten. Morgens sahen die A.B. Hunderte von Panzern, die von allen Seiten aufgefahren waren. Die schwarzen Ungetüme kamen herangerollt, die Rohre der Geschütze auf die Stadt gerichtet. Aber ehe sie recht zum Feuern kamen, empfing sie das Feuer der deutschen Batterien, der Pak, der Panzer und der schweren Do-Werfer. Fünf, zehn, fünfzehn Panzer flogen in die Luft, – der Rest stob auseinander und drehte ab. Außer den explodierten Panzern blieben noch sechs weitere liegen und brannten langsam aus; stundenlang standen die schwarzen Rauchsäulen in der Luft[31)].

Vor der Mühle war die Persante durch Überschwemmung über ihre Ufer getreten und bildete einen großen See. Dadurch konnte die feindliche Infanterie die A.B. auf der Mühle nicht überraschen; sie konnte nur von links an die Stadt herankommen oder beim Schlachthof rechts von der B.-Stelle einbrechen, wo aber die

„Kampfgruppe Hoffmann" lag, ein Infanteriezug unter dem jungen Leutnant Hoffmann[31].

Beim Absuchen des Geländes mit dem Glase sah Toews plötzlich, wie in dem See, der unmittelbar an die Mühle angrenzte, Wasserfontänen hochsprangen, erst einzelne, dann mehr und mehr. Als die Einschläge immer dichter wurden und immer näherkamen, gab es keinen Zweifel mehr: Der Russe schoß sich auf die Mühle ein; er vermutete offenbar, daß hier der A.B. saß. Schon hagelten die ersten Einschläge vor die Tür und auf die Persantebrücke (Adlerbrücke), und wenig später wurde in die Mühle geschossen! Toews rief den Art.-Kommandeur an: Die A.B. müßten wegen schweren Beschusses in Deckung gehen; während er auf Antwort wartete, barst die Wand unmittelbar neben ihm auseinander, eine Panzer-Granate flog in 1 m Entfernung an ihm vorbei und krepierte mitten im Raum, Splitter, Mauersteine, Kalk und Mehl wirbelten durcheinander, und Toews flog ein Stein auf den Stahlhelm, daß ihm der Schädel dröhnte. Einschlag auf Einschlag saß jetzt in der Mühle. Das Getreide rieselte herab. Die A.B. saßen im untersten Stock und verbarrikadierten die Fenster mit Mehlsäcken. Nach wenigen Stunden war die Mühle vollständig niedergebrannt; der Russe hatte sein Ziel erreicht, und eine neue B.-Stelle mußte gesucht werden[31].

In der Nacht zum 8.3. war der Rest der Belegschaft des Fliegerhorstes in das Festungsgebiet eingezogen.

In dieser Nacht griffen die Russen im Kampfabschnitt Ost unter Einsatz von Stalinorgeln stark an. Diese Waffe wirkte auf die Bevölkerung besonders furcht- und schreckenerregend. „Unheimlich, ja geradezu entsetzlich war das Geheul und Getöse der Stalinorgeln. Manchmal konnte man meinen, ein ungewöhnlich starkes Gewitter habe sich über der Stadt entladen. Furchtbar, kaum zu schildern waren die durch diese Einschläge bewirkten Erschütterungen und das Gepolter der einstürzenden Häuser. Jedesmal zitterten und bebten dann die Grundmauern und Wände der Häuser."[104]

Der Russe drang nun allmählich in die Außenbezirke der Stadt ein. Dort lagen sich dann die Gegner auf geringste Entfernung in Häusern und Kellern gegenüber. Ein grausamer Häuserkampf begann, in dem allmählich Haus für Haus, Straße um Straße verlorenging. Es war eine Kampfesweise, die an die Nerven der Verteidiger höchste Anforderungen stellte. Die Gefallenen konnten nicht begraben werden. Es war vorauszusehen, daß die Verteidiger nur noch kurze Zeit standhalten konnten. Einziges Ziel war, die Masse der in Kolberg befindlichen Flüchtlinge über See abzutransportieren, zuletzt die überlebenden Soldaten. Fast jede Nacht wurden durch die Marine mit kleinen Fahrzeugen, die sich in dem für größere Schiffe ungeeigneten Hafen bewegen konnten, Flüchtlinge und Verwundete abgeholt und zu den auf Reede – außerhalb der Reichweite russischer Geschosse – liegenden Transportschiffen gebracht[18)].

In den frühen Morgenstunden des 8.3. verlegten die Russen den Schwerpunkt ihrer Angriffe von der Treptower Straße ganz auf die Lauenburger Vorstadt, wo die Georgenschule zwei Volltreffer erhielt. Diese Angriffe erfolgten aus Richtung Alt-Tramm[5)]. Die Russen schienen ihre Hauptstöße zunächst entlang der Körliner Chaussee führen zu wollen, da sie hier immer wieder vorfühlten[22)]. Sie versuchten, unter starkem Feuerschutz mit Panzern und Infanterie die Persantewiesen entlang der Körliner Chaussee in ihre Hand zu bringen[5)]. Die deutschen Do-Geräte schossen erfolgreich auf Annäherungswege und Stellungen des Gegners bei Bullenwinkel. Bei Sellnow stellte der Russe Panzer bereit. Zwischen Karlsberg und Neugeldern erfolgte ein Angriff, den die feindliche Artillerie bei Sellnow unterstützte[5)]. Im Raume von Sellnow stand auch eine Abteilung russischer 15-cm-Haubitzen[5)].

Auf der Stadt lag wieder starkes Artilleriefeuer. – Schon am Morgen setzte etwas Schneetreiben ein. Gegen 9 Uhr ging Oblt. Erdmann in Begleitung eines Melders zum linken Flügel am Strande, um mit Jaursch, dem Führer des 5. Zuges, noch einmal die

Stellung abzugehen und einige Einzelheiten der Verteidigung an Ort und Stelle zu besprechen. Das Schneetreiben wurde dichter, die Sicht aber zeitweise besser, sobald es etwas aufhörte. Undeutlich hörten sie aus Richtung Schülerbrink einige M.G.-Feuerstöße und einzelne Gewehrschüsse. Aus dem Waldrande kamen zahlreiche Gestalten heraus und bewegten sich in auseinandergezogenen Haufen auf die deutschen Stellungen zu. Noch war nicht genau auszumachen, ob es Russen waren oder eigene Landser, die von Schülerbrink zurückkamen. An den Pelzmützen wurden die Näherkommenden schließlich als Russen erkannt. Sie wälzten sich in dicken Pulks heran. Die Feuereröffnung erfolgte etwas zu früh. Am Waldrand hörten die Verteidiger plötzlich Granatwerfer-Abschüsse. Die deutsche Stellung war erkannt, die Einschläge richteten jedoch keinen Schaden an. Der feindliche Angriff blieb liegen. Hptm. Gruber war bei Beginn des Angriffs in der Stellung erschienen. Eine Anzahl dunkler Gestalten lag auf der weißen Fläche regungslos und schneite langsam zu[22)].

Gegen 20 Uhr stießen zwei polnische Kompanien durch überraschenden Angriff längs des Bahndamms Kolberg-Köslin vor und drangen in die ersten Häuser der Siedlung an der Kösliner Straße ein. Die s.M.G.-Gruppe am St. Marienfriedhof unter Führung von Ofw. Rexilius wich aber nicht, obgleich der Feind auf 10-15 m heran war. Mit dem s.M.G., Gewehr- und Handgranatenfeuer hielt sie sich den Gegner vom Leibe. Oblt. Erdmann alarmierte sofort den 1. Zug, der ja auch Btl.-Reserve war. Der Zug trat zum Gegenstoß an, an dem sich auch Hptm. Gruber beteiligte. Für die Männer des 1. Zuges war es größtenteils der erste Kampf. Trotz ihrer Unerfahrenheit traten sie mit großem Schwung an und warfen in einstündigem harten Nahkampf den Feind wieder hinaus, der in wilder Flucht wich und seine Toten, Schwerverwundeten und drei Pak zurückließ. Das Gefecht hatte gegen 21 Uhr begonnen und war um 22 Uhr ohne Verluste beendet. Den toten polnischen Soldaten wurden Aufrufe abgenommen, in denen es hieß: „Es lebe Polen! Tod den Deutschen!"[22)]

Im Kampfabschnitt Mitte erkundete K.Kpt. Prien um 1.30 Uhr die H.K.L. von der Artilleriestraße her. Die M.-Kp. Kptlt. Baumstark besetzte die Camminer Straße und stellte den Anschluß bei der Minenwerferkaserne (Anbau an die Artilleriekaserne) sicher. Feindliche Feuerüberfälle erfolgten aus der Treptower Straße auf die Camminer Straße und den Holzgraben um 4.30 Uhr; sie wurden erfolgreich abgewehrt. Gleichzeitig lag schwerster Artillerie- und Granatwerferbeschuß auf dem Städtischen Schlachthaus. Der Kp.-Gef.-Stand wurde ins Eiswerk verlegt. Der Versuch, die Treptower Straße wieder zu besetzen, war wegen der russischen Maschinengewehre und Scharfschützen zunächst nicht möglich. K.Kpt. Prien befahl, die Eckhäuser, in denen sie saßen, abzubrennen, nachdem der Vorschlag, diese Häuser durch Artilleriefeuer zu zerstören, nicht durchgeführt wurde[16)]. Um 13 Uhr kündigte der Kommandant Unterstützung durch Schiffsartillerie und Stukas an. Um 19.30 Uhr wurden Teile des Alarm-Btl. Hempel als Reserve bereitgestellt für die Bereinigung der Lage in der Treptower Straße, zu der die M.-Kp. Kptlt. Baumstark eingesetzt wurde.

Am Morgen des 8.3. geriet das Stadttheater in Brand, später der Dom. Das Offz.-Heim (Wilhelmstraße) erhielt einen Treffer. Eine Granate schlug in das Haus der Weinhandlung Fischer am Viktoriaplatz ein. Aus der brennenden Nettelbeckstraße suchten viele Obdachlose Zuflucht in Hans Schemm-Straße 14. Das Hans-Schemm-Haus brannte. Die Bewohner des Hauses Oberwallstr. 72 mußten ihr Haus verlassen, gingen zum Hafen und warteten dort bis zum 11.3. auf Schiffsgelegenheit.

Inzwischen hatte der Gegner rings um die Stadt immer neue Batterien aufgefahren. Zum Schluß wurden mindestens 20 schwere Batterien festgestellt, dazu Stalinorgeln und zahlreiche Granatwerferverbände schweren Kalibers. Mit ihnen eröffnete er ein sich ständig steigerndes Feuer auf alle Teile der Stadt, besonders auf den Hafen, den Bahnhof und die Frontlinien[5)]. Die schlimmste Zeit des Beschusses war täglich von 14-19 Uhr. Pünktlich um 14 Uhr kamen russische Flieger und belegten diejenigen Straßen mit Bomben, die am Abend eingenommen werden sollten[56]. Das sowjetische Artilleriefeuer traf in überfüllte Häuser und von Trecks verstopfte Straßen[5]. – Der ganze Waldstreifen entlang der Düne (Kurpark) stand voller Treckfahrzeuge; die Pferde waren angebunden, und die Menschen waren entweder bei ihnen geblieben oder hatten sich in die benachbarten Häuser verkrochen. Die Häuser jedoch boten dort verhältnismäßig wenig Schutz; denn sie waren im Badeviertel zumeist nur aus Fachwerk gebaut und hatten wegen des hohen Grundwasserstandes nur sehr niedrige Keller. – Der Russe beschoß – abgesehen von seinen feststehenden Zielen – während der ganzen Belagerungszeit die Stadt wahllos, da er ja ungefähr überall etwas traf. Die Artillerie-Geschosse schlugen durch die leichtgebauten Häuser in das Innere hinein. Besonders unangenehm war der Beschuß mit Granatwerfern: Die Granaten kamen ganz steil von oben, gelangten also in jede noch so enge Straße, so daß es dagegen kaum Deckung gab. Diesem Feuer war nun jeder, ob Soldat oder Zivilist, ausgesetzt. Besonders die im Park angebundenen Pferde waren ohne jede Deckung; dort gab es im Laufe der Zeit jammervolle Bilder: Pferde, die auf drei Beinen standen oder mit aufgerissenem Leib am Boden lagen. Kein Mensch konnte sich darum kümmern[18]. Die Verluste der eigenen Truppen und der Zivilbevölkerung waren erheblich[5]. Das Heulen der Stalinorgeln und das massierte Einschlagen ihrer Granaten drohte zu einer Panik unter der Bevölkerung zu führen[46]; jedenfalls glaubte der Kommandant am 8.3., Anzeichen einer beginnenden Panik feststellen zu müssen. Bei dem Durcheinander, das in der Stadt herrschte, war es aber nur dann möglich, die Stadt zu halten, wenn rücksichtslos jeder Anfang einer Panik unterdrückt wurde. Hierbei war es unvermeidlich, daß Härten, vielleicht auch Ungerechtigkeiten vorkamen[5]. Es gab in der Stadt auch viele Polen und sonstige Ausländer, sog. Fremdarbeiter, außerdem Gefangene und mit den Flüchtlingen eingesickerte Partisanen, von denen viele bereit waren, Unruhe und Verwirrung zu stiften und Kopflosigkeit hervorzurufen[5)].

Die als Kriegslazarette eingerichteten größeren massiven Häuser, die Luisenschule (O. f. M.), das St. Martinsbad, besonders aber die Häuser in der Nähe des Hafens (Strandschloß, Kauffmanns Strandhotel) füllten sich immer mehr, wurden aber jede Nacht wieder geräumt, soweit die Boote es schaffen konnten.

Da der Beschuß in der Nacht zum 8.3. besonders stark war, beschlossen die Bewohner von II. Pfannschmieden 8, sich zum Hafen zu begeben. Am Morgen des 8.3. gingen sie nach einer kurzen Andacht aus dem Hause in Richtung Hafen; viele Nachbarn aus den umliegenden Häusern schlossen sich ihnen an. Sie nahmen Zuflucht im Kellergeschoß des Wasserstraßenamtes. Die Kellerräume waren überfüllt. Am Hafen selbst lagerten unübersehbare Mengen Heeresgerät, die Bestände eines Feldpionierparkes, die über See zur weiteren Verwendung abtransportiert werden sollten; doch ist es zu diesem Abtransport nicht mehr gekommen[93)].

Nach ständigem Drängen des Einsatzleiters der Kriegsmarine für den Abtransport der Zivilbevölkerung, F.Kpt. Kolbe, gelang es in diesen Tagen, eine Reihe kleiner Schiffseinheiten, vor allem Fährprähme, heranzuholen, die aus der Persantemündung heraus den Abtransport der Flüchtlinge und Bevölkerung vornahmen. Die Gestellung des Schiffsraumes lief mehr und mehr an und ergab täglich wachsende Erfolge[5) 44)]. Doch war der Abtransport der Bevölkerung mit Schiffen sehr schwierig durchzuführen, da der Russe den Beschuß immer mehr auf die Hafeneinfahrt konzentrierte und ihn von Tag zu Tag noch steigerte.

Am Hafen sammelte sich allmählich eine Unmasse von Kleinfahrzeugen an (Handwagen, Kinderwagen, Fahrräder), mit denen die Menschen den letzten Rest ihrer Habe, ihre Kinder und Alten bis zum Hafen geschafft hatten und die an vielen Stellen den Zugang beengten. Es war zu bewundern, daß die Menschen trotz allem immer noch eine gewisse Disziplin bewahrten – oder sie waren allmählich einfach abgestumpft durch ihr wochen- und monatelanges Elend[18].

Am Morgen des 8.3. lag der Hafen wieder unter Beschuß. Frauen mit Kindern gelang es nach einstündiger Wartezeit, auf einem Fährprahm zu einem ehemaligen Kriegsschiff zu kommen, das jenseits der Reede auf hoher See lag. Das Wetter war stürmisch mit kurzen Wellen, und die Insassen des Prahms wurden auf der Überfahrt fast ausnahmslos seekrank. Das Schiff war gekapert, hieß jetzt „Winrich von Kniprode", sollte Schwerverwundete von Danzig holen und war nun mit 4000 Flüchtlingen belastet[91]. – Einigen Kolbergern glückte es, mit anderen Flüchtlingen auf ein kleines Schiff mit einem Laderaum, in dem alle stehen mußten, zu kommen; der Russe beschoß es, es bekam ein Leck und lag in der Nacht zum 9.3. am Stadtwalde, doch wurden am nächsten Morgen seine Insassen auf See ebenfalls von der „Winrich von Kniprode" übernommen. – Die „Winrich von Kniprode" fuhr nur etwa eine Stunde und ankerte dann mitten auf der Ostsee: Die Kohlen waren verbraucht. Die Flüchtlinge lagen auf Holzwolle und Säcken in grossen Lagerräumen, jedem Fliegerangriff ausgesetzt, und die meisten waren auch nur unzureichend mit Lebensmitteln versehen. Das Schiff lag tagelang auf See. In der langen Wartezeit waren die geringen Vorräte bald verbraucht, und die Verpflegung wurde zunehmend schlechter. Die Schwestern in der Küche arbeiteten vorbildlich. Die Flüchtlinge durften sich nachmittags etwas Suppe holen. Als die Vorräte immer knapper wurden, sollten erst die Kinder verpflegt werden. Hungrige Augen sahen zu, wenn die Mannschaft Essen bekam; die Matrosen aßen daher möglichst heimlich an Stellen, wo sie den Blicken der Hungrigen entzogen waren. Während des großen Luftangriffs auf Swinemünde (12.3.) wurde Alarm gegeben. Schwimmwesten wurden an die Besatzung verteilt. Mit den wenigen übriggebliebenen Westen konnten nur etwa 10% des mit Menschen überfüllten

Schiffes versehen werden. Das feindliche Flugzeuggeschwader überflog jedoch die „Winrich von Kniprode". Später wurde noch einmal Alarm gegeben, weil Kriegsschiffe in Sicht waren. Unter den Flüchtlingen drohte eine Seuche auszubrechen, und viele lagen mit Durchfall krank. Am 15.3. abends wurde durch Lautsprecher bekanntgegeben, daß ein kleines Schiff nach Swinemünde hinüberfahre; die Flüchtlinge müßten sich innerhalb von 10 Minuten entscheiden, ob sie mitfahren wollten. Das kleine Schiff lag wie eine Nußschale und schaukelnd neben dem Kriegsschiff. Einige wagemutige Kolbergerinnen suchten mit Hilfe zweier Matrosen ihr Gepäck und fuhren in einer guten Stunde nach Swinemünde. Der Kommandant des Kriegsschiffes ließ einen Beamten aus Swinemünde (Bürgermeister?) an Bord kommen; er sollte sich durch Augenschein von der schlimmen Lage der Flüchtlinge überzeugen, die dann auf Grund dieser Besichtigung nach Swinemünde gebracht werden sollten. Am 18.3. konnte die „Winrich von Kniprode" endlich ihre Elendsladung in Swinemünde an Land gehen lassen[91)].

Andere Flüchtlinge hatten mehr Glück. Sie hatten Kolberg am 8.3. auf einem Tanker verlassen, der sie bereits gegen 18 Uhr nach Swinemünde brachte. Auch ein Frachtdampfer gelangte ohne Schwierigkeit dorthin.

Freitag, 9.3.1945

Seit dem 9.3. (Freitag) unterstützte die eigene Schiffsartillerie die Abwehr durch wirksames Feuer auf die Bereitstellungsräume des Gegners. Infolge dieses Beschusses hatte der Feind starke Verluste an Panzern und Infanterie[5)].

Die Marine hatte für den Einsatz der Schiffsartillerie eine Funkstelle unter Führung eines Oblt. z. See zur Verfügung gestellt, der am ersten Tage des Einsatzes verwundet wurde. Daraufhin übernahm der Ordonnanz-Offizier des Majors Schleiff, Lt. Achtner, die Funkstelle bis zur Aufgabe Kolbergs. Sie befand sich zunächst im Hof eines Hauses gegenüber der Schillkaserne, wurde aber infolge Beschusses und wegen leichterer Beobachtungsmöglichkeiten in einen Getreidespeicher am Hafen verlegt. Anschließend befand sie sich in einem hohen Hause südöstlich von Fort Münde, in den letzten Tagen in einem Hause nördlich der Lindenallee, am letzten Tage im Strandschloß[19)].

Im Westen wurde am 9.3. ein starker Angriff gegen die Stellungen des Volkssturm-Bataillons Pfeiffer abgewiesen[5)].

Im Süden erfolgte um 3.10 Uhr ein starker russischer Angriff auf die Stellungen des Gneisenaulagers bis zum Infanterie-Exerzierplatz am Greifenberger Weg und der Chaussee nach Gribow. Da die französischen M.G. versagten, gelang der Einbruch bis zum Panzergraben; ein Gegenstoß stellte die alte H.K.L. wieder her. An der Treptower Straße brachte ein Gegenangriff durch Oblt. Hempel mit Teilen seines Btl. einen vollen Erfolg und eine Beute von 24 schweren Waffen[5)].

Um 9 Uhr griff der Gegner das Städt. Schlachthaus an. Bei diesem Angriff versagten zwei eigene M.G. Trotzdem wurden starke Infanteriekräfte zurückgeschlagen. Um 12 Uhr zog der Feind auf der Treptower Straße Infanterie und Granatwerfer nach der Stellung am Schlachthof. An der „Mühlenbrücke" (Adlerbrücke) wurde eine Reservestellung errichtet. Russische Artillerie fuhr um 14.45 Uhr in den Pferdewiesen neu auf. Die eigene Artillerie wirkte auf diese Ansammlungen seit 20 Uhr. Um 21.10 Uhr erfolgte ein schwerer Feuerüberfall russischer Artillerie und Granatwerfer auf das Schlachthaus und das Eiswerk. Die Gebäude erhielten zahlreiche Volltreffer. Ein Sturm sowjetischer Infanterie, der mit Leitern und Schlauchbooten unternommen wurde, wurde abgeschlagen[16)]. Vorübergehend war der Schlachthof vom Feinde besetzt, aber unter der kaltblütigen Führung von Lt. Abrolat wurde das Gebäude und Gelände unter Anwendung von Nahkampfwaffen (Panzerfaust) wiedergewonnen. Gefangene wurden eingebracht[33)].

Um 17.30 Uhr brannten die Wohnbaracken 2-4 und die Lehrmittelbaracke im Nettelbecklager auf dem Sportplatz gegenüber dem neuen Gymnasium nach Artillerietreffern ab; Löschversuche waren aussichtslos, da die Motorspritzen zerstört waren[16)]. Am Markt vernichtete der Russe fast sämtliche Gebäude durch Brandbomben; Wasser zum Löschen gab es nicht[68)].

Erst nach drei Tagen war die neugebildete Luftwaffen-Kompanie, die seit dem 5.3. den Abschnitt Kösliner und Körliner Chaussee besetzt hatte, abgelöst worden, verbrachte eine Nacht in einem Keller und bezog dann am 9.3. eine neue Stellung am Panzergraben, hart nördlich der Gasanstalt und der Bahnschienen. Vor ihr lagen die Waldenfelskaserne und die erste Stellung der Infanterie. Geschosse der Stalinorgeln überschütteten sie. Die Kompanie grub sich, so gut es ging, in der hartgefrorenen Erde ein. Auf den Bahnschienen standen Hunderte von Waggons mit Lebensmitteln, Decken, Kleidung, Rauchwaren, aber die Soldaten „waren schon viel zu erschöpft, um alles zu durchsuchen"[29)].

Dem Russen gelang am 9.3. ein Einbruch in die Lauenburger Vorstadt. Um den St. Georgenfriedhof und die Gasanstalt wechselten ständig Angriff und Gegenangriff[5)].

Die B.-Stelle, die in der inzwischen niedergebrannten Wolff'schen Mühle ihren Standort gehabt hatte, bezog ein Haus in der Nettelbeckstraße. Von der Schillkaserne in der Proviantstraße zur neuen B.-Stelle führte der Weg durch die Münderstraße am Dom vorbei. Der Dom war ausgebrannt, der Turm eingestürzt, die eine Seite vollständig weggerissen. Das Warenhaus Zeeck am Markt brannte schon seit Tagen. Mit Mühe erreichten die A.B. das Schwibbogenhaus (Baustraße) und sprangen dann über den Steintorplatz. Alle Häuser ringsum waren zerschossen oder ausgebrannt. Zerschossene Fahrzeuge standen in der Mitte des Platzes, tote Menschen und Pferde lagen herum, und einzelne Pferde trabten wiehernd in dieser Hölle umher. Kaum ein Mensch war zu sehen, nur an den Straßenecken mitunter einzelne Landser, den Karabiner schußbereit im Arm, wartend, daß der Russe die Straßen entlanggestürmt käme. Mitten zwischen brennenden Häuserresten standen einige Kühe und verbrannten bei lebendigem Leibe; sie machten keinen Schritt zu ihrer Rettung. Noch zwei Straßenecken, und die Beobachter stürzten in das Haus der Nettelbeckstraße, in dem sich die neue B.-Stelle befand. Gleich hinter den Hausgärten an den Wiesen lag russische Infanterie. Links von der B.-Stelle ragte noch immer der spitze Turm der kleinen Georgenkirche an der Körliner Straße in die Luft. Im Hausflur lag ein schwerverwundeter Infanterist, rings um ihn waren die Fliesen mit Blut bedeckt; er lag ganz still auf dem Rücken, denn es ging zuende[31)].

Die eigene Infanterie feuerte aus den Fenstern der Häuser auf die russische Infanterie. Ununterbrochen schlugen die Infanteriegeschosse in die Häuser[31)].

Der 9.3. war nach Aussage Kolberger Bürger der Tag des schwersten Beschusses[68)]. Die Stadt lag seit 9 Uhr unter dauerndem Feuer der russischen Artillerie, das im Stadtinnern große Verwüstungen anrichtete[22)], so im Raum um den Kaiserplatz. Mehrere Treffer lagen in der Brunnenstraße[40)]. Ein Einschlag erfolgte vor dem Hause Viktoriastraße 12 (Dr. Römer). Im gegenüberliegenden Hause von Dr. med. Haenisch wurden auf der Seite nach der Langemarckstraße im Hausflur ein Offizier getötet, ein Soldat, ein Untermieter Dr. H.s und ein bejahrter Flüchtling aus Köslin verwundet; Dr. H. legte ihnen Notverbände an. Mit Hilfe der Schwestern des Kriegslazaretts im St. Martinsbad gelang es ihm, bis zu einem Arzt vorzudringen; dieser befahl dem Hfw., die Verwundeten abzuholen. Das geschah. Der Hfw. erwies sich als geschickt und energisch. Er hatte gehört, daß die Mutter des Gen.-Feldmarschalls v. Kluge im Hause wohne und erbat sich die Erlaubnis zu einem Besuch. Frau v. Kluge empfing ihn, im Bette liegend, da sie gelähmt war, und er sprach ihr Mut zu. Er unterrichtete den Chefarzt, der Frau v. Kluge aufsuchte und sodann beim Kommandanten einen Passierschein erwirkte, der auch eine Begleitung vorsah[38)].

Im Hause Hans-Schemm-Str.14 brannte es an zwei Stellen, das Feuer konnte aber gelöscht werden. Das Hans-Schemm-Haus brannte noch immer. Der Dom war eine lodernde Flammenwand[69)]. Auch fast alle anderen Kirchen brannten[69)]. Der nördliche Teil der Luisenstraße zwischen Wall- und Kummertstraße ging in Flammen auf. Nur das Haus Luisenstr. 13 (Zigarrengeschäft Knischewski) hielt dem Beschuß stand, obwohl ein Volltreffer in den Laden schlug und das Geschoß einer Stalinorgel den Luftschutzkeller traf; das Haus hüpfte wie ein Gummiball hoch, Staub und Mörtel überschütteten die Menschen im Luftschutzkeller. – Das Haus der Reichsbanknebenstelle und auch einige Häuser in der Ramlerstraße widerstanden dem Beschuß, doch alle Beamtenhäuser in der verlängerten Börsenstraße brannten ab[69)]. Das Lichtspieltheater („Delihaus") Ecke Werner-/Wilhelmstraße stand am Abend in hellen Flammen[40)]. Der Haberlingplatz mußte von der Zivilbevölkerung geräumt werden[70)]. Die Bewohner der Börsenstraße mußten in der Nacht zum 10.3. ebenfalls ihre Häuser verlassen und zogen durch die Kummertstraße zum Hafen, wobei sie die Kohlenhandlung Heinz Brödner (Domstr. 1b) und die ihr gegenüberliegenden Räume des RAD (Domstr. 56) brennen sahen[67)]. – Zahlreiche Flüchtlinge kamen zum Hause Hans-Schemm-Str.14, wo abends ein Volkssturm-Mann erschien mit der Nachricht, Kolberg solle evakuiert werden[58)]. Gegen 22 Uhr erhielt die Bevölkerung den Befehl, die Innenstadt zu räumen und sich zum Hafen zu begeben; die Menschen zogen daraufhin durch die brennende Stadt über Schutt und Glas zum Hafen[68)]. Die Flüchtlinge im Hause Hans-Schemm-Str.14 sollten langsam in einer Feuerpause zum Hafen gehen und versuchen, in Siloah oder Hotel Monopol unterzukommen; am andern Morgen würden laufend Schiffe abfahren. Im Keller hatten die Bewohner des Hauses sich noch leidlich sicher gefühlt. Nun wurde das Nötigste mitgenommen, und um 23.45 Uhr trat die Hausgemeinschaft auf die Straße. Man ging nur über Scherben, kletterte über Drahtverhaue; hier und da lag ein Toter. Das Feuer erhellte die Nacht. Barrikaden und die andauernden Explosionen der Granaten hinderten das Vorwärtskommen. Zuweilen traten die gehetzten Menschen in ein Haus. Endlich erreichten sie das Hotel Monopol. Hier war ein unvorstellbares Gedränge. Durch Rufen fand sich die Hausgemeinschaft wieder zusammen und versuchte dann, in der Münderschule unterzukommen; dort war es aber das gleiche Bild. Daraufhin zog sie in den Kartoffelkeller des verlassenen Münder Pfarrhauses. Auf die Kartoffeln legte man die Matratzen. Da kam in der Nacht eine neue Sorge: Im Keller stieg das Wasser besorgniserregend. Man bildete eine Kette und schöpfte Wasser, – umsonst. Alle hockten nun auf Stühlen, notdürftig zugedeckt. Zwei Soldaten brachten dann zwei Frauen, die sie aus der Persante gezogen hatten. Herr Lücke versorgte die Erschöpften überreichlich mit Käse, Eiern, Zucker und Brot[58)].

Am 9.3. abends richtete San.-Fw. Rutzen auf Weisung von Dr. med. Brand am Hafen wieder eine San.-Station ein. Männer, Frauen und Kinder ohne Altersunterschied wurden durch den dauernden Beschuß getötet oder erlitten derart schwere Verwundungen, daß sie ihm unter den Händen starben.

Die Einschiffung konnte sich nur unter schwierigsten Bedingungen vollziehen. Für ältere Leute war es besonders schwer, auf ein Schiff zu kommen, selbst wenn sie unmittelbar am Bollwerk standen. Die Jugend sprang vom Bollwerk in die Boote hinein, und wenn die Einschiffung begann, waren die Schiffe dadurch schon belegt. Alten Leuten gelang es oft erst nach vielen verzweifelten und vergeblichen Versuchen, auf ein Boot zu kommen[93)].

Am 9.3. herrschte Windstärke 9. Drei Minensuchboote lagen früh im Hafen, um Flüchtlinge aufzunehmen; sie sollten um 6

Uhr abfahren. Die Abfahrt verzögerte sich, denn der Wind war zum Sturm geworden. Die Insassen des ersten Bootes, das dann um 9 Uhr den Hafen verließ und vor allem Mütter mit Kleinkindern mitnahm, wurden ausnahmslos seekrank; das Boot kam zwischen 17 und 18 Uhr in Swinemünde an. Der Sturm ließ während des ganzen Tages kaum einen Schiffsverkehr zu[94)]. Eins der beiden andern Minensuchboote verließ den Hafen im Dunkeln; die Flüchtlinge, die es mitnahm, hatten vor ihrer Einschiffung Schutz vor Tieffliegern im Luftschutzkeller des Hafenbauamtes suchen müssen. Bei Regen und stürmischer See landete dieses Schiff am 10.3. gegen 9 Uhr in Swinemünde[115)].

Sonnabend, 10.3.1945

Am Sonnabend, dem 10.3., verschob der Feind den Schwerpunkt seines Angriffs nach Osten und Südosten an die Eisenbahnlinien nach Köslin und Körlin-Belgard. Um 5.30 Uhr begann sein Trommelfeuer auf den St.Marienfriedhof; dann griff er an, aber der Angriff wurde abgeschlagen[32)]. Von Panzern und Pak unterstützt, konnte er seinen Einbruch in die Lauenburger Vorstadt jedoch nach Osten zu erweitern und in die Waldenfelskaserne eindringen. Er stieß bis zur neuen Georgenkirche vor. Auf den Kirchturm setzte er einen Beobachter; erst am 12.3. – viel zu spät – war es möglich, die Kirche durch einen Stoßtrupp in Brand zu setzen, um den Feind aus der B.-Stelle zu vertreiben[5)]. Der Ring wurde enger, die herangezogenen russischen Verstärkungen griffen in die Kämpfe ein[20)].

In der neuen Stellung der Luftwaffen-Kompanie nördlich der Gasanstalt und der Bahnschienen fiel Ofw. Strelow dicht neben Hfw. Schmidt in einem Erdloch durch Volltreffer. Schmidt übernahm den Zug und begrub den Ofw. am Abend auf einem Acker nördlich der Gasanstalt. Durch weitere Tote und Verwundete war der Zug bald zusammengeschmolzen. Dauernd lag heftiger Artillerie-Beschuß auf den Stellungen. Die drei oder vier Geschütze der ‚Festung' feuerten unablässig; aber ihnen stand eine riesige Übermacht gegenüber! Da die Truppe übermüdet war, sickerten Russen immer wieder durch die erste Stellung hindurch[29)].

In dem Haus der Nettelbeckstraße, in dem sich die neue B.-Stelle befand, hauste noch ein alter Mann, der nicht zu bewegen war, seine Wohnung zu verlassen, und anscheinend nicht mehr ganz bei Sinnen war, denn er behauptete ständig, seine Tochter sei „einkaufen gegangen" und noch nicht zurückgekommen. Es war unmöglich, ihm klarzumachen, daß die ganze Stadt brenne. Er versuchte aber seinerseits, den A.B. klarzumachen, daß sie kein Recht hätten, ihn aus seiner Wohnung zu vertreiben. Als ein Artilleriegeschoß das Haus traf, nahm der Alte einen Besen und fegte alles fein säuberlich weg. So machte er es nach jedem Einschlag. Als er dem Gfr. Toews die Erdleitung seines Fernsprechers von der Wasserleitung wieder abmontierte, sahen sich die A.B. gezwungen, ihn in den Keller einzusperren. Hier tobte er stundenlang. Als er sich beruhigt hatte, wurde er herausgelassen und ging fort, „um seine Tochter vom Kaufmann abzuholen"[31)].

Ununterbrochen trafen die Einschläge der russischen Artillerie in die Häuser der Nettelbeckstraße und der Umgebung, um die deutsche Infanterie zu vertreiben. Der Russe saß bereits wenige Häuser von der B.-Stelle entfernt. Ein Leutnant von den Kolberger Panzer-Grenadieren suchte zu retten, was noch zu retten war, raste ununterbrochen zwischen seiner Kompanie und der B.-Stelle hin und her und sagte den A.B., wohin sie das Feuer ihrer Batterie lenken sollten. Ohne Stahlhelm, nur mit Feldmütze, die Uniform zerrissen, das Gesicht rauchgeschwärzt, kam er immer wieder angehetzt: „Ich kann den Häuserblock nicht mehr halten, wenn ich nicht sofort Feuerunterstützung auf Punkt X erhalte". Auf der Karte gab er den A.B. den gewünschten Punkt an; dann eilte er wieder davon, zog die Schirmmütze mit den rosaroten Litzen tief in die Stirn und rannte hinein in Feuer und Tod[31)].

Am 10.3. verschwand ein Mann der Gruppe der I./I.F.A.R. (rechts von der Kösliner Straße). Mit seinem Fehlen wurde auch festgestellt, daß das Schloß aus dem M.G. der Gruppe nicht mehr vorhanden war; es mußte daher angenommen werden, daß der Mann übergelaufen war. – K.Kpt. Prien beantragte beim Kommandanten, die Innenstadt auf kampffähige, aber untätige Wehrmachtsangehörige auszukämmen und hier noch vorhandene Waffen zu erfassen[22)].

Lt. Hübner hatte inzwischen die 2. Kp. des F.A.R. übernommen, da sein Vorgänger erkrankt und auch wegen seiner Armprothese den Anforderungen körperlich nicht mehr gewachsen war[22)].

Aus der brennenden Jägerkaserne und aus einem in einer Feldscheune in der H.K.L. gelegenen Verpflegungslager hatten die Soldaten des I./F.A.R. Verpflegung in Form von Büchsen mit Fleisch, Schmalz, Knäckebrot, Schokolade, Zigarren und Zigaretten, Pfeifentabak und zwei Fässer Schnaps herausgeholt. Im Keller des Kasinos lagen viele leere Flaschen, in die sie den Schnaps umfüllten und zu den Gruppen in die Stellungen gaben, was bei dem feucht-kalten Wetter erforderlich war. Bisher hatten die Trosse nachts immer noch Verpflegung und Munition heranbringen können, aber Essen und Kaffee waren doch nur noch lauwarm, wenn sie zu den Kompanien kamen[22)].

Von russischer Pak wurde das I./F.A.R. häufig unter Feuer genommen. Die Einschläge durchlöcherten die Mauern des Kasinos. Man hatte wohl manchmal Meldeverkehr erkannt und daraus geschlossen, einen Gef.-Stand vor sich zu haben; außerdem fiel das weiße Gebäude weithin auf. Das Pakfeuer kam aus Richtung des Vorwerks Erdmannshof, das etwa 1000-1200 m vor der Stellung des I./F.A.R. an der Kurve der Kösliner Chaussee lag. Die Pak schien auf der Scheunentenne zu stehen, denn mit dem Glas konnte das Aufblitzen aus dem großen Tor erkannt werden. Oblt. Erdmann bat sich das Feuer einer 10,5-Flak-Batterie aus. Von da an endete der feindliche Beschuß. – Hauptmann Gruber verlegte den Btl.-Gef.-Stand in den Keller des Kasinos, der einige Sicherheit bot[22)].

Nach Einbruch der Dunkelheit versuchte der Russe, die Posten am Oststrand zu überrumpeln. Er stieß hier überraschend in etwa Kompanie-Stärke vor. Stfw. Jaursch trat mit seiner Reservegruppe entschlossen zum Gegenstoß an. Dem Feind wurde mit Maschinen-Pistolen und Handgranaten entgegengetreten, auch wurden einige Panzerfäuste in die dichten Ansammlungen abgeschossen, so daß sich der Gegner wieder zurückzog. Wegen des Rauschens der See und des Wehens des Windes konnten feindliche Annäherungen am Strande und in den Dünen immer schlecht bemerkt werden; deshalb kam es hier bei Tag und Nacht auf stärkste Wachsamkeit an. Der Uffz.-Zug hatte sich aber gut bewährt[22)]. In den Fischer- und Bauernhäusern zwischen Kösliner Bahn und Strand waren immer noch Einwohner, die sich noch nicht entschließen konnten, ihren Besitz zu verlassen.

Ständige, von Panzern unterstützte Feindangriffe gegen den Abschnitt des Volkssturms im Westen und gegen den des Alarm-Btl. Hempel im Südwesten wurden immer wieder im Nahkampf zurückgewiesen[5)]. Seit 13 Uhr lag das Feuer der deutschen Schiffsartillerie deckend auf Karlsberg[16)].

Auf die Innenstadt und die Kampfstellungen konzentrierte sich seit 9.30 Uhr sehr starkes feindliches Art.-Feuer, das mit stundenweiser Unterbrechung bis zum Abend anhielt[16)]. Telefonkabel wurden wiederholt zerschossen. Die Innenstadt brannte an allen Ecken[74)]. Ununterbrochen kreisten sowjetische Schlachtflieger über den Häusern, und das Tak-tak-tak ihrer Bordwaffen zusammen mit dem Krachen ihrer Bomben verstummte nur selten[31)]. Vormittags kam der Befehl, die Keller der Viktoriastraße von Zivilisten zu räumen, weil in ihnen Soldaten für die bevorstehenden Straßenkämpfe untergebracht werden sollten[70)]. Gegen Abend wurden die noch zurückgebliebenen Bewohner des Hauses Domstr. 1 von zwei Soldaten aus dem Hause gewiesen[77)]; sie begaben sich fast alle bei Eis und Schnee zum Hafen und suchten hier in den Kellern des Zollamtes, der Münderschule und der Seiten straßen des Hafens Schutz und Obdach. Das Gedränge der auf ihren Abtransport über See Wartenden war grauenvoll. Der Hafen lag unter Beschuß, und die Granaten schlugen in die wartende Menge. Auch die Münderschule lag unter dem feindlichen Feuer. Die dort liegenden Flüchtlinge suchten daraufhin Zuflucht im Baltenhof, der jedoch einen Volltreffer bekam und niederbrannte. Die rat- und hilflosen Menschen eilten zur Münderschule zurück, die immer heftiger beschossen wurde, und es wurden Wände eingeschlagen, weil im Notfalle die Ausgänge für die vielen Menschen nicht ausgereicht hätten[70)].

Am Vormittag des 10.3. beauftragte Dr. med. Brand die Zivilärzte Dr. med. Haenisch und Dr. med. Kalb, die Verbandsstube am Hafen zu versehen. Er bat Dr. Haenisch, Apotheker Kurth aufzusuchen und mit ihm Verband- und Arzneimittel vor allem aus der Münderapotheke zu besorgen. In der Apotheke war alles öde und leer; Kurth sollte in Siloah sein. Dr. Haenisch fand ihn auch dort nicht, lernte aber das dortige Elend kennen. Alles saß dichtgedrängt im Keller, und es war kaum durchzukommen[38)].

Der Hafen war abgesperrt. Durch den vom Kommandanten ausgestellten Passierschein und seine Kennzeichnung als Arzt (Armbinde mit dem roten Kreuz) gelangte Dr. Haenisch mit seiner Schwester und Base und mit Frau v. Kluge (im Fahrstuhl) durch die Sperre und brachte sie im Garten des Hafenamtes unter. Das Wetter war schön, nicht übermäßig kalt. Schon nach kurzer Zeit wurde die Ankunft von Schnellbooten gemeldet, die als Zubringer zu den Transportschiffen auf der Reede fahren sollten. Dr. Haenisch brachte Frau v. Kluge und seine Base als Begleiterin nacheinander auf eins der Boote. Es gelang ihm, mit dem Gepäck auch den Fahrstuhl auf das Boot zu bringen, den ein Matrose jedoch ins Wasser werfen wollte; mit Mühe erhielt er den Fahrstuhl zurück. Er brachte ihn dann zu Frau Fischer

(Weinhdlg.) am Viktoriaplatz, damit sie ihre alte, gelähmte Mutter mit ihm ebenfalls zum Hafen fahren könnte[38].

Am Hafen hausten viele Flüchtlinge mehrere Tage und Nächte in den Kellern. Manche hatten kaum Platz zum Stehen[67]. Der Mangel an Trinkwasser wurde immer fühlbarer. „Der Durst war unerträglich.” Viele holten sich Wasser aus dem Hafen, in dem Leichen herumschwammen[81]. – Als die Schuppen der Fischverwertungsgenossenschaft Volltreffer erhielten und Tausende von Litern Gasöl, Öl und Teer sich in die Persante ergossen, war es mit der Verunreinigung des Wassers besonders schlimm; aber trotzdem tranken viele am Hafen liegende Flüchtlinge dieses Wasser[120]. Ein Offizier schrieb: „Die Verpflegung ist erstklassig. Schokolade, Zigaretten und alkoholische Getränke gibt es soviel, wie jeder haben will. In den Vorratskellern der Hotels und Pensionen finden sich die delikatesten eingeweckten Dinge. Und dennoch: für ein Glas guten, richtigen Trinkwassers würde man ein Vermögen hergeben.”[26]

*

In der Nacht zum 11.3. erhielt der Zerstörer „Z 34”, der auf Feuerstellung bei Dievenow stand, durch Funkspruch Befehl, bei Hellwerden auf Feuerstellung Kolberg-Reede zu stehen, da Kolberg mit allen Mitteln so lange wie möglich verteidigt werden sollte. Neben „Z 34” kam auch „Z 43” unter Kpt. z.S. Wenninger zum Artillerie-Einsatz. Der leitende Artillerie-Offizier von „Z 43” war Oblt. Otto. Die Zerstörer sollten die Besatzung Kolbergs in ihrem schweren Abwehrkampf unterstützen und in den Kampfpausen, vor allem während der Nachtstunden, so viele Flüchtlinge wie nur möglich übernehmen, die durch Fährprähme und andere Kleinfahrzeuge auf Reede gebracht wurden[17].

Sonntag, 11.3.1945

Am 11.3. (Sonntag) gegen 7.30 Uhr traf „Z 34" unter dem Kommando von K.Kpt. Hetz und seinem Art.-Offz., Kpt.Lt. Eberlein, auf Kolberg-Reede ein. Der Zerstörer wurde sofort durch vier, plötzlich aus den tiefen Wolken fallende I1 II (russisches Tiefangriffsflugzeug, gepanzert, einmotorig) mit Bomben und Bordwaffen angegriffen. Zehn Minuten später erfolgte ein zweiter Angriff durch 8 I1 II und 1 Boston (leichter, schneller, zweimotoriger Bomber amerikanischer Herkunft). Die energisch einsetzende Flakabwehr von „Z 34" verwirrte den Gegner offensichtlich, denn er erzielte trotz geringer Anflughöhe keine Treffer. Weit nördlich der Ansteuerungstonne standen zwei Vorpostenboote, welche die bereits angekündigte U-Boot-Sicherung waren. Beim Austausch der Begrüßungswinksprüche stellte sich heraus, daß bei beiden Booten S- und Horchgerät ausgefallen waren; beide Kommandanten versicherten aber, sie würden ihr Bestes tun; denn Wasserbomben seien genug an Bord, außerdem sei bisher kein sowjetisches U-Boot bemerkt worden[17)].

Inzwischen wurde die Verbindung zu den an Land aufgestellten M.-Beobachtern aufgenommen, und am ersten Einsatztage (11.3.) wurden laufend verschiedene Ziele unter Feuer genommen. Die Zerstörer unterhielten mit ihren 15-cm Kanonen ein wirksames Feuer, was sich auch auf die Aufrechterhaltung der Moral der von allen Seiten bedrängten Verteidiger auswirkte[18)].

Die Stadt lag unter laufenden Angriffen sowjetischer Bomber. Fast alle 30 Minuten flogen sie von SO an, griffen irgendein Ziel in der Stadt mit Bomben und Bordwaffen an und flogen wieder nach SO ab, dunkel auflodernde Brände hinterlassend. Von der Stadt aus erfolgte keinerlei Gegenwehr. Die Flak der Zerstörer konnte wegen der Entfernung nicht eingreifen[17)].

Fesselungsangriffe der Russen erfolgten am 11.3. an der gesamten Front, überall von Panzern unterstützt. Der Schwerpunkt der Angriffe lag wieder in der Lauenburger Vorstadt. Da eigene Pak fehlte, war es dem Feinde möglich, Haus um Haus systematisch mit Panzern und Pak zu zerstören und sich weiter vorzuschieben[5)]. Um 10 Uhr erneuerte der Russe seinen Angriff vom 10.3. auf den St.Marienfriedhof, brach in ihn ein, wurde aber bis zum Abend wieder zurückgeworfen[32)]. Das Einnisten von 50 Russen in der Georgenkirche wurde beobachtet; ein Heeresstoßtrupp warf sie zurück[16)] .

Die Panzer der Gruppe Beyer waren ständig reparaturbedürftig und kaum einsatzfähig. Wenn sie in ihre Stellungen geschleppt worden waren, trat meist in kurzer Zeit ein Schaden an der Abzugsvorrichtung oder am Fahrwerk ein[5)].

Bei den zwei in Kolberg vorhandenen Batterien waren inzwischen 3 Geschütze ausgefallen, so daß nur noch 5 Rohre feuerten. Die A.B. konnten bei Nacht nicht mehr schießen und hielten sich daher auf dem Rgt.-Gef.-Stand im Keller eines Hauses der Hans-Schemm-Straße auf, das nur etwa 400 m von der H.K.L. entfernt lag. Der Regiments-Kommandeur, ein einarmiger Hauptmann, nahm an einem primitiven Holztisch die Meldungen über neue Einbrüche der Russen entgegen, die von den Meldern überbracht wurden[31)]. – Zwei Mann brachten einen russischen „Überläufer”, der meldete, auf dem Friedhof an der kleinen Georgenkirche befänden sich noch 20 Mann, die ebenfalls überlaufen wollten. Da man befürchtete, daß es sich um eine Falle handelte, gab der Kommandeur einen ganzen Zug unter Führung eines Hauptmanns der Luftwaffe mit. Nach einer Stunde kamen 4 Mann des Zuges wieder: Es hatte sich tatsächlich um eine Falle gehandelt; denn als der Zug auf dem Friedhof war, sprangen die Russen hinter den Gräbern hervor und überwältigten alle bis auf diese 4 Mann. Zwei junge Unteroffiziere, Kommandanten zweier kleiner „Hetzer” fuhren sofort los, um zu retten, was zu retten war, sie gerieten in den Beschuß weit überlegener T-34, und die Fahrzeuge wurden nicht wieder gesehen[31)].

Im Kampfabschnitt Marine griff der Feind um 5.30 Uhr von der Siederlandschule bis zum Inf.-Exerzierplatz an, doch wurde der Angriff abgewiesen[16]. Die Kommando-Baracke der Torpedo-Schule III brannte um 10.20 Uhr nach Artillerie-Treffer ab; Kommando und Verwaltung verloren alle Akten[16]. Um 11 Uhr griffen russische Kampfflieger die Stellungen der Marine und ihren Gef.-Stand „Indigo", der sich seit dem 7.3. im Bunker des Städt. Krankenhauses befand, mit Bomben und Bordwaffen an[16]. Am Greifswalder Weg setzte sich der Russe in Siedlungshäusern fest und unterhielt von hier aus starken Granatwerferbeschuß. – Die Eckhäuser an der Biegung Treptower Straße/Camminer Straße wurden 16.30 Uhr von russischen Scharfschützen gesäubert. Um 19 Uhr gingen Marine-Soldaten vor, um die Treptower Straße wieder zu besetzen. Der Marine-Kompanie Baumstark gelang zunächst die Besetzung bis zum Union-Theater (Kino) in der Treptower Str.37, wo aus Lastwagen eine provisorische Panzersperre errichtet wurde. Die Häuserreihe bis zum Städt. Waisenhaus wurde besetzt[16]. Als am Abend deutsche Soldaten in das Haus Treptower Str.15 eindrangen, in dem sie noch Russen vermuteten, und durch die Tür in eine Stube schossen, wohin sich die Bewohner inzwischen aus ihrem Kellerversteck begeben hatten, trafen sie den Schlachter Erich Hennings an der Schulter; er kam ins Lazarett und ist seitdem verschollen[71].

Am Nachmittag wurde beobachtet, daß der Russe in der Höhe der Badeanstalt des Schwimmvereins Aegir eine Brücke über die Persante baute. Das Feuer der eigenen Artillerie wurde auf die im Bau befindliche Brücke eingewiesen[16].

Im Kampfabschnitt Ost war das Feuer der feindlichen Artillerie fast immer von gleichmäßiger Stärke. Der Russe schoß mit leichten und mittleren Kalibern; dazwischen lagen auch einige schwere Einschläge, wahrscheinlich 17,2 oder 20,3 cm. Die Besatzung wehrte sich notdürftig mit ihren paar Rohren. Ihre Hauptstärke lag noch in den Do-Geräten, die aber zu unbeweglich waren und auch keine Bekämpfung kleinerer Ziele erlaubten. Hin und wieder wurde die Truppe durch Schiffsartillerie unterstützt, aber das Feuer war schlecht zu leiten. Es gab auch zu kurze Schüsse in die eigene Stellung, zum Glück ohne Verluste. Einige Panzer und Sturmgeschütze hatten sich in den ersten Tagen nach Kolberg durchgeschlagen und wurden hauptsächlich in den Brennpunkten und bei Gegenstößen eingesetzt. Die Hauptlast des Kampfes aber lag auf den Schultern der Infanterie. Hin und wieder griffen die sowjetischen Schlachtflieger die Schiffe und schweren Waffen an[22)].

Etwa um 21 Uhr versuchte der Feind, bei dem sich auch polnische Einheiten* befanden, von dem „Zwergwäldchen" aus mit einem starken Späh- oder Stoßtrupp in die Stellung des 2. Zuges der 1. Kp. des F.A.R. einzudringen, wurde aber durch Gewehr- und M.G.-Feuer abgewehrt. Der Zugführer zeichnete sich dabei durch Unerschrockenheit und Umsicht aus, wurde aber durch einen Oberarmdurchschuß verwundet. Die Führung übernahm Ufw. Grützner, der kurz darauf zum Fw. befördert wurde[22)].

Der Russe drückte weiterhin stark. Die Kräfte, die zur Verteidigung verfügbar waren, wurden durch den dauernden Ausfall von Soldaten und Kriegsmaterial von Stunde zu Stunde schwächer. Die Mehrzahl der Soldaten glaubte, sie würde aus Kolberg nicht mehr lebend herauskommen, es sei denn, ein Wunder geschähe. Plötzlich tauchte das Gerücht auf, daß die Besatzung durch eine Division unter Gen.-Major Remer befreit werden sollte... Woher das Gerücht stammte, wußte niemand, aber es war im Nu in aller Munde und ließ in der Besatzung einen Hoffnungsschimmer aufkommen. Die Division sollte angeblich schon in Belgard stehen. Tatsächlich hörte man in der Ferne Geschützdonner, der bald leiser, bald lauter zu hören war[31)].

---

* Seit dem 8. März waren als Infanteristen ganz überwiegend polnische Einheiten eingesetzt, die aber von den Verteidigern nicht immer als solche erkannt wurden, da sie zudem mit russischen Offizieren durchsetzt waren.

Der starke Beschuß, der am Nachmittag des 10.3. eingesetzt hatte, hielt an, so daß am 11.3. nur wenige Schiffe in den Hafen einlaufen konnten[81)]. Eine Kolbergerin wartete in der Münderschule mit drei alten, körperlich schwerbehinderten Frauen auf ihren Abtransport. „Am 11.3. um 15 Uhr", berichtet sie, „wurden wir wie das liebe Vieh zum Hafen getrieben und mußten hier auf unsere Abfahrt warten. Der Hafen wurde von Tieffliegern und schwerer Artillerie beschossen, und wir lagen im Eis auf der Erde. Es wurde 18 Uhr, ehe wir einen elenden Fischkutter erwischten, aber wenn Dr. Brand, der den Abtransport mit leitete, nicht gewesen wäre, würden wir nicht mitgekommen sein. Meine beinamputierte Base bekam einen Sitzplatz in der Kajüte, alle anderen mußten auf Deck bleiben."[70)]

Um 19 Uhr kamen 2 Schnellboote in den Hafen und nahmen Flüchtlinge auf. Die Besatzung des einen Bootes bestand aus Männern der Luftwaffe[68)]. Die Übernahme weiterer Flüchtlinge erfolgte durch Minensuchboote und Fährprähme. Die Flüchtlinge mußten sich in den Seitenstraßen aufhalten, bis die Boote mit dem Abtransport beginnen konnten.

Plötzlich hieß es, die Einschiffung sei unterbrochen, da der Hafen unter Beschuß liege. Ein Teil der Wartenden rettete sich in das Hotel Monopol, in dem Menschenmassen in tiefster Dunkelheit zusammengepfercht waren. Superintendent Handtmann verließ nach einer Weile zusammen mit Herrn Lücke das Haus, um die Lage auszuforschen. Er kam nach einer halben Stunde zurück und sagte, seine Hausgemeinschaft solle nur in den Keller des Münder Pfarrhauses zurückkehren, da wegen des Beschusses an keine Einschiffung zu denken sei. Um die Zurückgehenden spritzten die Granatsplitter. Nachts hieß es dann, es sei ruhiger geworden, Frauen und Kinder sollten nun fort, und die beiden Pastorenfrauen mit ihren Kindern schieden aus dem Kreise. Ein Leichter brachte sie auf die Reede.

In der Nacht zum 12.3. wurden 800 Flüchtlinge durch Fährprähme an Bord von „Z 34" gebracht, später noch einmal 120 Verwundete. Währenddessen beschoß „Z 34" Ziele, in denen vom A.B. Angriffsvorbereitungen gemeldet wurden. Die letzten Flüchtlinge wurden nach Mitternacht übernommen. Auf dem Schiff herrschte eine furchtbare Enge, doch sorgten die Matrosen in vorbildlicher Weise für die Flüchtlinge[62)].

Wer in der Nacht nicht mitgekommen war, mußte wieder vom Hafen fortgehen nach Siloah oder in ein anderes Heim. Manche verbrachten so mehrere Nächte, ohne jemals zum Liegen, geschweige denn zum Schlafen zu kommen. Aber das war nicht das Schlimmste. Mancher, den man für einen Schläfer hielt, schlief den ewigen Schlaf. Nur selten kam einmal ein Wagen, auf den Leiche auf Leiche gelegt wurde, die dann irgendwo verscharrt wurden[38)].

In der Nacht war die Beschießung des Hafens meistens nicht allzu stark. Die Granaten gingen auch vielfach ins Wasser oder trafen die Westseite des Hafens. Am Tage war die Gefahr weitaus größer[38)].

Drei Volkssturm-Männern der 9. Kp., die sich in der Nacht zum 8.3. selbst aufgelöst hatte, war es am Abend des 11.3. gelungen, auf einen Prahm zu kommen. Da erschien eine Kontrolle der Hafenpolizei und fragte einen nach seinem Ausweis; er wurde zur Sammelstelle des Volkssturms (Strandschloß) gebracht, während die beiden anderen im Dunkel des Prahms von der Streife nicht gesehen wurden. Dem einen von ihnen schlug das Gewissen, und er sagte zum Führer des Prahms: „Ich fahre wieder mit zurück nach Kolberg". Der andere Volkssturm-Mann sagte: „Wo Sie bleiben, bleibe ich auch; dann komme ich auch wieder mit zurück." Beide fuhren also nach Kolberg zurück, gingen durch das Theaterwäldchen, wo noch viele Flüchtlinge mit ihren Trecks lagen, und suchten in einem Keller der Luisenstraße Zuflucht[87)].

Am Abend des 11.3. traten Dr. Haenisch und Dr. Kalb ihren Dienst in der Verbandsstube im Hafenbauamt an. Es handelte sich meistens um kleinere Verletzungen oder um innere Krankheiten.

Die Ärzte gaben aus ihren nicht sehr umfangreichen Arzneivorräten, was sie konnten. Die Behandelten durften nicht in der Verbandsstube sitzen bleiben, weil Keller und Flur des Hafenbauamtes mit Menschen gefüllt waren, die auf die Abfahrt warteten. Viele kamen, um die Ärzte zu irgendeiner Hilfe zu holen, sei es, daß Angehörige gestorben waren, sei es, daß sie schwer krank lagen; auch sollten die Ärzte dafür sorgen, daß Kranke auf einen Dampfer kämen, was ihnen jedoch nicht möglich war. Sie konnten den Bittstellern nur raten, sich aus der Menge der zurückgebliebenen Handwagen einen geeigneten auszusuchen und damit die Kranken den Schutzleuten zuzuführen[38)].

Die Bäckermeister Diepolt und Marth verteilten am 11.3. das letzte Brot, das sie seit Beginn der Belagerung laufend für die Bevölkerung Kolbergs gebacken hatten. Konditormeister Diepolt fiel bald danach infolge einer Verletzung durch Granatsplitter.

Das Haus Kummertstr. 1 (Ecke Preußenplatz, Besitzer Johann Orzechowski) wurde am 11.3. durch Stalinorgel und Brandbomben zerstört. Die Bewohner des Hauses Kummertstr. 4 mußten am 11.3. auf militärische Anordnung ihren Zufluchtsort im Kellergeschoß räumen, weil die danebenliegenden Kellerräume wegen ihrer günstigen Lage zur Verteidigung eingerichtet werden sollten; sie kletterten daher durch ein schon vorher geschlagenes Mauerloch in den Schutzraum des Nachbarhauses, Börsenstr. 28, doch machten infolge des Hinweises deutscher Soldaten, daß sich vielleicht schon in der kommenden Nacht, sicher aber am nächsten Tage (12.3.) schwere Straßenkämpfe hier entwickeln würden, 19 Personen der Hausgemeinschaft den Raumwechsel nicht mehr mit, nahmen unter Tränen von den zehn Zurückbleibenden Abschied und begaben sich zum Hafen.

Im Keller des Hauses Börsenstr. 28, wo die Wohnung des Hausmeisters noch unversehrt war, durchlebten die Zurückgebliebenen die letzten Ängste und Nöte und die schlimmsten jener Schrekkenstage. Eine junge Frau aus der Schlieffenstraße (Frau Kannengießer), deren Mann im Felde war, schloß sich am 12.3. mittags dieser Hausgemeinschaft an und wurde ihr guter Engel, indem sie bei allen nötigen Arbeiten half. Auch die Soldaten aus dem Nachbarkeller kümmerten sich in rührender Treue um die Zurückgebliebenen, kamen – außer in den Zeiten starken Beschusses, in denen sie in Bereitschaft liegen mußten – wiederholt zu ihnen herüber und ließen sie keinen Mangel leiden, sondern brachten ihnen aus den benachbarten Läden Brot, Wurst, Käse und andere Nahrungsmittel[104)].

Montag, 12.3.1945

In der Nacht zum 12.3. (Montag) wurden von einigen Soldaten des 3. Zuges der 1. Kp. fünf bärtige, mit russischen Watteanzügen und Pelzmützen bekleidete Gestalten, die tadellos deutsch sprachen, bei dem Kpf. abgeliefert. Oblt. Erdmann glaubte erst, man hätte einige Soldaten der Seydlitz-Organisation gefangen, denn die Truppe war auch schon verschiedentlich mit diesen Leuten, die sich in die eigenen Linien zu schleichen versuchten, in Berührung gekommen. Der Anführer der Männer wies sich aber durch Lichtbildausweis (SS-Hauptsturmführer) und schriftlichen Sonderauftrag aus; auch seine Begleiter waren SS-Männer. Sie gehörten zu einem Partisanenkommando, das wochenlang im feindlichen Hinterlande operiert und sich schließlich nach Kolberg durchgeschlagen hatte. Das Festungs-Kommando ließ die Männer bis zur Beantwortung einer funkentelegrafischen Rückfrage bei der Armee festhalten. Sie waren ausgehungert und wurden verpflegt. Nach einigen Stunden die Bestätigung ihrer Angaben; sie wurden daraufhin zur Kommandantur weitergeleitet[22)].

Am 12.3. gegen 4 Uhr wurde „Z 34" durch Funkspruch entlassen und trat den Rückmarsch nach Swinemünde mit 800 Flüchtlingen und 120 Verwundeten an. In den zwei Tagen war neben zahlreicher Flak-Munition sehr viel Munition (510 Schuß) für 15 cm verschossen worden; Oberst Fullriede dankte durch FT für die Unterstützung, die wesentlich dazu beigetragen habe, besonders im Ostteil bedrohliche Feindangriffe abzuschlagen. Um 11 Uhr wurde Ansteuerungstonne Swinemünde einlaufend passiert. Um 11.30 Uhr, als „Z 34" gerade innerhalb der Molen war, wurde auf allen Signalstellen FLI gesetzt; durch UK wurden große Bomberverbände im konzentrischen Anflug auf Swinemündc gemeldet. Auf der Brücke war Totenstille. Über den tiefliegenden Wolken hörte man schon das dumpfe Dröhnen zahlreicher schwerer Bomber. Zum Umkehren war es zu spät. Aus dem Hafen setzte eine panikartige Flucht von Fahrzeugen aller Art ein, die mit Höchstfahrt an „Z 34" vorbeifuhren, noch rechtzeitig vor Beginn des Angriffs die rettende offene See zu erreichen. Korvetten-Kapitän Hetz entschloß sich, so schnell wie möglich wieder auf Auslaufkurs kehrtzumachen in der Hoffnung, daß die Flieger „Z 34" dazu noch Zeit ließen. Außer der Besatzung wurde jedermann unter Deck geschickt; sie wußten nicht genau, was los war, konnten aber aus den bedrückten Mienen der Männer entnehmen, daß etwas in der Luft lag. Die Minuten bis zum Drehpunkt wurden zur Ewigkeit. Endlich konnte der Kommandant die erlösenden Kommandos geben. Es gelang, den Zerstörer mit wenigen Maschinen- und Ruderkommandos wieder auf Gegenkurs zu bringen. Mit 15 Knoten wurde wieder ausgelaufen. Eben war der Leuchtturm passiert, da rauschte der Bombenteppich auf Stadt und Hafen nieder. Gerade im Drehpunkt von „Z 34", den er erst vor kurzem verlassen hatte, stand die hohe weiße Wand einer Reihe schwerer Bomben. Allmählich löste sich die lähmende Spannung an Bord. Gerade als das Schiff auslaufend die Molen wieder passiert hatte, kamen zwei Flüchtlingskinder an Deck, die sich an den Händen hielten und ahnungslos fröhlich lachten. Dies sei – so berichtet der Kommandant – wohl der glücklichste Augenblick seit langer Zeit gewesen, es schien ihm der unbewußte Dank für eine Rettung aus höchster Gefahr[17)]. –

Am frühen Morgen des 12.3. wechselten die A.B. vom Rgt. Gef.-Stand in der Hans-Schemm-Straße wieder auf die B.-Stelle in der Nettelbeckstraße über.

Um 4.30 Uhr begann der Russe ein Trommelfeuer, das um 6.30 Uhr plötzlich abbrach. Wenige 100 m vor der B.-Stelle hatte er Lautsprecher aufgestellt, aus denen laut und deutlich eine Ansprache in deutscher Sprache herüberhallte: „Deutsche Soldaten, gebt den aussichtslosen Kampf auf! Euer Führer hat Euch verraten. Unsere Truppen stehen bereits vor Berlin." Die Antwort war, daß Hunderte von Gewehrkugeln den Kirchturm von St. Georg trafen, wo der Lautsprecher aufgebaut war. Die Russen versprachen gute Behandlung und tadelloses Essen. Eine halbe Stunde dauerte die verlockende Ansprache. Da in dieser Zeit kein deutscher Parlamentär mit der weißen Fahne an der Kirche erschien, gipfelte die Rede in dem Schlußsatz: „Im übrigen ist dann Eure letzte Stunde gekommen." Der Lautsprecher wurde abgestellt. Es war genau 6.59 Uhr[31)].

Eine Minute unheilkündender Stille verging. Dann erfüllte ein unheimliches, immer lauter werdendes Heulen die Luft. Etwa 100 Einschläge lagen gleichzeitig auf dem Kampfabschnitt und der B.-Stelle in der Nettelbeckstraße. Der Funker auf dem Hausflur hatte gerade seine Geräte abgestimmt: „Rosenbusch – Rosenbusch – Rosenbusch – hören Sie mich? Januar, Februar, März, April, Mai, Juni – hören Sie mich? Bitte kommen!" Da prasselten die Einschläge auf die Verteidiger herein, schlugen ins Dach, auf die Straße, auf den Hof, in den Hausflur; der Russe machte seine Drohung wahr. Lt. Troche und Gfr. Toews wußten später nicht, wie sie vom Dachboden heruntergekommen waren. Der Keller hatte seinen Eingang vom Hof aus, und sie konnten ihn nicht erreichen, ohne in den sicheren Tod zu laufen. Die beiden Männer preßten sich eng aneinander unter einem Mauerbogen am Treppenansatz, weil die Splitter durch den Hausflur fegten und Glas, Steine und Splitter unmittelbar hinter ihnen einschlugen.

So standen sie zwei Stunden. Da erfolgte ein Einschlag genau in den Hauseingang. Lt. Troche schrie auf: „Mich hat's erwischt!" Doch wenig später meinte er: „Nein, es war wohl nur der Luftdruck." Plötzlich lief er durch den Flur auf den Hof. Toews kauerte nun ganz allein in der Hölle und hatte nur einen Gedanken: „Hier weg, nicht allein hierbleiben!" Nach wenigen Minuten raste er ebenfalls durch den Flur, über den Hof und in den Keller. Dort lag Lt. Troche mit einer 1 cm breiten und 4 cm langen schweren Wunde im Leib. Nun brausten auch noch Schlachtflieger heran mit Bomben und Bordwaffen[31)].

Als dann der Augenblick des Infanterie-Angriffs kam, da krochen die deutschen Soldaten aus ihren Löchern und den zusammengefallenen Kellern mit rußgeschwärzten Gesichtern und blutigen, verbrannten und zerrissenen Uniformen heraus und stellten sich dem Russen entgegen, den Karabiner in der Hand, das Seitengewehr aufgepflanzt, Handgranaten in Koppel und Stiefelschaft. Es gelang dem Russen an der Nettelbeckstraße nicht, weiter in die Stadt einzubrechen. Die A.B. konnten mit ihren Batterien nicht helfen; sämtliche Leitungen waren vielfach zerschossen und das Funkgerät zertrümmert[31)].

Ein Stoßtruppunternehmen von Freiwilligen des Btl. Hempel unter Lt. Friedrich gegen die St. Georgenkirche, auf deren Turm der russische Lautsprecher montiert war und der russische Beobachter saß, setzte die Kirche in Brand[12)].

Um 9 Uhr griff der Russe zum dritten Mal am St.Marienfriedhof an, brach am Friedhof ein und konnte auch nicht wieder zurückgeworfen werden. Zwei Mann der am Friedhof liegenden Batterie gingen mit einem M.G. vor; da ihnen keine Zeit zum Eingraben blieb, lagen sie von 10-20 Uhr im stärksten Feuer in einem engen Erdloch ohne sich rühren zu können. – Da die neue H.K.L. durch die bisherige Stellung der Batterie auf dem St. Marienfriedhof lief, wurde ein Stellungswechsel vorbereitet. Ein Geschütz blieb in der neuen Stellung mit Wm. Nienhagen, Uffz. A.Schmidt und Uffz. Albert Zimmermann. Das 3. Geschütz war mittags durch Volltreffer ausgefallen. Wm. Toni Hermann ging mit dem zweiten Geschütz abends zwischen Waldenfelsschanze und dem Nordeingang der Rennbahn in Stellung[32)].

Dem Gegner gelang von den Friedhöfen aus ein Einbruch nach Norden über die Kösliner Chaussee; drei Gegenangriffe blieben erfolglos[5)]. Die Lauenburger Vorstadt blieb in der Hand der Russen[65)]. Die Front wurde mit Einbruch der Dunkelheit auf eine neue Linie längs der Wallstraße zurückgenommen. Hinter dieser neuen Front wurde im Laufe der Nacht zum 13.3. aus verfügbaren Reserven eine zweite Linie aufgebaut[5)]. Der Russe war im Laufe des Tages auch in die Körliner Straße eingedrungen und hatte sie besetzt. Die Kummertstraße mußte von Zivilisten geräumt werden, da die Russen im Begriff waren, in sie einzudringen. Auf der Flucht durch die Kummertstraße pfiffen den Einwohnern bereits die Kugeln um die Ohren. Einige versuchten, durch die Börsenstraße zur Wallstraße zu kommen, doch war die Börsenstraße durch Schutt und tote Pferde völlig versperrt. An der Reichsbanknebenstelle fühlten sie sich schon etwas weiter vom Schuß; die russische Artillerie hatte ihr Feuer mehr nach der Münde verlegt. Am Kaiserplatz liefen gleichfalls Zivilisten der Münde zu; ein Teil von ihnen fand im Luftschutzkeller des Christlichen Kurhospitals Siloah (Hafenstraße) Zuflucht, bis nach einigen Tagen ein Treffer die davor stehenden Munitionswagen und das ganze Gebäude in Brand setzte[65)].

Auch die letzten Bewohner der Riemannstraße mußten am Nachmittag des 12.3. ihre Wohnungen räumen, weil die Keller der Häuser von den Soldaten für den Straßenkampf hergerichtet wurden. Die Soldaten hatten sich bis zuletzt fürsorglich um die Bewohner der Riemannstraße gekümmert und ihnen in den Kampfpausen Essen gebracht[90)].

Die Marine-Einheit war inzwischen vollständig mit deutschen Waffen versehen worden, auch mit Maschinenwaffen, und ihr Nachschub an Munition war gesichert[16)].

Der Rest der Luftwaffen-Kompanie, die am 9.3. ihre zweite Stellung am Panzergraben hart nördlich der Gasanstalt und der Bahnschienen bezogen hatte, mußte diese aufgeben, Ihre bisherige Stellung wurde jetzt erste Stellung (12.3.); die neue Stellung lag nun an den Schienen, die am Lokomotivwerk vorbeiführten; hier grub sie sich ein. Als der Zugführer, Hfw. Schmidt, Anschluß nach rechts suchte, geriet er bei schwerem Beschuß in ein brennendes Haus; sein Stahlhelm wurde glutheiß, Gesteinssplitter verletzten ihn am rechten Oberarm. Mit letzter Kraft rannte er über die Straße in einen Keller, wurde hier von einem Sanitäter verbunden und eilte zu seinem Zuge zurück[29)].

Am Nachmittag waren Russen durchgesickert; man sah sie am Bahndamm. Hfw. Schmidt ging mit seinem Trupp etwas zurück und leitete, verstärkt durch Infanteristen, einen Gegenangriff längs der Bahnschienen ein. Das M.G. versagte. Der Hfw. ging mit Karabiner weiter und hatte vielleicht noch 5 Mann um sich, alles alte Soldaten des Ersten Weltkrieges. Die Gruppe war dicht bei den Russen, die unter einem Waggon versteckt lagen, als ein Infanterie-Feldwebel schwer verwundet wurde. Der schwache Trupp schoß in schnellster Folge aus allen Gewehren, hatte aber noch 2 Verwundete. Als Hfw. Schmidt den verwundeten Feldwebel herausholen wollte, bekam er einen Schuß in die rechte Hand (Explosivgeschoß) und begab sich später zum Hauptverbandsplatz im Keller des Strandschlosses, das auch bereits beschossen wurde[29)].

Die Verluste der 1. Kp. des F.A.R. waren bisher gering gewesen. Es hatte mehrere Verwundete und eine Anzahl leichterer Erfrierungsfälle gegeben. Da der Feind beim II./F.A.R. in der Lauenburger Vorstadt seit dem Morgen des 12. 3. tiefere Einbrüche erzielt hatte, die das Btl. nicht mehr beseitigen konnte, drohte der 1. Kp. bei tieferem feindlichen Vorstoß die Gefahr, abgeschnitten zu werden. Der Führer des I./F.A.R., Hptm. Gruber, besprach mit Oblt. Erdmann die Lage. Es schien zweckmäßig, die eigene

Stellung auf einen verkürzten Abschnitt zurückzuverlegen und zu begradigen; in diesem Falle mußten die Waldenfelskaserne, das Kasino und die Stellungen auf der Höhe vor dem Salinenmoor aufgegeben und die Züge hinter die Bahnlinie Kolberg-Köslin zurückgenommen werden. Der Zug von Stfw. Jaursch blieb noch am weitesten am Strande vorgeschoben, etwa 800 m hinter seiner bisherigen Stellung. Alle schweren Waffen mußten verlegt werden. Die neue Stellung war für die 1. Kp. ungünstig, da sie kein so freies Schußfeld hatte. Aus diesen Erwägungen war Oblt. Erdmann gegen eine Zurücknahme der Stellung und mehr dafür, daß das Rgt. versuchen sollte, mit allen Mitteln die Einbrüche beim II. Btl. in der Lauenburger Vorstadt zu beseitigen. Das Rgt. hielt seine Reserve für ein derartiges Unternehmen aber nicht mehr für kampffähig genug und befahl die Zurücknahme der Stellung des I. Btl.

Schweren Herzens ging Oblt. Erdmann an die Durchführung des Befehls, da er ahnte, daß das Rgt. dadurch in eine sehr ernste Lage kommen würde. Noch bei Tage erkundete er eine neue Stellung[22)].

Große Sorge machte ihm der Einsatz der s.M.G. der 1. M.G.-Kp. 92, die der 1. Kp. unterstellt waren. Die Ausbildung der Mannschaft war unzureichend und kurz gewesen; sie konnten kaum mit der Waffe umgehen. Manche Unteroffiziere sorgten nicht hinreichend für Munitionsnachschub, Verpflegung für ihre Leute und dergleichen; der Kompanieführer wurde deshalb von Hauptmann Gruber scharf zur Rede gestellt[22)].

Die neue Stellung mußte etwa verlaufen: vom Strande längs einer Bodenwelle zwischen den Häusern und östlich des Wolfsberges (Gneisenauschanze) bis zur Nordseite der Kösliner Bahn, dann, nach Westen umbiegend, etwa 100 m parallel zum Bahndamm weiter in Richtung auf das Eisenbahnausbesserungswerk (das von der 2. Kp. besetzt werden sollte) bis zum Malchowgraben (sie reichte über das Gleisdreieck hinaus)[22)]. In der Nacht brachten einige Fahrzeuge Munition und Verpflegung für das I./F.A.R. zum neuen Gef.-Stand in der Waldenfelsschanze. Der Kompanieführer wies die Zugführer und Führer der schweren Waffen in ihre neue Stellung ein. Der Reservezug und einige herausgezogene Gruppen schanzten in der Nacht schon, um noch vor Morgengrauen einigen Erdschutz zu haben. Noch in der Dunkelheit sollte die neue Stellung bezogen werden; in der alten sollten nur schwache Sicherungen zurückbleiben, die im Morgengrauen durch den Graben des 2. und 3. Zuges und gedeckt von der Bahnlinie zurückgehen sollten. Die Sicherungen des 4. und 5. Zuges hätten ausreichende Deckung in den Häusern und Gärten gefunden. Nach Besetzung der verkürzten Stellung sollte der 4. Zug unter Fw. Schmidt als Kp.-Reserve herausgezogen werden[22)].

Im Westen und Südwesten wurden am 12.3. insgesamt von sechs Panzern unterstützte Feindangriffe unter hohen Verlusten auf beiden Seiten abgewiesen[5)]. Nach Erkundung der Marine-Kompanie Hildebrand um 17 Uhr hatte der Volkssturm seine Stellung am Greifenberger Weg geräumt; russische Scharfschützen hatten sich infolgedessen dort eingenistet, bedrohten die rechte Flanke der Marine-Stellung und verursachten Verluste. Um 22 Uhr stellte der Volkssturm mit Heeresunterstützung die alte Kampflinie wieder her[16)].

Im Süden griffen die Russen um 4.30 Uhr an der Gradierstraße an. Hier befand sich eine russische Pakstellung. Eine russische Granatwerferstellung lag ferner in den Gehöften nördlich von Neugeldern. Um 11 Uhr griffen sowjetische Tiefflieger die Stellung am Infanterie-Exerzierplatz an, wobei Gehöfte und Schober abbrannten[16)].

Deutsche Artillerie beschoß den Brückenbau bei der Badeanstalt des Schwimmvereins Aegir. Die Russen setzten eine Stalinorgel ein[16)].

Der Leuchtturm mit der Lotsenstation auf Fort Münde soll an diesem Tage gesprengt worden sein[110)]. – Obgleich der Küstenüberwachungsstelle ein Führerbefehl vorlag, der die Vernichtung der Brücken usw. vorsah, hat die Dienststelle nur den neuen Lotsenturm gesprengt, um den Beschuß des Hafens durch die Beseitigung dieses markanten Punktes zu erschweren[120)].

Die Hafeneinfahrt war durch ein versenktes Schiff für größere Fahrzeuge etwa seit dem 12.3. nicht mehr passierbar. Die Flüchtlinge wurden daher mittels einer Art Landungsfahrzeug zu dem auf der Reede liegenden Stettiner Frachter „Greif" gebracht. Das Schiff hatte eine Ladefähigkeit von 700 t; Frachtraum und Deck waren voller Menschen. Das Schiff fuhr in einem Geleitzug und brauchte für die Fahrt von Kolberg bis Ückermünde etwa 60 Stunden, einschließlich eines längeren Aufenthaltes in Swinemünde bzw. in der Kaiserfahrt[120)].

Ein Kriegsschiff übernahm gegen 21 Uhr von einem Fisch-(Motor-)Kutter Flüchtlinge und brachte sie am 13.3. gegen 17 Uhr nach Swinemünde[90)].

Die Abtransporte am Hafen wurden in der Nacht zum 13.3. fortgesetzt. Mit einem Hilfskreuzer retteten sich 3600 Flüchtlinge; doch manch ein Kolberger starb an den Folgen der schier übermenschlichen Leiden und Entbehrungen noch an Bord, und auch in Warnemünde, wo der Kreuzer nach zehn Tagen vor Anker ging, starben noch mehrere[85)].

Am Hafen wurde der Lagerschuppen der Fa. Geiss, in dem mehrere Waggons Zucker lagen, durch Brand vernichtet. Der vom Feuer verkrustete Zucker half den in Kolberg gebliebenen Deutschen später, den furchtbaren Hunger zu stillen[120)].

Der Rest der Hausgemeinschaft Hans-Schemm-Str. 14 saß noch immer im Keller des Münder Pfarrhauses. Am Morgen des 12.3. hatten die Frauen einen Kampf mit Frauen aus der Münderschule zu bestehen, die ihnen den heißen Kaffee fortholen wollten. Superintendent Handtmann ging noch einmal in seine Wohnung in der Hans-Schemm-Straße und holte den goldenen Abendmahlskelch des St. Mariendoms. Wenig später erschienen Unteroffiziere, um den Keller des Münder Pfarrhauses für die Wehrmacht zu beschlagnahmen. Gegen 20 Uhr verließen die Zivilpersonen das Pfarrhaus. Als plötzlich ein starker Feuerüberfall erfolgte, suchten sie Schutz im Kurhotel Monopol, wo die Räume überfüllt waren und auch lettische und französische Soldaten sich aufhielten. Bald darauf erschienen Flugzeuge. Alles stürzte in die hinteren Räume des Hotels. Es war stockfinster, und man fiel über Koffer und Kinder. Ein Offizier rief, die Flure müßten freigehalten werden und die Leute sollten in die Luftschutzbunker gehen, denn sie stünden unter einem Glasdach und hätten die Flieger gerade über sich. – Nach einer ganzen Weile machten sich die Leute aus der Hans-Schemm-Straße wieder auf den Weg durch das brennende Kolberg. An der Huke trafen sie von ihrer Hausgemeinschaft die Lehrerin Frl. Sennewald, die ein warmes Zimmer entdeckt hatte. Dort ruhten sich die gehetzten Menschen aus und warteten, bis die Schiffe einfuhren. Das Zimmer befand sich in einem winzigen Fachwerkhäuschen, das nicht unterkellert war und infolge des Luftdrucks der ständigen Explosionen in allen Fugen zitterte, aber noch ein Dach hatte. In Zeitabständen von wenigen Minuten ging je einer der Männer vor das Haus, um nach den Schiffen zu sehen, jedesmal unter Lebensgefahr. Am frühen Morgen des 13.3. hieß es, ein Schiff sei angekommen. Die Flüchtlinge zogen nun mit dem wenigen, was sie noch hatten, über die Trümmer des Leuchtturms und des völlig zerstörten Münder Forts hinweg zum Hafen. Sie warteten dort in einer unvorstellbar großen Menschenmenge eingekeilt zwei Stunden. Kein Mensch wußte Bescheid, und es kam kein Schiff. So gingen dann alle ziemlich verzweifelt gegen 6 Uhr wieder zurück in ihre „Streichholzschachtel". Um 7 Uhr holten sie sich aus dem Lazarett in Kauffmanns Strandhotel Kaffee, und Superintendent Handtmann versuchte, etwas Positives über die Ankunft der Schiffe zu erfahren. Ihm wurde mitgeteilt, es sei zu hoher Seegang, kein Schiff könnte in den Hafen hinein und noch weniger aus ihm heraus. Inzwischen hatte das Bombardement wieder verstärkt eingesetzt. In dem Häuschen waren die Menschen alles andere als sicher. „Ein grausiges Gefühl: das Donnern der Kanonen, das Brüllen der Stalinorgeln und das Krachen der Einschläge. Ein Vaterunser wurde gebetet, und alle warteten gottergeben weiter." Superintendent Handtmann ging noch einmal unter schwerstem Beschuß nach der Ziegelschanze, um seine alten Eltern zum Mitkommen zu bewegen. – Ständig wurden Verwundete vorbeigetragen oder -geführt. Stoßtrupps gingen nach vorn[58)].

Dienstag, 13.3.1945

Am 13.3. (Dienstag) griff der Feind im Westen an der Maikuhle, im Süden an der Gelder Vorstadt und im Osten an der Waldenfelsschanze mit starken Kräften an[5)].

Die Frontlinie des Bataillons Hempel in der Gelder Vorstadt verlief am 13.3. vom Südrand des Infanterie-Exerzierplatzes, der Artillerie-Kaserne, der Treptower Straße bis etwa zum Südrand der Pferdewiesen. Den Angriff der Russen in der Gelder Vorstadt wiesen Teile des Btl. Hempel im Nahkampf ab[5)]. Das Bataillon unternahm einen Angriff aus der Artillerie-Kaserne und vom Infanterie-Exerzierplatz in Richtung Süden. Einem russischen Panzer-Gegenstoß folgten stundenlange Nahkämpfe gegen Stalinpanzer; da keine Waffen vorhanden waren, welche diese starken Panzer brechen konnten, mußten dieselben mit Handgranaten, Nebelhandgranaten und Hafthohlladungen bekämpft werden[12)].

An der Maikuhle wurde ein Angriff vom Volkssturm abgewiesen[5)], doch schließlich konnte die 8. Volkssturm-Kompanie ihre Stellung in der Greifenberger und Stettiner Straße und an der Marine-Schule nicht mehr halten; der Kampf mußte hier infolge des schweren Feuers abgebrochen werden. Ein Zug setzte sich kurz nach Mittag ab, ohne den Zugführer Falkenberg zu unterrichten. Falkenberg blieb daher bis zum Abend noch in der Stellung und räumte diese erst, als der Panzer-Graben größtenteils vom Feinde besetzt war[35) 36)]. Die verkürzte Linie hatte nur noch Schützennester, die von Soldaten aus allen Truppenteilen besetzt waren[5)]. Der Volkssturm konnte nun die Ablösung nicht mehr ordnungsgemäß durchführen, so daß die Stellungen infolgedessen stundenweise unbesetzt blieben[16)]. Der Zug Laboschewski versuchte, die Stellungen hinter die Persante zu verlegen. Der Zugführer fiel am 13.3. abends am Salzberg und wurde in später Abendstunde des 15.3. mit zwei anderen gefallenen Kameraden und einem Sanitäter an den Zollhäusern auf dem Salzberg bestattet; eine Flasche mit einliegendem Zettel, auf dem die Namen der Gefallenen verzeichnet waren, wurde in das Grab gelegt[35) 36)]. Der letzte Einsatzbereich der 8. Volkssturm-Kompanie war seit dem 13.3. abends in der Nähe des Kolberger Siederland-Bahnhofs und reichte bis zur Malmedystraße. Die Kompanie war seit dem 4.3. ununterbrochen im Einsatz gewesen; jetzt machten sich zunehmend Auflösungserscheinungen bemerkbar, wie sie K.Kpt. Prien z.B. am 13.3. bei den Ablösungen innerhalb der Stellungen des Volkssturms in der Maikuhle festgestellt hatte[35) 36)].

Kräfte zum Halten der Kasernen konnten vom Heere nicht gestellt werden, weshalb die Marine den Befehl zur Rücknahme ihrer Stellung erhielt. Der Abschnitts-Gef.-Stand „Indigo" wurde vom Krankenhaus in das Qffiziersheim (Wilhelmstraße) verlegt[16)].

Trotz des Beschusses durch deutsche Artillerie gelang der feindliche Brückenbau bei der Badeanstalt des Schwimmvereins Aegir. Der Feind gruppierte hier seine Verbände um. Mehrere seiner Angriffe wurden jedoch abgewiesen[16)].

Die Nachrichtenzentrale befand sich im Keller der Schill-Kaserne. Ununterbrochen erfolgte Einschlag auf Einschlag in die Stadt und legte ein Haus nach dem anderen in Trümmer. Inmitten ausgebrannter Ruinen stand das gelbe Haus der Schill-Kaserne trotz vieler Treffer noch wie eine Festung. Das Gebäude wurde zwar allmählich zerstört, aber es war noch nicht in Brand geraten[31)].

Gesamtübersicht über die Operationen der Roten Armee an der Ostfront im Februar/März 1945

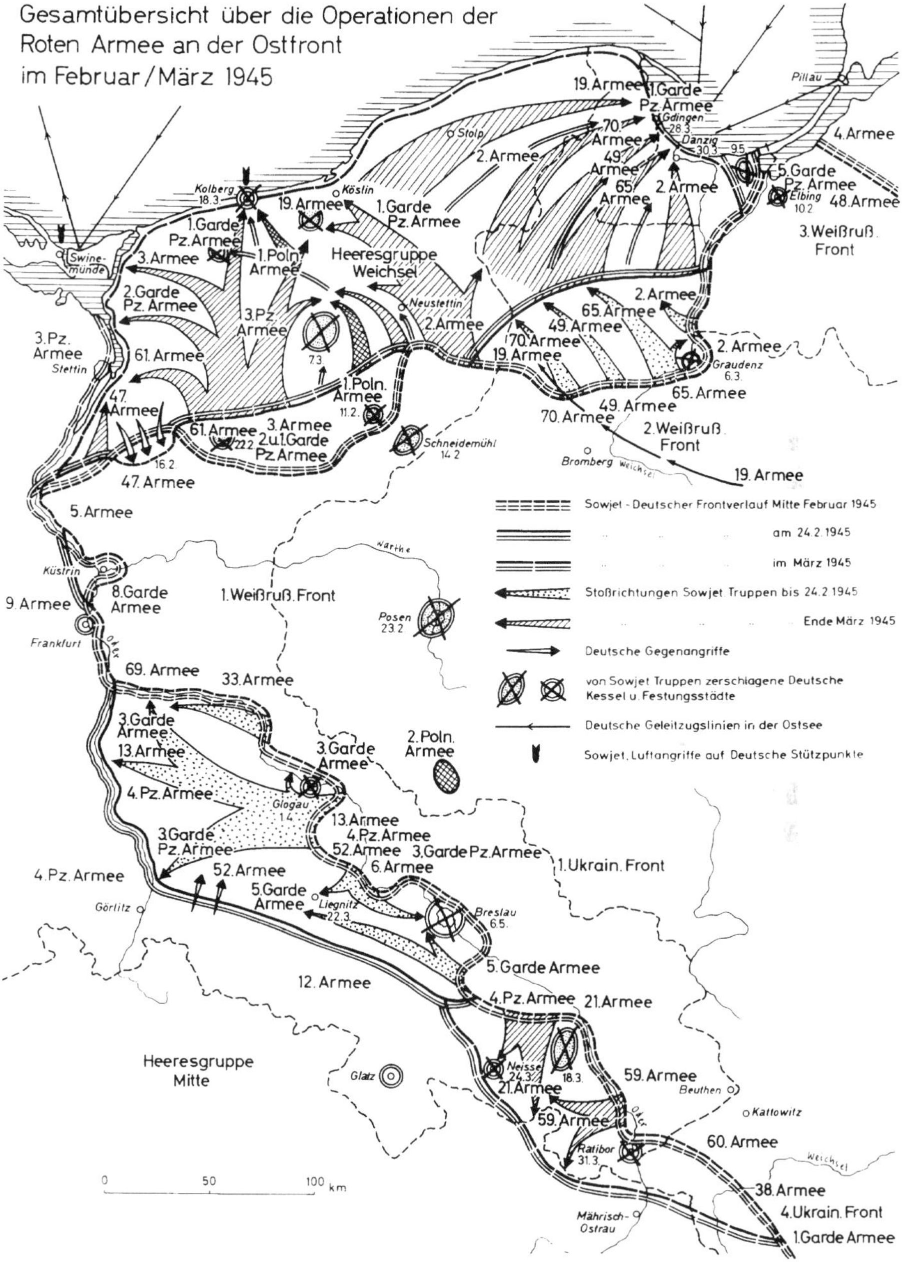

Am 14.02.1945 wurde **Oberst Fritz Fullriede** (4.1.1895 bis 13.11.1969) Festungskommandant Kolbergs (auf diesem Foto noch Hauptmann).
Fullriede standen zur Verteidigung der Stadt nur rund 3000 Soldaten aus zusammengewürfelten Verbänden zur Verfügung. In 14 Tagen konnten durch das Aushalten der Soldaten mehr als 70.000 Zivilisten gerettet werden. Auf ein Kapitulationsangebot Schukows reagierte Fullriede mit Ablehnung. Für seine Offiziere wurde beste Behandlung versprochen, die Zivilbevölkerung jedoch blieb außen vor. So sah sich Fullriede gezwungen weiterzukämpfen. Die Nachhut der Verteidiger, noch ganze 400 Mann, sicherten den Ausbruch und opferten sich für die Kameraden und Zivilisten.

KOLBERGER ZEITUNG

NACHRICHTENBLATT DER LANDESBAUERNSCHAFT, DER DEUTSCHEN ARBEITSFRONT UND DER STAATLICHEN U. STÄDTISCHEN BEHÖRDEN

PARTEIAMTLICHE ZEITUNG DER NSDAP., GAU POMMERN

Nr. 57 | Dienstag, 27. Februar | Jahrgang 194[illegible]

Zwei feindliche Brückenköpfe an der Neiße zerschlagen

Jagdkommandos stellen nördlich Neustettin eingebrochene Panzer

Die sowjetische Truppenführung hat sich auf Grund des verstärkten deutschen Widerstandes zu einem neuen Aufmarsch jenseits der Oder entschließen müssen - Verbindung zur belagerten Festung Königsberg wiederhergestellt

Eigener Bericht der pommerschen Gaupresse

Stettin, 27. Februar.

Der Feind konnte die gestern gemeldeten Einbrüche auf der Linie Neustettin—Konitz weiter ausdehnen, unsere Sicherungsstellungen auf breiter Front durchstoßen und mit vorgeprellten Panzerspitzen nördlich Neustettin Raum gewinnen.

Eigene Jagdkommandos wurden sofort gegen die Panzerrudel der Bolschewisten angesetzt, und es ist zu erwarten, daß in jüngster Zeit ausgebaute Sperrriegel den Feind an der weiteren Ausnutzung seines Einbruches hindern werden.

Jedenfalls hat sich mit diesem Stoß der Bolschewisten die Lage im östlichen Teil des Gaues Pommern verschärft, seitdem seit einiger Zeit bereits der Gegner hierhin einen Schwerpunkt verlagert hatte. Wenn ihm jetzt ein Stoß in den Raum nördlich von Neustettin gelungen ist, nachdem er am Vortag bei Preußisch-Friedland an zwei Stel-

Trotz Tod und Teufel . . .

Die Stunde ist reif

Jetzt gilt der Ruf allen Herzensstarken an der Front und in der Heimat

Von Kuno Popp

Churchill kündete seinen Briten für die Dauer des Krieges Schweiß, Blut und Tränen an. Einige meinten, das hätte man auch bei uns sagen sollen. Dabei weiß aber ein jeder, daß Schweiß, Blut und Tränen die selbstverständlichen Begleiterscheinungen eines jeden Krieges sind, worüber man gar nicht erst zu reden braucht.

Der Führer sprach bei Beginn dieses weltweiten Ringens das unvergeßliche Wort vom Kampf um Leben und Tod. In dieser Proklamation lag alles. Wer in den ersten Jahren des Kampfes an den Ernst dieser Worte nicht recht glauben wollte, wird jetzt eines besseren belehrt! Es ist daher auch der Ausdruck einer kleinen und schwächlichen Natur, in dieser harten und schweren Zeit der ungeheuerlichsten Belastungen und Prüfungen zu äußern, daß unsere letzte Stunde gekommen sei. Es kann sich dabei nur um Menschen handeln, die nie glaubensstark in unserer Weltanschauung wurzelten. Sonst müßten sie wissen, daß auch dieser Kampf um unsere Freiheit und um unser Leben natürlichen Gesetzen unterworfen ist. Die gleichen Gesetze sind es, die in der Endphase unseres Kampfes um die Macht wirksam waren. Nur die Herzstarken, die zutiefst in der Weltanschauung verwurzelten, glaubten nach der Niederlage im September 1932 felsenfest an den

Die Propaganda des NS-Staates verbreitet am 27. Februar 1945 noch Zuversicht.

Straßensperre in der Innenstadt Kolbergs Anfang März 1945.

Aufruf an die Bevölkerung Kolbergs.

Der Russe nähert sich Kolberg. Für Stadt und Umgebung Kolbergs wird der Belagerungszustand erklärt. Damit ist die alleinige Befehlsgewalt an den Feststungskommandanten übergegangen. Sabotageakte, Plünderungen oder irgendwelche Handlungen, die die Wehrmacht schwächen, werden mit sofortigem Erschießen bestraft. – Sämtliche in Kolberg befindlichen und noch nicht eingesetzten Wehrmachtsangehörigen – außer weiblichen Wehrmachtsgefolge, die keinen gültigen Ausweis der Festungskommandantur besitzen dürfen Kolberg nicht verlassen und melden sich sofort beim Standortoffizier Schillkarserne.

gez. **Fullriede**

Oberst und Festungskommandant.

Aufruf Oberst Fullriedes an die Bevölkerung Kolbergs vom 4.3.1945.

Der Befehlshaber der (polnischen) 4.Infanteriedivision, Brigadegeneral Boleslaus Kieniewicz vor dem Stadtplan Kolbergs. An seiner Seite Oberst Zukowski – Artilleriekommandeur dieser Division.

rechts: Flugblattaufruf der Polnischen Armee zur Kapitulation; unten: Soldaten der 1. Polnischen Armee werden für den Sturm auf Kolberg mit schweren Panzern der Sowjetarmee ausgestattet.

Unsere letzte Mahnung zur Vernunft

Deutsche Soldaten und Einwohner der Stadt Kolberg!

Ihr **seid** umzingelt, die Stadt und der Hafen sind eingekesselt, **jede weitere Verteidigung ist purer Unsinn!** Jeder Nachschub ist jetzt unmoeglich — dafuer **sorgt** schon unsere Artillerie und Luftwaffe!

Eure Fuehrung hat unsere Angebote zur Kapitulation abgelehnt. Wollt ihr noch sterben fuer Hitler, den das ganze deutsche Volk heute mitsamt seiner Klique verflucht? Wollt ihr nicht die Stadt, eure Frauen und Kinder vor Vernichtung bewahren?

Nur eine sofortige Uebergabe kann euch das Leben retten! Die Front ist schon weit hinter der Oder. Kuestrin ist am 13 Maerz gefallen und der Weg nach Berlin offen. **Wer noch sein Leben retten will — ergibt sich!**

Es ist unsere letzte Mahnung zur Vernunft. Im Falle der Uebergabe werden Wehrmacht und Volkssturmeinheiten als Kriegsgefangene betrachtet — **ihr Leben ist gesichert.**

Nun trifft die Wahl! Leben oder Tod! **Ihr selbst habt zu entscheiden! Hisst die weisse Flagge, streckt die Waffen, gebt euch gefangen!**

Das Oberkommando der Polnischen Wermacht

Dieses Flugblatt gilt als Passierschein.

Ta ulotka służy jako **przepustka.**

15. 3. 45.

KOLBERGER ZEI

PARTEIAMTLICHE ZEITUNG
DER NSDAP., GAU POMMERN

Nr. 60 — Freitag, 2. März

Eidliche Bekundungen deutscher Volksgenossen

Nicht Menschen, Bestien sind es!

Ungeheuerliche Sowjet-Greuel in überfallenen pommerschen Orten - Gegen diese Pest gibt es nur Kampf bis zum Letzten!

Stettin, 2. März.

Nicht Menschen sind es, die über Deutschland herfallen, sondern Bestien in Menschengestalt!

Unter Eid sagte der 20jährige Oswald Polenz aus Brederlow, Kreis Pyritz, aus, der sich vor den Sowjets versteckt halten konnte und schließlich entkam:

„Am 5. Februar 1945 kamen die ersten Russen auf das Gut Brederlow. Es waren etwa 20 Mann. Die haben drei Frauen bzw. Mädchen vergewaltigt, darunter ein Mädel, das in etwa drei Wochen ein Kind bekommen sollte. Dieses Mädel wurde von sieben Russen gebraucht. Am nächsten Tage holte ich aus Köselitz Brot. Beim Bäcker lag die Hausgehilfin erschossen im Bett. Die Bäckersfrau erzählte mir, daß ein Offizier das Mädel nachts gebraucht und morgens erschossen hätte. Auf dem Gut Brederlow erschossen die Russen einen Zivilukrainer. Am dritten Tage kamen wieder neue Russen, meistens ältere von 40 bis 45 Jahren. Am fünften Tage kam ein verwundeter Sowjetoffizier und forderte eine Frau. Als sich keine Frau fand, die sich freiwillig hingab, drohte er mit Erschießen. Er legte die Pistole auf eine Frau an und zwang sie, ihm zu Willen zu sein. — Schließlich kam ein sowjetischer Kapitän mit zwei Leutnants. Er zwang meine Braut Ursula Pahl mit vorgehaltener Pistole, sich ihm hinzugeben, während die beiden Leutnants die 14jährige Schwester Sigrid meiner Braut vergewaltigten. Die Schwester schrie, weil sie solche Schmerzen hatte. Darauf lachten die Sowjets und verschwanden. Die Schwester konnte erst am nächsten Mittag wieder aufstehen. Vorher konnte sie nicht gehen.

Von meinem Versteck aus beobachtete ich, wie deutsche Männer auf Lastkraftwagen verladen und abgefahren wurden. Auch aus Köselitz kamen Lastwagen mit deutschen Männern. Die Sowjets sagten, daß die Männer für sie arbeiten müßten. Am gleichen Tage erschossen die Sowjets die Ehefrau Voß in ihrem Zimmer. Das Haus wurde sodann angesteckt und brannte ab.

Auf meiner Flucht traf ich im Pyritzer Wald Flüchtlinge. Sie erzählten, die Sowjets hätten die Siedlung bei Pyritz angesteckt."

Der Bauer Olm aus Selchow erklärt: „Eine Woche lang waren die Sowjets in Selchow. Es war so furchtbar, daß man es nicht länger ertragen konnte. Die restlichen Bewohner hatten beschlossen, ins Wasser zu gehen oder sich aufzuhängen. Dauernd kamen einzelne Trupps Soldaten ins Haus, durchsuchten alles und nahmen immer etwas mit. Sie veranstalteten ein regelrechtes Kesseltreiben auf Frauen und Mädchen."

Das sind Auszüge aus einer Unzahl vorliegender eidlicher Bekundungen deutscher Volksgenossen aus Pommern, die den bolschewistischen Bluthorden entronnen sind. Ihre Schilderungen gehören zu den am wenigsten grauenhaften, denn die Mehrzahl der Aussagen ist von so furchtbarem Inhalt, daß man es unmöglich wiedergeben kann. Was von den Bolschewisten an viehischen Grausamkeiten, an Perversitäten, Mordtaten und Zerstörungen vollbracht wird, ist fast unvorstellbar!

Es gibt nur eines: kämpfen, sich zur Wehr setzen und zurückschlagen, um diesen mongolischen Horden jeden Meter Boden streitig zu machen — und koste der Kampf uns noch so große Opfer! Dann nur, wenn es uns gelingt, die Pestflut aufzuhalten, schützen wir Frauen, Kinder, Habe und Heimat. Lieber tot als in die Hände dieses Gesindels fallen — vorher aber soll auch der Feind es mit seinem Blut bezahlen!

Unser Schwur aber: wir werden nicht ruhen und rasten, und nichts soll uns zuviel sein, bis die Heimat wieder frei ist!

An der Ihna in

Örtliche nördlic

Starke deutsche Gege
Bolschewisten bestrebt

Stettl

In dem feindlichen Einbruchsra
Bublitz und Rummelsburg sind stärk
Gegenbewegungen im Gange, währenc
mit ihren Panzer-, Kavallerie- und
bänden im Angriff stehen, um die Be
Flanken durch eine nach den Seiten
Operation auszuschalten. Die deutsch
südlich Bublitz und südostwärts Rumm
dem heftigen feindlichen Druck jedoc
fügig nach.

Gleichzeitig haben die Bolschewist
örtliche Offensive auf pommerschem
nen: nördlich Arnswalde dran
zern unterstützte Angriffsgruppen an n
len vor und konnten das Nordufer d
reichen. Hier blieben sie aber in uns
feuer liegen.

Eine weitere feindliche Offensive
preußen im Gange: hier trat der Fe
aus starken Kräften an, um die deut
lung endgültig zu zertrümmern. Aber
wurde er unter schweren blutigen V
schen Braunsberg und Kreuzb
sen. Geringfügige Einbrüche wurden in
beseitigt oder eingeengt oder feindlic
geschnitten und vernichtet. Die Sowjet
blutige Verluste. 48 ihrer Panzer wu
Kreuzburg vernichtet, weitere 40 zw
und Braunsberg.

Königsberg, Festung der Waf Herzen

Aus der Festung Königsberg melde
berichter Oberleutnant Heysing:

„Niemand denkt an Weichwerden
Kolberg-Stimmung. In dem befreiten G
land haben die Sowjets unvorstellbar
übt. Die Grenadiere gehen an den Le
schändeten und gemarterten Frauen
ziehen dann in den Kampf. Jetzt gib
barmen mehr. Es gibt bei allen n
danken: blutige Rache."

Den Geist der Soldaten und de
von Königsberg vereint gibt ein Auf

Die Westfront biegt sich, aber sie hält

Der Feind wirft alles in den Kampf – Die Materialschlacht hat bisher nicht erlebte Ausmaße angenommen – Der Erft-Abschnitt erreicht

Kolberger Zeitung am 2. März 1945.

Auch Hitlerjugend – das obige Foto zeigt Hitlerjungen aus Schlawe – und ältere Männer wurden zur Verteidigung Kolbergs im Volkssturm eingesetzt, kämpften tapfer und entrichteten einen hohen Blutzoll.

Auf ihre Einschiffung wartende Zivilisten am Hafen.

Flüchtlinge gehen an Bord eines Schleppers. (Foto: Dr. Otto Marquard).

Straßensperre in der Littystraße.

Granateinschlag vor Waggons der Reichsbahn – Kampf um den Kolberger Bahnhof.

Zerstörer „Z 34“.

Küstenbeschießung mit der Doppel-Lafette des Zerstörers „Z 34“: Ohne Unterstützung durch die Schiffsartillerie wäre die erfolgreiche Verteidigung Kolbergs und die Rettung der vielen Zivilisten und Soldaten nicht möglich gewesen.

Zerstörtes, ausgebranntes Strandschloß.

Fort Münde nach der Einnahme der Stadt.

Häuserblocks in der zerstörten Neustadt.

Die südöstliche Marktseite mit Polizeiwache und der Hofapotheke.

Granattreffer in der Viktoriastr. 18. (Foto: Marquard).

Der Laubengang am Frühkonzertplatz.

Trümmer am Hafen.

Die Bahnstraße.

Zerstörtes Heimatmuseum mit Resten des Schwibbogentores.

Ein Kutter vor der leeren Mole des Kolberger Hafens.

Das Schutzboot „Gneisenau“ des Oberfischereimeisters, mit dem mehrere Rettungseinsätze gefahren wurden.

Brand nach einem Granateinschlag am Lokschuppen.

Eine Panzersperre aus Baumstämmen am Stadtrand.

Zerstörte Häuser am Kaiserplatz.

Blick auf die zerstörte Schmiedestraße und das beschädigte Lyzeum.

Zerstörte Kirchen Kolbergs – links Georgenkirche, rechts St. Nikolai.

Flüchtlingswagen am Hafenbauamt. (Foto: Marquard)

Gepäck am Hafen. (Foto: Marquard).

Die wertvolle Habe muß zurückgelassen werden. (Foto: Marquard).

Zerstörte Fischerhäuser in der Huke. (Foto: Marquard).

oben: Badeviertel im Winter 1956
rechts: zerstörte Villa auf der Münde.

Der zerstörte Dom.

Beschädigtes Rathaus und dahinter der Domturm.

Der von Artillerietreffern beschädigte Lotsenturm. (Foto: Marquard).

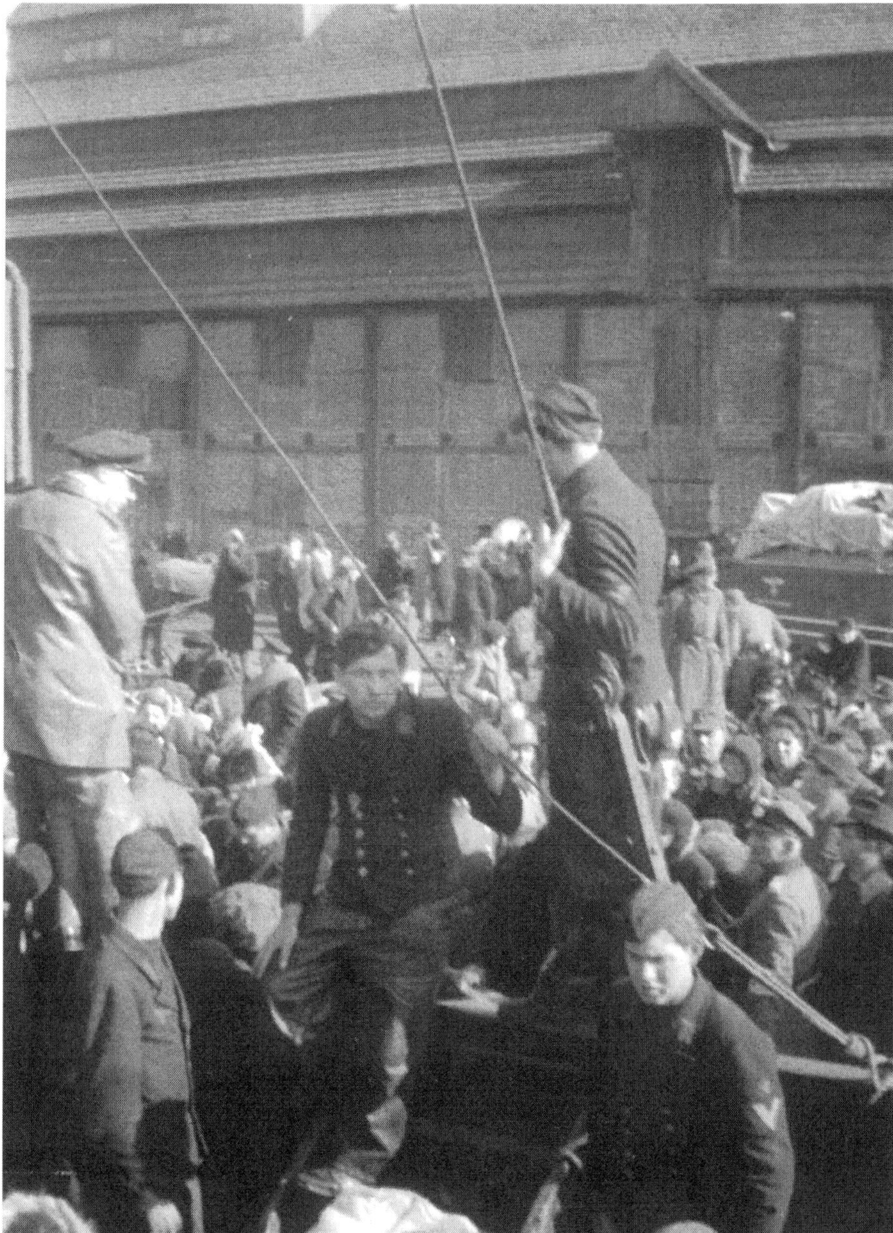

Gedränge beim Anbordgehen.

Wartende Flüchtlinge am Kai. (Foto: Räder).

Die letzten Verteidiger des Stützpunktes „Waldenfelsschanze“ halten sich hier im Morgengrauen des 18. März auf dem Molenkopf für die Einschiffung bereit. Es ist lebensgefährlich, denn der Feind hat Einsicht vom Maikuhlenufer aus.

In letzter Stunde verlassen die Verteidiger Kolbergs auf kleinen Schiffen den Hafen.

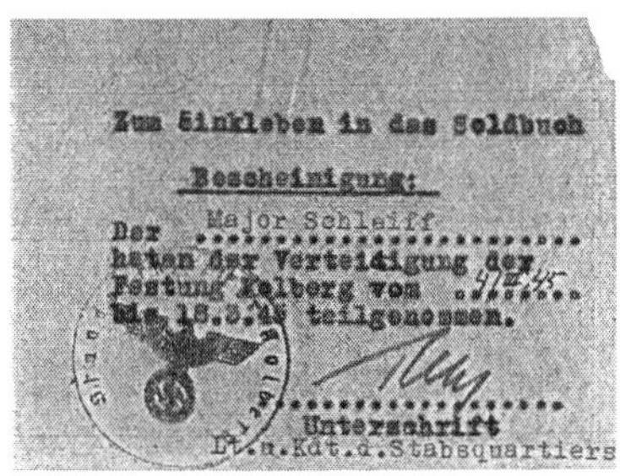

Zum Einkleben in das Soldbuch

Bescheinigung:

Der Major Schleiff

hat an der Verteidigung der Festung Kolberg vom 9.III.45 bis 18.3.45 teilgenommen.

Unterschrift

Lt.u.Kdt.d.Stabsquartiers

Bescheinigung über die Teilnahme an den aufopferungsvollen Kämpfen zur Verteidigung Kolbergs. Viele Kolberger verdanken diesen Soldaten ihr Leben.

Festmachen in Swinemünde am 18. März 1945, 12.40 Uhr: der Zerstörer „Z 34“ mit den in letzter Minute geretteten Verteidigern Kolbergs.

Am Tag danach: polnische Soldaten in der Persantenstraße.

Bahnbetrieb und Lokschuppen, patrouillierende polnische Soldaten.

oben: Fort Münde nach der Einnahme der Stadt durch russische und polnische Einheiten.

...TEIAMTLICHE ZEITUNG DER NSDAP., GAU POMMERN

Montag, 19. März 1945 Nr. 256

... gewaltigen Trommelfeuers steht der ...

...r den Oderüber...

...rte der Sowjetdurc...

...sie der Bolschewisten: bereits über 150 Kampfwagen abg...
... übermenschliche Leistungen in der Abwehr des über...
...rschlesischen Raum: in der Tiefe des Kampffeldes der F...

Die Partei sorgte bis zum Letzten für die Bevölkerung

Tausende von Frauen und Kindern aus Kolberg in Sicherheit gebracht

Kriegs- und Handelsschiffe transportierten trotz des feindlichen Feuers etwa 60 000 Menschen ab - Heldenmütiger Widerstand

Eigener Bericht der „Pommerschen Zeitung"

Stettin, 19. März

Die Verteidigung Kolbergs ist noch nicht abgeschlossen: die Besatzung erwehrt sich, wie das OKW. gestern bekanntgab, in heldenhaftem Kampf weiter der feindlichen Übermacht, wirksam durch Einheiten der Kriegsmarine unterstützt.

... zusammengedrängt sind, ist schmal geworden: er umfaßt im wesentlichen den Hafen und eine davorgelegte Linie, unter deren Schutz es gelungen ist, die Zivilbevölkerung über See in Sicherheit zu bringen.

Während in beispielhaftem Einsatz Soldaten und Volkssturmmänner sich mit dem Feind herumschlugen, ihm jedes Haus und jeden Stein fast streitig machten und ihm blutigste Opfer abforderten, setzte sich die Partei — an ihrer Spitze Kreisleiter Gerriets — unermüdlich für die Bevölkerung ein, die in den letzten Wochen durch zahlreiche Flüchtlinge aus Pommern selbst und aus West- und Ostpreußen vermehrt worden war.

So ist es gelungen, etwa 60 000 Frauen und Kinder trotz des feindlichen Feuers und der pausenlosen bolschewistischen Angriffe sicher abzutransportieren. Kriegs- und Handelsschiffe waren für diese Transportleistung aufgeboten. Zerstörer, schwere Artillerieträger, Unterseebootjäger und Marinekampffähren nahmen beim Anlaufen des Hafens zunächst die gegen die Stadt anrennenden Bolschewisten unter Feuer, um darauf Munition und Kräfte eines Marine-Alarm-Bataillons zu landen und anschließend jeden freien Raum auf den Schiffen für die Flüchtlinge freizumachen. Im Schutz der Waffen wurden sie aus dem Hafen auf See und von dort in deutsches Gebiet gebracht. Im Gefolge dieser Einheiten der Kriegsmarine fuhren kleine Frachter sowie Fischerboote, die sich an dem Abtransport hervorragend beteiligten. — Beispielhaft ist die Haltung der Besatzung eines ... Frauen und Kinder an Bord und brachte sie in schwerem Beschuß sicher aus dem Hafen.

Auch Verbände der Luftwaffe beteiligten sich an dem Abtransport noch zu einem Zeitpunkt, zu dem der Hafen nicht mehr benutzbar war, um Frauen und Kinder herauszuschaffen: über 4 000 Menschen wurden nun noch mit Flugzeugen weggeschafft.

So wie bei Kolberg greifen deutsche Seestreitkräfte in die Landkämpfe an der Ostsee fast täglich ein. Schon die leichten Seestreitkräfte verfügen mit ihren 10-, 12- und 14-cm-Geschützen über beachtliche Kaliber. Aber es sind auch schwere Kreuzer wie „Prinz Eugen" und „Admiral Hipper", die früheren Panzerschiffe „Lützow" und „Admiral Scheer" und als Schulschiffe dienende alte Linienschiffe mit Kalibern von 28,3 und 28 cm vertreten, deren Granaten eine gewaltige Sprengladung enthalten. So hat die „Schlesien" beispielsweise an einem Tag vor Danzig 800 Granaten von je 300 Kilogramm Gewicht abgefeuert. Ebenso greifen die Schiffe vom Frischen Haff aus in den Kampfraum von Königsberg ein. Sie waren im Norden der westpreußischen Küste eingesetzt, während Artillerieträger an der Odermündung und bei Kolberg in erster Linie die oben genannten leichten Streitkräfte zur Feindbekämpfung verwandt wurden.

rechts: Meldung der parteiamtlichen Zeitung der NSDAP, Gau Pommern vom 19.3.1945.

Polnische Soldaten vor der zerstörten Georgenkirche.

Das brennende Kolberg am Morgen des 18. März 1945 vom Molenkopf aus gesehen.

Am 18. März tauchten polnische Soldaten ihre Truppenfahnen mit reichlich theatralischer Gebärde in die Wogen der Ostsee – ein Zeichen ihrer Besitzergreifung.

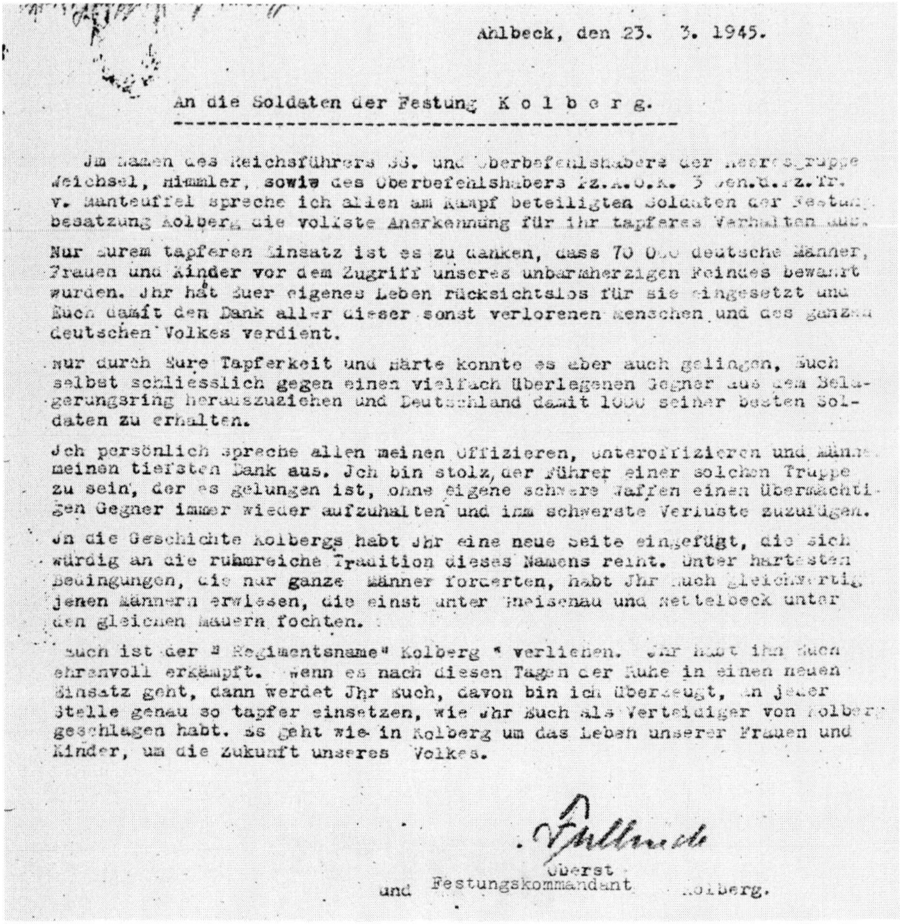

Ahlbeck, den 23. 3. 1945.

An die Soldaten der Festung K o l b e r g.

Jm Namen des Reichsführers SS. und Oberbefehlshabers der Heeresgruppe Weichsel, Himmler, sowie des Oberbefehlshabers Pz.A.O.K. 3 Gen.d.Pz.Tr. v. Manteuffel spreche ich allen am Kampf beteiligten Soldaten der Festungbesatzung Kolberg die vollste Anerkennung für ihr tapferes Verhalten aus.

Nur Eurem tapferen Einsatz ist es zu danken, dass 70 000 deutsche Männer, Frauen und Kinder vor dem Zugriff unseres unbarmherzigen Feindes bewahrt wurden. Jhr habt Euer eigenes Leben rücksichtslos für sie eingesetzt und Euch damit den Dank aller dieser sonst verlorenen Menschen und des ganzen deutschen Volkes verdient.

Nur durch Eure Tapferkeit und Härte konnte es aber auch gelingen, Euch selbst schliesslich gegen einen vielfach überlegenen Gegner aus dem Belagerungsring herauszuziehen und Deutschland damit 1000 seiner besten Soldaten zu erhalten.

Jch persönlich spreche allen meinen Offizieren, Unteroffizieren und Männern meinen tiefsten Dank aus. Jch bin stolz, der Führer einer solchen Truppe zu sein, der es gelungen ist, ohne eigene schwere Waffen einen übermächtigen Gegner immer wieder aufzuhalten und ihm schwerste Verluste zuzufügen.

Jn die Geschichte Kolbergs habt Jhr eine neue Seite eingefügt, die sich würdig an die ruhmreiche Tradition dieses Namens reiht. Unter härtesten Bedingungen, die nur ganze Männer forderten, habt Jhr Euch gleichwertig jenen Männern erwiesen, die einst unter Gneisenau und Nettelbeck unter den gleichen Mauern fochten.

Euch ist der " Regimentsname" Kolberg " verliehen. Jhr habt ihn Euch ehrenvoll erkämpft. Wenn es nach diesen Tagen der Ruhe in einen neuen Einsatz geht, dann werdet Jhr Euch, davon bin ich überzeugt, an jeder Stelle genau so tapfer einsetzen, wie Jhr Euch als Verteidiger von Kolberg geschlagen habt. Es geht wie in Kolberg um das Leben unserer Frauen und Kinder, um die Zukunft unseres Volkes.

Fullriede

Oberst
und Festungskommandant Kolberg.

Die Danksagung Oberst Fullriedes an seine tapferen Soldaten, datiert vom 23.3.1945.

Der Kommandant hatte seinen Gefechtsstand nach dem Luftwaffen-Bauamt (Seestraße) verlegt. Die Seestraße selbst glich schon einer Kraterlandschaft. Noch stand der Baltenhof inmitten der abgebrannten Fachwerkhäuser der Bahnstraße und der Dietrich-Promenade[31)].

Gfr. Toews suchte vergeblich in allen Lazaretten, zuletzt im Keller des Strandschlosses, in dem sich der Hauptverbandsplatz befand, nach Lt. Troche, um ihm sein Gepäck zu bringen. Im Keller des Strandschlosses waren zahlreiche Schwerverwundete untergebracht worden, die eben aus der Kampfzone getragen waren[31)].

Im Osten gelang dem Gegner ein tiefer Einbruch, er konnte sich in der Nacht zum 13.3. in den Besitz der Gasanstalt und des Lok.-Schuppens setzen. Der angesetzte Gegenangriff, der mit Unterstützung von zwei Panzern vorgetragen wurde, konnte diesen Einbruch nur abriegeln, jedoch nicht beseitigen[5)]. Um den Gegner an einer weiteren Entfaltung zu hindern, wurden die beiden Schornsteine auf dem Gelände des Lok.-Schuppens, in denen der Feind noch am gleichen Tage seine B.-Stelle eingerichtet hatte, durch eigene Flak umgelegt. Ein stürzender Schornstein begrub dabei die M.G.-Stellung des M.G.-Btl. 91, durch deren Ausfall es dem Feinde ermöglicht wurde, auf die hinter dem Lok.-Schuppen liegende Fabrik der Firma W. Anhalt vorzustoßen. Die weitere Verteidigung wurde durch den überaus hohen Grundwasserstand erschwert[33)].

Das I./F.A.R. hatte seine alte Stellung (Waldenfelskaserne, Kasino und Salinenmoor) in der Nacht geräumt und die rasch ausgebaute neue Stellung reibungslos besetzt[22)]. Der Gef.-Stab des I. Btl. war verhältnismäßig klein, da es infolge der unvollständigen Neuaufstellung noch keine Nachrichtenstaffel hatte[22)].

Das II. Btl. hatte einen Abschnitt in südwestlicher Richtung jenseits der Bahnlinie nach Belgard besetzt[22)].

Oblt. Erdmann war gegen 7.30 Uhr auf seinem neuen Gef.-Stand in der Waldenfelsschanze eingetroffen. Auf dem Hof des Restaurants standen noch einige Flüchtlingsfahrzeuge. Kaum hatte der Kompanieführer den ersten Eindruck von der neuen Umgebung gewonnen, als bereits schweres Artillerie- und Granatwerferfeuer einsetzte; einige Einschläge lagen in Hof und Garten zwischen den Fahrzeugen und töteten und verwundeten die Pferde. Aus der Stärke des Feuers war zu schließen, daß ein russischer Angriff bevorstand. Ein Melder, der Verbindung zum 3. Zug aufnehmen sollte, wurde schwerverwundet zurückgebracht. Bald kamen weitere Verwundete[22)]. Die Artilleristen des seit dem 12.3. hier stehenden Geschützes lagen gerade in der Küche des Restaurants, um sich auszuruhen, als der Ruf ertönte: „Der Russe ist durchgebrochen!" Infanteristen kamen völlig verstörte aus der neuen Stellung zurück und waren auch nicht durch das Rufen der Artilleristen aufzuhalten. Wm. Hermann fuhr daraufhin mit einem Begleitmann das Geschütz auf die Straße, wo er es ohne jede Deckung in Stellung brachte, nur von dem Gedanken beseelt, den Russen auf jeden Fall aufzuhalten und eine neue Linie aufzubauen. Das Vorhaben gelang. Das Geschütz schoß ein feindliches Infanterie-Bataillon zusammen. Nach zweistündigem Dauerfeuer kamen die ersten Infanteristen nach vorn: die neue H.K.L. wurde errichtet. Wm. Hermann wurde zweimal leicht verwundet. Es ging bei der Bedienung des Geschützes wie auf dem Exerzierplatz zu. Der Russe versuchte immer wieder, bei dem Geschütz durchzubrechen. Die Artilleristen hielten jedoch stand, so daß sie von den Russen den Namen „die rote SS" erhielten[32)].

Die bei dem Durchbruch der Russen durch die neue Stellung zurückgefluteten Infanteristen berichteten dem Kompanieführer, die Züge der 1. Kp. hätten sich an den Rand des Wolfsbergparks zurückgezogen. Oblt. Erdmann begab sich zur Erkundung mit einigen Meldern nach vorn. Am Strande traf er Soldaten des 4. und 5. Zuges, die sich über die neue Lage im unklaren waren; sie waren in der verkürzten Stellung von rückwärts her angegriffen worden, glaubten sich umgangen und hatten sich zum Strande zurückgezogen. Der Kompanieführer ließ den Nordostrand des

Wolfsbergparks besetzen und gab einer Gruppe den Auftrag, nach rechts Verbindung aufzunehmen, wo sich der 2. und 3. Zug befinden mußten. In den Gärten der etwa 2-300 m entfernten Häuser sah man bei dem hellen Sonnenwetter Russen umherlaufen; am Strande und zwischen den Strandhäusern war demnach die neue Stellung bereits in feindlicher Hand. Bei der Rückkehr zum Gef.-Stand meldete sich ein Leutnant, ein vorgeschobener Beobachter der Flak-Batterie, die sich auf die neuen Feindstellungen einschießen sollte. Einige Funker und ein Unteroffizier sollten die B.-Stelle der Flak besetzen. Mit diesem Trupp ging Oblt. Erdmann nach vorn, um durch den Wolfsbergpark an den Südostrand zum 2. und 3. Zug zu kommen. Auf einer Lichtung bemerkte der Trupp einige Gestalten im Stahlhelm, die ihm auf seinen Anruf hin zuwinkten; kurz darauf erhielt der Trupp Feuer aus Maschinen-Pistolen. Es waren also dort, wo der 2. und 3. Zug stehen sollten, auch schon die Russen. Da die Russen nun mitten im Gehölz saßen, schlug sich Oblt. Erdmann mit seinem Trupp zu den Leuten seines 4. und 5. Zuges durch und gab Stfw. Jaursch den Befehl, mit beiden Zügen zur Waldenfelsschanze zu eilen, um am Nordostrande des Wolfsberges nicht vom Russen abgeschnitten zu werden. Der Stfw. erhielt den Befehl, an der Waldenfelsschanze eine Riegelstellung vom Strande bis zur Böschung am Nordrand der Rennbahn zu besetzen und sie auf jeden Fall zu halten[22)].

Inzwischen hatte Hptm. Gruber mit dem 1. Zug an der Waldenfelsschanze bereits eine Auffangstellung errichtet. Hier und an der Rennbahn standen zwei leichte (2 cm) Flak, die das Rückgrat bei der Abwehr der russischen Angriffe bildeten und geradezu hervorragend schossen. Der 5. Zug übernahm nun die Sicherung der Schanze und des Gef.-Standes. Der 4. Zug wurde rechts neben dem 1. Zug am Rande der Böschung der Rennbahn in Richtung auf die große Holztribüne eingesetzt. Weiter nach rechts zum Ausbesserungswerk der Reichsbahn bestand noch keine Verbindung, doch sollte dort die 2. Kp. sein[22)].

Gegen Mittag setzte wieder sehr starkes Feuer aller Kaliber ein. Der Russe griff danach erneut in hellen Haufen an, aber diesmal hielt die Linie der 1. Kp. stand. Mit Flak- und M.G.-Feuer wurde der Angriff zum Stehen gebracht, und der Gegner ging bis an den Ostrand der Rennbahn zurück, wo er sich einzugraben schien. Die Verluste der Kompanie waren erheblich: Stfw. Jaursch war durch Granatsplitter gefallen, und zahlreiche Schwer- und Leichtverwundete lagen in der Kasematte der Waldenfelsschanze, wo der San.-Uffz. und seine beiden Helfer alle Hände voll zu tun hatten; der Abtransport konnte erst bei Einbrechen der Dunkelheit erfolgen, da der Weg zum Hauptverbandsplatz ständig unter Artillerie-Beschuß lag[22)].

Unter den Verwundeten waren auch einige Soldaten des 2. und 3. Zuges, von denen Oblt. Erdmann Einzelheiten über die Ereignisse des Morgens erfuhr. Der Feind war nach starkem Beschuß, bei dem es schon eine Reihe von Ausfällen gegeben hatte, durch die Waldenfelskaserne vorgestoßen und in Deckung des Kasinos über die Eisenbahnstrecke Kolberg-Köslin in die Stellung eingedrungen. Ein Teil des 2. und 3. Zuges war gefangengenommen worden, nachdem die Verteidiger große Verluste erlitten hatten; der Rest war eilends an den Südrand des Wolfsbergparks zurückgegangen, wo einzelne Soldaten sich dem 1. und 4. Zug anschlossen, während der Feind weiter nachdrängte[22)].

Oblt. Erdmann ging mit seinem Melder Theike den Rest des 2. und 3. Zuges suchen und wollte außerdem versuchen, zur 2. Kompanie Verbindung herzustellen. In einer Bodenmulde im Walde an der Strandpromenade fand er dann 15-20 Mann, dabei einige Gruppenführer, die ratlos waren und glaubten, der Russe sei schon bis zum Hafen vorgestoßen. Der Kompanieführer unterstellte sie dem Zugführer Fw. Hörnlein als neuen 3. Zug, mit dem er die Flanke des 4. Zuges über die Tribüne der Rennbahn hinaus verlängerte[22)].

Durch einen Spähtrupp hatte Oblt. Erdmann bald Verbindung mit der 2. Kp. Zwischen ihrem linken und rechten Flügel klaffte eine Lücke von etwa 400-500 m. In diese wurden im Laufe der Nacht zum 14.3. die Reste einer Pionier-Kompanie, etwa 25 Mann unter Führung eines Ofw., und die Reste einer Luftwaffen-Kompanie, etwa 50 Mann Bodenpersonal vom Fliegerhorst Bodenhagen unter Führung eines alten Majors, eingeschoben und beide Kompanien dem I. Btl. unterstellt[22)].

Der 13.3. war ein schwarzer Tag für I./F.A.R. Die Stellung war mittags etwa 1 km nach Westen zurückgenommen worden und verlief jetzt von der Waldenfelsschanze über den Nord- und oberen Westrand der Rennbahn in südwestlicher Richtung über die Bahngeleise bis zum Preußenplatz. Diese Stellung hielt das Bataillon vom 13.3. mittags bis zum 17.3. um 22 Uhr. Zum I. Btl. gehörten jetzt: die 1. und 2. Kp., Reste von zwei Pionier-Kompanien, Reste der M.G.-Kp. 92, eine Luftwaffen-Kompanie und ein Zug leichter Flak (3 Geschütze)[22)].

Nach Einbruch der Dunkelheit ging Oblt. Erdmann mit dem Btl.-Führer, Hauptmann Gruber, durch die neue Stellung des Bataillons. Die Gruppen und Züge wurden geordnet. Die Gefechtsstärke der 1. Kp. hatte sich am 13.3. von etwa 180 Mann durch Ausfälle an Gefallenen, Verwundeten und Vermißten auf etwa 100 Mann verringert. Eingreifreserven standen nicht mehr zur Verfügung; nur der Btl.-Stab und die Kp.-Melder konnten noch zum Gegenstoß eingesetzt werden[22)].

Das II./F.A.R. stand seit dem 13.3. mittags am Südrand des Preußenplatzes[22)].

Trotz stärksten Materialeinsatzes war es dem Russen nicht gelungen, die 1. und 2. Kp. des F.A.R. von Kolberg abzuschneiden und zur See durchzustoßen[22)].

Deutsche Schiffsartillerie hatte während des ganzen Tages das überaus starke Feuer der russischen Artillerie, Werfer und Stalinorgeln, das überall auf der Stadt lag, erwidert[16)]. Zwei Kreuzer*

* Es gab keinen Einsatz von deutschen Kreuzern vor Kolberg, es muß Zerstörer heißen.

unterstützten die Verteidigung der Stadt. Bei Beobachtung des Artillerie-Duells wurde festgestellt, daß der Russe viel zu kurz schoß[104)].

Schweres Feuer lag auf dem Hafengelände. Tausende von Zivilisten standen hier dichtgedrängt, meist alte Leute, Frauen und Kinder. Die verzweifelten Menschen harrten aus, obwohl der Russe mit allen Kalibern seiner Artillerie, Granatwerfer und Panzerkanonen bereits in die Nähe schoß. Er stand im Westen schon in der Maikuhle. Auch aus Richtung Waldenfelsschanze wurde der Strand mit Pak bestrichen. Verschiedene kleine Schiffe liefen am Morgen des 13.3. den Hafen an. Auf diesen Kleinfahrzeugen wurden die Flüchtlinge zu einem großen Dampfer gebracht, der in sicherem Abstand von der Küste auf sie wartete[81)]. Zuletzt lief noch ein kleiner Frachter in den Hafen ein, der im Höchstfalle 500 Menschen fassen konnte; aber 8-10000 standen am Hafen, und jeder wollte aus der Hölle heraus, alle Vernunft war dahin, die von hinten Drängenden stießen die Vornstehenden ins Wasser, Hilfeschreie gellten, um die sich niemand kümmerte, – es gab keine Rücksicht mehr. Im Nu war das Schiff besetzt. Tausende enttäuschter, verzweifelter Menschen blieben zurück[31)].

Seit dem 13.3. griffen russische Flieger die Flüchtlingstransporte auch auf See an. Die Einheiten der Kriegsmarine, die auf Kolberger Reede lagen, ließen die russischen Flugzeuge aber nicht an die Angriffsobjekte heran. Die Flieger schütteten dann ihre Bombenlast zum kleinen Teil ins Meer; den größeren Teil luden sie über der Maikuhle in Richtung Hafen ab[119)].

Mittwoch, 14. 3.1945

Am 14.3. (Mittwoch) fand um 1 Uhr beim Festungs-Kommandanten eine Sonderbesprechung über die Lage statt. Das gesamte Hafengebiet wurde K.Kpt. Prien unterstellt[16)]. Er erhielt außerdem den Auftrag, das Gesamtgebiet westlich der Persante zu überwachen und zu sichern; denn der Hafen mußte unter allen Umständen für weitere Abtransporte freigehalten werden. Zu diesem Zwecke war ein weitgespannter Sperriegel durch die M.-Kp. Baumstark und die M.-Kp. Hildebrand von der Redoute Schill zum Fischerei-Bootshafen im Bogen durch die Maikuhle bis zum Westrand aufzubauen; die davor liegende Linie des Volkssturms sollte schärfstens überwacht werden. Die bisherige M.-Stellung Baumstark und Hildebrand wurde dann vom ganzen Btl. Hempel übernommen. Auf Befehl des Festungs-Kommandanten war die H.K.L. am 14.3. planmäßig an die Stettiner Straße zurückverlegt worden, da die Stellung des Bataillons Hempel in einem weit nach Süden vorspringenden Bogen aus der H.K.L. herausragte. Zur selben Zeit räumte das Btl. Hempel auf Befehl auch die westliche Straßenseite der Treptower Straße, da der Russe bereits bis zur Ecke Camminer Straße/Treptower Straße vorgedrungen war[12)]. Die Stellung von M.-Lt. Scheuch am Städt. Schlachthaus wurde zunächst beibehalten[16)].

Die Marine besetzte den Sperriegel ohne Störung durch den Feind und baute die Stellung aus. Der Abschnitts-Gef.-Stand „Indigo" wurde vom Offz.-Heim (Inf.-Kasino) in der Wilhelmstraße nach dem Brandenburgischen Seehospiz am Westhafen verlegt, ebenso die Truppenküche der Marine. K. Kpt. Prien stellte im Hotel Hohenzollern eine untätige Kompanie mit 40 Mann fest, die er sogleich in den Sperriegel aufnahm[16)].

Ab 8 Uhr lag der Sperriegel unter Beschuß. Am Nachmittag setzte der Russe hier auch Stalinorgeln ein[16)].

Der Gef.-Stand des Hafen-Kommandanten, Fregatten-Kapitän Kolbe, befand sich anfangs in der Stadt und wurde später, mit einem Marine-Offizier besetzt, in den Leuchtturm am Hafen verlegt, wo er sich bis zur Sprengung des Turms am 12. oder 13.3. befand. Kolbe selbst begab sich am 15.3. an Bord des Zerstörers „Z 34"[12)].

Im Morgengrauen des 14.3. hatte an der gesamten Front bei außergewöhnlich starkem Artillerie-, Panzer-, Pak-, Salvengeschütz- und Granatwerfer-Feuer ein neuer konzentrischer Großangriff eingesetzt. Er führte zu tiefen Einbrüchen in der Maikuhle, in die Kasernen der Gelder Vorstadt, aus der Lauenburger Vorstadt in das Stadtinnere und beim Gleisdreieck, die nur mit Mühe abgeriegelt werden konnten. Der Volkssturm hatte sehr schwere Verluste. Die Infanterie-Kaserne (Jägerkaserne) in der Stettiner Straße fiel in russische Hand. Ein weiteres Einsickern des Feindes in die eigenen Linien konnte wegen hoher eigener Verluste nicht verhindert werden. Gegen 14 Uhr war der Druck des Gegners aufgefangen und die eigene Front, wenn auch oft nur stützpunktartig und zunächst noch unübersichtlich, wieder hergestellt[5)]. Der Russe stand nun an der Ecke Parkstraße/Ziegelschanze (an der Privatklinik Dr. Schaal, Parkstr. 27) und konnte die Parkstraße unter Feuer halten[123)].

Die Kampfgruppe aus der Kummertstraße/Ecke Börsenstraße bezog in den ersten Morgenstunden des 14.3. eine neue Stellung auf dem Preußenplatz. Der zuständige Offizier verabschiedete sich von den im Hause Börsenstraße 28 zurückgebliebenen Zivilisten. Bald nach dem Abzug der Gruppe begaben sich zwei Frauen noch einmal in den Keller Kummertstr. 4, in dem die Soldaten gelegen hatten, um nach deren Anweisung die dort zurückgelassenen Lebensmittel zu holen. Zu ihrem Entsetzen begegneten ihnen hier plötzlich einige Soldaten in fremder Uniform, und sie glaubten schon Russen vor sich zu haben, als die fremden Soldaten sie beruhigten: „Fürchten Sie sich nicht vor uns! Wir sind Franzosen und wollen Ihnen helfen." Sie faßten in den nach dem Hofe zu gelegenen Zimmern des Hauses Kummertstr. 4 Posten. Einer oder zwei von ihnen fielen in dem bald folgenden Kampfe[104)]. An diesem Vormittag drang sehr lebhaftes M.G.-Feuer zu den Flüchtlingen im Haus Börsenstr. 28 herüber, auch einzelne Gewehrschüsse. Immer lauter und heftiger wurde das Feuer der vorgehenden sowjetischen Infanterie, die am Steintorplatz oder auch schon an der Ecke Börsenstraße (Kfm. Ludwig) sein mochte; denn deutlich waren russische Kommandorufe zu hören. Bald waren die

Russen vor dem Nitschke'schen Hause (Börsenstr.28), das einen breiten Durchgang hatte, der von der Börsenstraße zum Hofe des Eckhauses Kummertstr. 4 führte; im Hintergrund hatten die französischen Soldaten in einigen Fensternischen jenes Hauses ihre Stellung. Eine heftige Schießerei setzte ein, die nach 5-10 Minuten abbrach. Die Flüchtlinge befanden sich im Wohnzimmer des Kellergeschosses. Plötzlich öffnete sich die Tür, und mit vorgehaltenem Bajonett riefen die in der Tür stehenbleibenden Russen: „Germanski? Deutsche Soldaten hier?" „Nein!" Sie wiederholten ihre Frage. Die Flüchtlinge verneinten wieder und setzten erklärend hinzu: „Deutsche Soldaten waren hier, sie sind aber alle heute morgen schon fortgegangen." Daraufhin traten die Soldaten hastig ins Zimmer, forderten: „Uhre! Uhre!", rissen dem alten Oberschullehrer Hannemann die Uhr mit Kette aus der Westentasche, fragten nach Ringen und anderem Schmuck, zeigten aber im Vergleich zu den späteren noch eine anerkennenswerte Mäßigung und durchsuchten danach die Zimmer nach etwa versteckten deutschen Soldaten[104)]. Als sie sich von ihrer Sicherheit überzeugt hatten, wurden sie etwas zugänglicher. Der Offizier war ein Russe, die Mannschaft aber bestand hauptsächlich aus Polen. Der Offizier konnte einigermaßen deutsch sprechen und verlangte für sich und seine Leute Essen, worauf die Frauen ihnen Brot, Käse und Wurst vorsetzten, auch einen Rest Wein, den die deutschen Soldaten ihnen gebracht hatten. Darauf wurde der Offz. ganz redselig, kam auch auf Hitler zu sprechen, der durch seinen Größenwahn das ganze deutsche Volk ins Unglück gestürzt hätte, bedankte sich für die Bewirtung und versicherte, kein russischer Soldat werde die zurückgebliebenen Bewohner belästigen. Dann ging er mit seinem Trupp fort. Im Laufe des Nachmittags und Abends bis spät in die Nacht kamen dann immer wieder russische Soldaten in den Keller und suchten nach Wertgegenständen, schütteten den Inhalt der Taschen und Handtaschen auf den Fußboden, drückten die Türen der Schränke mit Gewehrkolben ein und untersuchten jeden Karton, jedes Schächtelchen. Kaum war ein Trupp plündernder Soldaten fort, kaum hatten die Frauen ihre ausgeschütteten und zerstreuten Sachen mühsam zusammengesucht, kamen andere Plünderer, und das gleiche Verfahren wiederholte sich[104].

Draußen tobte indessen der Kampf weiter. Am Preußenplatz kam es zu hartnäckigen Kämpfen, besonders an der Ecke beim Landratsamt[104].

Feindliche Panzer feuerten vom Dreiecksplatz aus auf die Ecke Luisenstraße/Stubbenhagen, wo zum Schrecken der in den Luftschutzkeller des Knischewski'schen Hauses (Luisenstr. 13) Geflüchteten ein deutscher Panzer aufgefahren war. Ein Volltreffer schlug in den Zigarrenladen.

Den Häuserblock zwischen Jahn-, Ramler-, Luisenstraße und Stubbenhagen hielten junge französische SS-Soldaten besetzt. Die Soldaten schlugen die Haustüren und die Fensterkreuze der unteren Wohnungen ein und bauten ihre Panzerfäuste und M.G. auf. Aus dem Hause Luisenstraße 13 entfernten sie sich bald wieder und nahmen auf Bitten der Hausbewohner ihre Waffen mit. Vor dem Hause errichteten sie dann eine Barrikade aus Wagen und Balken, warfen Munition und Benzinkanister darauf und steckten alles an. Die Detonationen waren furchtbar. Flammen leckten am Hause empor. Die Zivilisten rissen überall in den Wohnungen die Gardinen ab, die Feuer gefangen hatten, und löschten mit dem Hauswirt auch einen Dachbrand, den eine Bombe verursacht hatte[104].

Auf der Dietrich-Promenade kam einem Soldaten mitten auf der Straße ein alter Mann entgegen, der eine Zigarre im Munde hatte und einen Kinderwagen vor sich herschob. Völlig unbekümmert um die dicht um ihn herum liegenden Einschläge ging er seines Weges und warf unter irrem Lachen mit einem Ball nach dem Soldaten[31].

Um 15 Uhr forderte das polnische Kommando auf dem Funkwege zur Übergabe auf. Die Antwort lautete: „Kommandant hat Kenntnis genommen." Auf eine zweite Kapitulationsaufforderung um 16 Uhr antwortete Oberst Fullriede nicht, da sie die Bevölkerung ausschloß. Dem Kommandanten und seinen Soldaten gewährleistete die Aufforderung das Leben, im Weigerungsfalle kündigte sie ihnen allerdings den Tod an[5)]. Die Kapitulationsaufforderungen wurden durch deutsche Artillerie-Funker übermittelt, die kurz vorher gefangengenommen waren[19)]. Auch mehrfache Kapitulationsaufforderungen der Russen lehnte der Kommandant ab.

Der Feind hielt nun die Zeit für gekommen, die Kampfmoral der Truppe zu erschüttern. Er ließ die Soldaten durch Lautsprecher, die von deutschen Soldaten bedient wurden, auffordern, den Kampf einzustellen und sich den Russen zu ergeben. Einer der Aufrufe lautete: „Kameraden der Festung Kolberg, denkt an Eure Frauen und Kinder! Rettet Euer Leben, indem Ihr den Kampf einstellt!"[33)]. Gefangene deutsche Soldaten wurden von den Russen vor die Lautsprecher geschleppt und mußten sagen: „Kameraden des Fest.-M.G.-Btl. 91 (mot.), ergebt Euch! Hier ist der Gefreite Krüger. Wir Gefangenen werden hier nach den internationalen Gefangenenmaßnahmen behandelt." Der Berichterstatter bemerkt hierzu: „Wir wußten aber nur zu gut, was unser in der russischen Gefangenschaft harrt, und setzten den Kampf fort"[33)]. Auch Tausende von Flugblättern regneten auf die Stadt nieder mit der Aufforderung, den Widerstand aufzugeben, da der Krieg verloren sei[119)].

Um 16 Uhr wehrte die deutsche 3,7-cm-Flak-Bttr. am Hafen einen Fliegerangriff ab[16)].

Dr. Haenisch kehrte am 14.3. noch einmal vom Hafen in sein Haus (Langemarckstraße) zurück. Er hatte Tage vorher seine wichtigsten Instrumente, Bilder, Familienpapiere und eine Sammlung zur Kolberger Geschichte in den Keller gebracht und dies in einer großen Kiste verpackt. Alles war nun verstreut: deutsche Soldaten hatten den Keller in Verteidigungszustand gesetzt, die Kiste vor ein Fenster gebracht und mit Erde gefüllt[38)].

Die Augustastraße brannte am 14.3. bis auf das Gebäude der Mittelschule ab. Am Nachmittag traf eine Granate das Dachgeschoß des Kurhauses St. Martinsbad und setzte es in Flammen; bald darauf fuhren San.-Autos heran und nahmen die Verwundeten auf, und jeder, der noch gesunde Beine und Hände hatte, half bei ihrem Abtransport. Das letzte San.-Auto nahm die Schwestern und den Pfarrer, Erzpriester Kunza, auf und brachte sie zum Strandschloß, von wo sie in Kauffmanns Strandhotel umgeleitet wurden. Als auch dieses einen schweren Treffer erhielt, fanden sie Unterkunft in einem benachbarten Keller, in dem verwundete Soldaten auf ihren Abtransport warteten. Am 15.3. gegen 3 Uhr wurden die Verwundeten, denen sich die Schwestern anschlossen, zum Hafen gebracht und von einem bereitliegenden Schiff aufgenommen[63)].

Im Kampfabschnitt Ost setzte am 14.3. bereits frühmorgens starker Beschuß ein. Der Russe stellte sich wieder zum Angriff bereit. Die I./F.A.R. machte sich zum Nahkampf fertig; Handgranaten und Handwaffenmunition, auch Panzerfäuste, besaß sie ausreichend. Um 6 Uhr waren die ersten Russen an der Rennbahn zu beobachten. Der Führer eines Geschützes der 2-cm-Flak gab einige Feuerstöße ab, der Russe war aber noch hartnäckiger als am 13.3. und wollte unbedingt bei dem Geschütz durchbrechen. Der Schütze konnte nur immer wenige Magazine durchschießen, weil der Gegner das Geschütz mit einem Feuerhagel belegte; trotzdem feuerte dieser einzelne Kanonier weiter auf die angreifenden Russen, nachdem er sie 10-15 m vor das Rohr hatte kommen lassen. Er konnte bei diesen Angriffen zunächst nicht verhindern, daß sich die Russen 20 m rechts von seinem Geschütz am Wall der Rennbahn einnisteten und einen Granatwerfer einbauten. Er lud dann Panzer-Granaten, mit denen er den Granatwerfer samt der Bedienung vernichtete, wobei ihn ein Pionier-Unteroffizier sehr unterstützte. Den ganzen Morgen war dieser Flak-Kanonier allein am Geschütz gewesen, weil es seinen Kameraden unmöglich war, durch das Feuer zu kommen. In einer kurzen Gefechtspause löste ihn dann Wm. Hermann ab. Aber schon nach etwa 3 Stunden weckte ein Leutnant den Kanonier wieder: Er müsse sofort ans Geschütz zurück, denn Wm. Hermann und Uffz. Brettschneider seien gefallen. Beide waren durch Scharfschützen erschossen worden. Erst gegen Abend nahm der Flak-Kanonier Stellungswechsel in die Waldenfelsschanze vor. Von da an hatten die Männer der Flak zum ersten Mal ein Dach über sich, was ihnen eine Sicherheit gab, die sie noch mehr anspornte[32)].

Auch im Walde unmittelbar vor der Waldenfelsschanze waren morgens lebhafte Bewegungen zu erkennen. Die Kompanie schoß mit M.G. und Gewehr; doch fehlten Granatwerfer. Der Russe unterließ zunächst den Angriff, als er auf diese starke Gegenwehr stieß. Fw. Schneider vom 4. Zug wurde verwundet, Ob.-Fähnrich Hentsch übernahm die Führung des Zuges[22)].

Am Nachmittag fand wieder starke feindliche Artillerie-Vorbereitung statt. Von eigener Artillerie war kaum noch etwas zu spüren. Ein Zug Granatwerfer, den das Regiment noch hatte, schoß auf Anforderung des Kompanieführers in die vermutete sowjetische Bereitstellung an der Gneisenauschanze. Da die Kompanie von der strandnahen Seite des Gehölzes vor der Waldenfelsschanze Pak- und Granatwerferfeuer bekam, wurden die Rohre noch einmal in diese Gegend gerichtet. Aber was war schon ein Zug Granatwerfer gegen eine solche Übermacht! Außerdem konnten die Werfer nicht lange aus einer Stellung feuern, da sie von der feindlichen Beobachtung schnell ausgemacht und dann deckend beschossen wurden[22)].

Unter dem Eindruck seiner am Vormittag erlittenen starken Verluste setzte der Russe seinen Angriff am Nachmittag zunächst nicht fort, sondern blieb in seiner Bereitstellung. Statt dessen lagen Stadt und Hafen unter dem konzentrischen Feuer aller Waffen[22)]. Deutsche Schiffsartillerie antwortete nun und brachte dem Feinde schwerste Verluste bei, so daß er sich erst sammeln mußte, um zu neuem Angriff übergehen zu können[89)].

Das Alarmsystem der 1. Kp. hatte sich gut eingespielt, so daß nach dem Abflauen der Feuervorbereitung alles aus der Deckung in die Stellung eilte, wo jeder seinen Platz und seine Aufgabe hatte[22)].

Die Flaksoldaten in der Waldenfelsschanze und die Infanteristen standen in vorbildlicher Kampfgemeinschaft zusammen, die sich bis zuletzt immer wieder bewährte[32)].

Bei Dunkelwerden führte der Gegner einen durch schwere Waffen unterstützten Großangriff gegen die Waldenfelsschanze, der in zweieinhalbstündigem Kampfe abgewiesen wurde[5)]. Nach Einbruch der Dunkelheit stieß ein Pionier-Oblt. mit seiner etwa 30 Mann starken Kompanie zu der 1. Kp. F.A.R. Etwa die Hälfte (2 Gruppen) wurde zur Sicherung des Weges zwischen Waldenfelsschanze und Rennbahn eingesetzt, da das Gehölz der Gneisenauschanze bis dicht an den Weg heranreichte. Die andere Hälfte wurde als Eingreifreserve beim Btl.-Gef.-Stand zurückgehalten[22)].

Der Btl.-Gef.-Stand und der der 1. Kp. lagen unmittelbar zusammen. Beide befanden sich in einigen alten Kasematten aus der Zeit von 1806, die der Wirt des Restaurants Waldenfelsschanze als Kohlen- und Kartoffelkeller benutzt hatte. Die Kasematten waren gegen leichtere Kaliber schußfest, allerdings auch kalt, feucht und ganz dunkel, da keine Fensteröffnungen vorhanden waren. Der Gef.-Stand der 1. Kp. hatte einen andern Eingang als der Btl.-Gef.-Stand. Im Gang standen Kisten mit Brot. In dem eigentlichen Raum hauste der Kompanieführer mit dem Kompanie-Truppführer, den Meldern und Sanitätern; hier lagen auch die Büchsenverpflegung, Schokolade, Rauchwaren und Schnaps. Aus dem Restaurant waren einige alte Matratzen herbeigeholt worden, auf denen die Verwundeten lagen und saßen, bis sie abtransportiert werden konnten[22)]. Da die1./F.A.R. am 11.3. die letzte warme Verpflegung gehabt hatte, wurde am Eingang der Kasematte ein kleiner Ofen aufgestellt, dessen Rohr ins Freie mündete, und darauf für die Kompanie in kleinen Töpfen und Kochgeschirren Kaffee gekocht, wofür – da es weder Brunnen noch Pumpen in der Gegend gab – das Wasser aus dem alten Festungsgraben der Schanze genommen werden mußte. Das war eine üble Flüssigkeit, von einer Schicht Wasserlinsen bedeckt und wegen der Nähe der See auch etwas salzig; kleine Tiere wimmelten darin herum. Es wurde notdürftig gefiltert und dann verwendet. Fast alle erkrankten denn auch in Kürze an Durchfall und Erbrechen. Der Kompanieführer war am 16.3. so elend, daß er sich nur noch mühsam auf den Beinen hielt. Allmählich bemächtigte sich aller eine dumpfe Ergebung in ihr Schicksal. Die Kompanie saß wie in einer Mausefalle, und es konnte nur eine Frage von Tagen sein, wann der Russe zum letzten Male zuschlug. Die Kompanie hoffte jeden Tag auf Abtransport aus der „Festung", deren Lage verzweifelt geworden war. Wenn ein neuer Angriff begann, war es schwer, die Männer immer von neuem zum Aushalten zu ermuntern. Manchmal hielt Oblt. Erdmann das Schicksal der Kompanie für besiegelt; dann aber erwachte auch wieder sein Lebensmut, und er beschloß, alles daranzusetzen, um nicht in Gefangenschaft zu geraten. Falls die letzten Linien vor dem Abtransport der Kompanie überrannt werden sollten, wollte er versuchen, mit den restlichen Männern am Strand entlang durchzukommen und irgendwo ein Boot aufzutreiben[22)].

An den Tagen vorher bestand kaum die Möglichkeit, Flüchtlinge abzutransportieren, da hoher Seegang die Maßnahmen stark behinderte. Außerdem war keine Funk-, nur Blinksignalverbindung möglich. Am 14.3. kam ein „Führerbefehl", alle in der westlichen Ostsee verfügbaren Schiffe sofort für den Abtransport der Bevölkerung aus Kolberg einzusetzen[38)]. Am 14.3. morgens verließen 2 Boote unter starkem russischen Feuer den Hafen. Die Hoffnung der Flüchtlinge, daß noch weitere Schiffe kommen würden, war jedoch vergeblich, denn der Beschuß war zu stark. Granateinschläge waren auch in der Nähe der Menschen zu verzeichnen, die am Hafen warteten und nun alle Keller und Hauseingänge überfüllten. Neue Hoffnung gab ihnen das mit Bestimmtheit verbreitete Gerücht, über Nacht würden alle abtransportiert werden; auf der Reede lägen 10 große Schiffe, es fehle nur an Übersetzbooten[58)].

Der Kreisleiter hatte unmittelbar am Hafen im Bunker des DRK seinen Arbeitsplatz eingerichtet und war verzweifelt, weil er keine Schiffe in den Hafen bekommen konnte, da der Hafen unter zu starkem Beschuß lag; er wies immer wieder daraufhin, daß er doch noch 12000 Menschen herausbringen müsse[58)].

Donnerstag, 15.3.1945

In der Nacht zum 15.3. (Donnerstag) erzielte der Feind einen Einbruch am Gleisdreieck. Er hatte vorher die umliegenden Gebäude planmäßig in Brand geschossen; sie waren so stark in Mitleidenschaft gezogen, daß der Russe nur noch unter Aufbietung aller Kraft, am Ostrand des Bahnhofs aufgefangen werden konnte[5)] [33)]. Ein sofort angesetzter eigener Gegenstoß führte allein zur Festigung der neuen Widerstandslinie, der Feindeinbruch konnte jedoch nicht mehr bereinigt werden[5)]. Außerdem waren die Russen in der Nacht zum 15.3. in einer Linie von Stubbenhagen bis zur Hindenburgstraße vorgedrungen.

In dem Häuserblock Jahn-, Ramler-, Luisenstraße und Stubbenhagen tobte ein erbittert geführter Nahkampf von Haus zu Haus. Im Hause des Bäckermeisters Otto, Wallstr. 35, lagen schon Russen und Polen mit ihren Waffen. Gegenüber, im Hause des Fotografen Dobrick, befanden sich als Verteidiger französische SS-Soldaten im heftigen Feuergefecht. Plötzlich stürmten Russen und Polen in den Keller des Knischewski'schen Hauses (Luisenstr.13), nahmen zuerst allen Männern und Frauen die Uhren und „Dokumente" fort und trieben sie dann unter dem Vorwande, sie retten zu wollen, da das Haus jetzt Kampffeld sei, trotz ihres Sträubens auf die Straße, gerade in den Schußbereich. Im Gänsemarsch mußten die Unglücklichen durch die zwischen den Häusern von Dobrick und Otto pfeifenden Kugeln laufen. Vier brachen tödlich getroffen zusammen; die hohe Hauswand des Otto'schen Hauses stürzte brennend und funkenstiebend auf die vier Getroffenen nieder. Polen trieben die Übrigen um den brennenden Trümmerhaufen herum über Höfe und Hofmauern, die sie auf z.T. brennenden Leitern mit ihrem Gepäck überklettern mußten, in die Kurt-Neubauer-Straße durch das Haus von Dr. med. Volkmann; dabei verloren fast alle ihr Gepäck. Polnische Offiziere standen dann links und rechts Spalier und nahmen den gehetzten Menschen ihre Koffer ab, gaben sie lachend den auf jeder vierten oder fünften Treppenstufe stehenden polnischen Soldaten weiter in die besetzten Wohnungen. Im Eiltempo wurden die Ausgeplünderten schließlich durch die Lauenburger Vorstadt und über Necknin in das Flüchtlingslager Wobrow getrieben, wo sie in ein bereits volles Zimmer gesperrt wurden. – In Wobrow beobachteten die Flüchtlinge eine auf Kolberg feuernde feindliche Batterie[69)].

Der Russe war am 15.3. im Rathaus. –

Die Männer vom H.-Verpfl.-Amt erhielten am 15.3. Befehl, ihre Magazine in der Proviantstraße zu verlassen und sich nach der Seestraße abzusetzen.

In der Schill-Kaserne war alles in heller Aufregung: Der Russe stand bereits in der Höhe des Domes, höchstens 300 m von der Kaserne entfernt, und die Nachrichtenzentrale mußte aufgegeben werden. Damit brach jede fernmündliche Verbindung mit den einzelnen Kampfgruppen ab. Die Geräte wurden zerstört, und gruppenweise setzte sich die gesamte Besatzung der Kaserne nach dem Lw.-Bauamt (Seestr.) ab. – Die Männer der Nachrichtentruppe hatten in den vergangenen Tagen Ungeheures geleistet. Ununterbrochen wurden die Leitungen zerschossen; und beständig waren dann die Männer bei jedem Beschuß Tag und Nacht unterwegs gewesen, um die Schadensstellen unter brennenden Trümmern zu suchen und zu flicken. Immer, wenn sie rußgeschwärzt nach getaner Arbeit wieder in den Bunker hineinstürzten, fehlten einer oder mehrere Angehörige des Instandsetzungstrupps[31)].

Im Lw.-Bauamt wurde jeder, der irgendwie entbehrlich war, infanteristisch eingesetzt[31)].

Um 15 Uhr waren die Russen auf dem Preußenplatz und gingen bis zur Reichsbanknebenstelle und dem Oberlyzeum vor. Polen drangen in den Keller des Lyzeums ein, in dem sich etwa 40-50 Personen befanden, auch ein Teil der Feuerwehr, und trieben die Leute hinaus, obwohl der Beschuß anhielt. Auf dem Preußenplatz sahen sie verwundete deutsche Soldaten liegen, die um Hilfe riefen. Frauen und Männer wurden von den Polen mit Fußtritten vorwärtsgetrieben und in den Keller des Hauses der Bäckerei Brötzmann (Kummertstraße) gesperrt, wo sie alle von einem polnischen Major und einem anderen Offizier nach Schmucksachen durchsucht wurden; zwei Schwestern im Alter von 16-20 Jahren behielten die Offiziere zurück und schändeten sie, und am Abend kamen die Polen mit Taschenlampen, holten die Frauen einzeln heraus und mißbrauchten sie[113)]. Am nächsten Morgen wurden alle in Richtung Körliner Straße, Necknin, Wobrow, Bogenthin über eine Holzbrücke nach Pustar, Semmerow bis Garrin getrieben. Sie sahen unterwegs keine Deutschen, nur feindliche Soldaten und herumlaufendes Vieh. In Garrin wurden alle männlichen Personen von 12 bis 60 Jahren ausgesondert und fortgetrieben; Männer über 60 Jahre durften bei ihren Angehörigen bleiben. Ein 16jähriger wurde auf dem Wege nach Garrin dauernd mit Erschießen bedroht, weil die Polen ihn für einen SS-Mann hielten. Die Volkssturm-Männer wurden von den Polen nicht als Soldaten, sondern als Partisanen behandelt.* Die Ausgetriebenen mußten in der Nacht zum 17.3. dann in einer Scheune übernachten, wo die Frauen aufs neue von Polen vergewaltigt

---

* Das kann für die Kämpfe um die Stadt allgemein nicht bestätigt werden. Mit der Armbinde des Volkssturms wurden die Volkssturmmänner als Kombattanten anerkannt.

wurden, selbst im Beisein aller andern Flüchtlinge. Am 17.3. mußten alle die Scheune räumen und sich anderswo eine Zufluchtsstätte suchen. In Garrin war kein Bauer zu sehen; sie hatten sich versteckt oder waren geflüchtet[113]. –

Als der Kohlenhändler Bartz um 9 Uhr zu seinem Hause, Wilhelmstraße 45, gehen wollte, pfiffen ihm in der Wilhelmstraße die ersten Kugeln um die Ohren, und gleichzeitig erscholl der Ruf „Stoi!" Es gelang Bartz aber noch, in seinen Keller zu kommen[72]. Um 15.30 Uhr waren die Russen südlich des Kaiser-Platzes bis zur Ramlerstraße vorgestoßen; den West- und Nordrand hatten, den Russen gegenüber, von dem Offiziersheim in der Wilhelmstraße bis zur Jahnstraße deutsche Heereskräfte besetzt[5].

Der von K.Kpt.Prien am 14.3. angelegte und voll ausgebaute Sperriegel lag am 15.3. seit 10 Uhr unter stärkstem Beschuß. Die Stellung des Sperriegels war in drei gleiche Abschnitte aufgeteilt. Der Westrand begann bei der Marine-Kompanie unter dem Kommando von Leutnant Scheuch, die Mitte befehligte Leutnant Hildebrand, der Fischereihafen war von der Einheit unter Kplt. Baumstark besetzt[16].

Um 18 Uhr wurde das Brandenburgische Seehospiz und seine Umgebung von den Volkssturm-Männern geräumt, sie selbst wurden in die nunmehrige H.K.L. vorgebracht[16]. – Hinter dem Maikuhlenfriedhof war schwere russische Artillerie in Stellung gegangen; sie beschoß jedoch ihre eigene Artillerie, die in der Strandziegelei in Stellung war[123].

Das Augusta-Viktoria-Heim am Hasenbietschenweg hatte unter schwerstem Beschuß gestanden und von der Gartenseite aus in fast jedem Zimmer Treffer gehabt. Die Insassen des Altersheimes saßen mit einer grossen Schar Flüchtlinge im Keller. Schwester Marie Schulz war allein bei ihnen zurückgeblieben. Schwester Marie sollte versuchen, mit den alten Leuten herauszukommen, sah hierzu jedoch keine Möglichkeit, denn Fuhrwerk konnte ihr niemand stellen, und zu Fuß konnte sie mit all' den gebrechlichen Menschen unmöglich in den Beschuß hinein; so blieb sie mit den Alten im Keller. Sie waren alle recht elend, einige Männer und Frauen waren irre geworden. Am 14.3. waren dann Russen und Polen ins Haus gekommen, durchsuchten es, fanden einen zurückgebliebenen Soldaten, nahmen den Alten alle Wertsachen ab und ließen sie wieder ins Haus zurückkehren. Doch am 15.3. brannte das Heim plötzlich an allen Enden. Schwester Marie konnte mit Hilfe einer Frau Braun die Alten nur noch durch ein Küchenfenster herausholen, mußte aber vier Tote zurücklassen; auch 2 alte Männer, die irrsinnig geworden waren, blieben bewußtlos in der Küche liegen. Einen alten Mann, dem ein Bein amputiert, das andere steif war, konnte Schwester Marie nur bis auf die Straße ziehen, weil er weder Stock noch Wagen hatte. Eine der Alten erlitt einen zweiten Schlaganfall und blieb auf der Straße liegen; eine andere blieb zurück, weil sie ein lahmes Bein hatte. Alle übrigen kamen bis hinter die Bäckerei Christoph, wurden dort aber gefangengenommen und über Tier- und Menschenleichen hinweg mit anderen Gefangenen am Georgenfriedhof vorbei auf die Körliner Chaussee getrieben[78)].

Wieder wurde Kolberg am 15.3. ein Ultimatum gestellt, sich bis 16 Uhr zu ergeben. Der Kommandant nahm das Ultimatum nicht an. Um 16.15 Uhr setzte daraufhin schweres Feindfeuer ein. Die deutsche Infanterie wurde mehr und mehr zusammengeschossen. Um jede Ruine, jedes Haus wurde erbittert gekämpft, und doch mußte Straße um Straße aufgegeben werden[31)].

Im Laufe des Vormittags war auf der Kolberger Reede das Alarm-Btl. Kell, I./Fest.-Regt.5, eingetroffen. Der Kommandant entschloß sich jedoch, das Btl. nicht mehr zu landen, da die Besatzung inzwischen auf einen zu kleinen Raum zusammengedrängt war, als daß sich noch Verteidigungsmöglichkeiten geboten hätten; der Einsatz des Btl. konnte keine Entscheidung mehr bringen, sondern nur noch eine Verzögerung. Bevor jedoch dieser Befehl die auf Reede liegenden Schiffe erreichte, waren am Spätnachmittag bereits zwei Kompanien des Btl. gelandet und wurden nun auch eingesetzt. Der Einsatz dieser frischen Kräfte am 15.3. und den folgenden Tagen (16./17.3.) brachte jedoch nur geringe Entlastung, da die Truppe nicht an den Straßenkampf gewöhnt war und sich in den Trümmern der brennenden Stadt nur schwer zurechtfand. So hatten diese Kompanien verhältnismäßig hohe Ausfälle. Sie besetzten zunächst eine Widerstandslinie nördlich des Bahnhofs und drückten von dort aus gegen die Innenstadt vor. Zugleich ging eine Kampfgruppe auf der Linie Gradierstraße nach Osten vor, um den zum Kaiserplatz vorgedrungenen Feind zu werfen und die am Nachmittag verlorengegangene Luisenstraße wieder zu nehmen. Es gelang aber nur, das Bahnhofsgelände zu säubern und den Nord- und Westrand des Kaiser-Platzes wieder in Besitz zu nehmen. Unter dem Schutz dieser Linie konnten in der Nacht zum 16.3. viele Frauen und Kinder eingeschifft werden[5)].

Der starke Beschuß hielt während des ganzen Tages an. Das metallische Dröhnen der Einschläge steigerte sich zu einem dumpfen Trommeln. Dazwischen hörte man das Heulen der Stalinorgeln und das Rattern der Schlachtflieger. Etwa 4000 Einschläge wurden auf dem Abschnitt des I./F.A.R. geschätzt. Am Tage lagerte dicker Rauch über der Stadt; nachts erhellte ein blutroter Feuerschein den Himmel[22)]. Die II. Pfannschmieden, Dietrich-Promenade, Blücher-, Garten- und Seestraße standen in Flammen. Durch dieses Feuermeer konnten auch die Russen nicht mit ihren Panzern durchkommen[123)].

Um 19 Uhr setzte erneut stärkster feindlicher Artillerie-Beschuß ein. Brände loderten in der Stadt und am Hafen. Vorbereitungen zu einem neuen feindlichen Angriff, reger Nachschubverkehr und Ansammlungen von Truppen wurden gemeldet. Die deutsche Schiffsartillerie nahm die Ansammlungen der russischen Truppen unter Feuer[16)].

Abends rollte ein deutscher Panzer von der Stadt zur Waldenfelsschanze. Von der Ecke des Restaurants schoß er eine Reihe von 7,5-cm-Granaten in das Gehölz der Gneisenauschanze; die russische Pak antwortete mit einem wilden Feuer. Daraufhin hielt die 1. Kp. F.A.R. mit Panzer-Fäusten, die sie hoch über die Baumwipfel abschoß, in die Gegend der Pak, und fortan feuerte diese nicht mehr[22)].

Der russische Kommandant in Altstadt befahl am 15.3. wegen zunehmenden Beschusses den sofortigen Abzug aller Zivilisten nach Groß-Jestin oder Semmerow, wohin sie dann unter polnischer Bewachung gebracht wurden. Überall in den Dörfern bot sich ihnen das gleiche Bild der Zerstörung.

Sie beobachteten starke Truppenanhäufungen mit einer Unzahl schwerer Waffen. Die Landstraßen waren von Treckresten, Pferdekadavern, Panzer-Wracks und Kraftwagentrümmern übersät[112)].

In der Nacht zum 16.3. verlief die Frontlinie des Btl. Hempel von Vogelsang bis zum neuen Gymnasium[5)]. Freiwillige des Bataillons gingen unter Leutnant Friedrich als Stoßtrupp gegen den Dom vor, auf dessen Turm ein russischer A.B. saß[12)].

Dr. Haenisch und Dr. Kalb waren inzwischen wegen des stärkeren Beschusses mit ihrem Verbandsraum in den Keller des Hafenamtes gezogen. Dr. Brand hatte Dr. Haenisch am 14.3. nachmittags die Abfahrt empfohlen, und dessen Sanitäter meinten, jetzt sei es für alle Zeit; aber es dauerte doch bis zum frühen Morgen des 15.3., ehe einige Fähren hereinkamen. Dr. Haenisch fand auf einer dieser Fähren Platz, und die Fähre legte bald ab. Auf See erhielten die Flüchtlinge, meist Frauen mit Kindern, alleinstehende Frauen und alte Leute, den Befehl, auf einen Zerstörer zu gehen, und bei ruhiger See vollzog sich der Übergang leicht[38)]. Es handelte sich bei dem Zerstörer wieder um „Z 43", der etwa 5000 m vor Kolberg auf Reede lag und auf dem die Flüchtlinge gute Aufnahme, warmes Getränk, ein gutes Mittagessen und große Hilfsbereitschaft fanden. Dr. Haenisch stellte sich dem Schiffsarzt, einem Oberstabsarzt, zur Verfügung[38)]. Um 3 Uhr hatte „Z 34" befehlsgemäß „Z 43" auf Feuerstellung vor Kolberg abgelöst[17)]. „Z 43" verließ Kolberg-Reede in der Frühe des 15.3. zum Rückmarsch nach Swinemünde, ohne bei seiner Ausfahrt beschossen zu werden, wie dies sonst bei allen Schiffen der Fall war. „Z 43" hatte am Tage zuvor durch das Feuer seiner Schiffs-Artillerie dem Feinde noch schwerste Verluste zugefügt[89)].

In der Nacht zum 15.3. waren etwa 15000 Menschen eingeschifft worden, aber noch immer herrschte am Morgen des 15.3. am Hafen ein lebensgefährliches Gedränge. Bei Hellwerden schwand für viele die Hoffnung, noch aus dem Hafen zu kommen. Da erschien plötzlich ein M.-Schnellboot, das statt normalerweise mit 20 Menschen im Nu mit 200 beladen war und dann in rasender Schnelligkeit aus der Persante herausfuhr. Es war für die meisten ein hohes Glücksgefühl, Schiffsboden unter den Füßen zu haben und frei zu sein. Da diesiges Wetter herrschte, war die Sicht für die feindlichen A.B. schlecht; daher konnte selbst am Tage die Einschiffung fortgesetzt werden[26)].

Da der Feind von Osten her teilweise bis zur Mitte der Stadt eingedrungen war, bestand große Gefahr, daß die Einschiffungspunkte am Hafen abgeschnitten würden. Gegen Abend kam die alarmierende Nachricht, daß die Fährprähme wegen starken Beschusses von Osten und Westen die Hafeneinfahrt nicht mehr passieren könnten.

Die feindlichen Geschütz- und Werferstellungen waren aber noch nicht klar erkannt. Endlich, um 20 Uhr, erhielt „Z 34" durch die v.B. genaue Positionen und Feueranforderung. Durch einen längeren wirkungsvollen Beschuß bis Mitternacht auf den Südteil des Hafens, die Molen und flankierende Strandstellungen wurde der Feind zur Feuereinstellung gezwungen und zog sich zurück. Die Hafeneinfahrt wurde wieder frei für weitere Einschiffungen[17)].

Freitag, 16.3.1945

In der Nacht zum 16.3. (Freitag) gingen die an das Lw.-Bauamt angrenzenden Häuser in Flammen auf. Die Männer, die sich im Lw.-Bauamt befanden, mußten zum Löschen hinaus, um die Befehlsstelle vor der Vernichtung zu retten. Die brennende Stadt bot ein schauriges Bild der Verwüstung. Zerschossene Leitungen hingen herum. Die Männer stolperten von einem Granattrichter in den anderen. Die Straßen waren durch Panzer-Wracks und andere ausgebrannte Fahrzeuge verbarrikadiert. Die Hotels am Strande brannten lichterloh; unablässig mußten die Männer sich die Funken von den Uniformen schlagen. Hinter den brennenden Vorderseiten der Gebäude schrien Frauen, die in ihren Häusern geblieben waren und nun bei lebendigem Leibe verbrannten[31)].

Bei der Waldenfelsschanze standen Stalinorgeln großen Kalibers, mit denen der Russe auf das Lw.-Bauamt einhämmerte. Die Geschosse der Stalinorgeln waren deutlich aus den anderen Einschlägen herauszuhören. Sie hieben unmittelbar an der Hauswand ein. Weitere Geschosse sausten ins Haus; alles war in Qualm gehüllt. Die nach der Straße zu liegenden Kellerräume mußten geräumt werden, und alles drängte sich nun im mittleren Kellergang zusammen. Ein im Gang sitzender Soldat schoß sich in den Mund und sank mit einem tiefen Seufzer langsam vornüber; ein Offizier, der daneben stand, sagte nur: „Feigling!"[31)]

Die Artillerie hatte schwere Verluste. Einer ihrer Offiziere barg in der Nacht zum 16.3. Schwerverwundete. Die Artilleristen hatten neue Zuflucht im Keller des Hotels „Hindenburg" gesucht. Hier warf sich der Offizier völlig erschöpft auf ein Lager. Inzwischen erhielt der Wagen, mit dem er noch eben Verwundete durch die Hölle der Stadt gefahren hatte, einen Volltreffer; damit fiel das letzte Fahrzeug der Batterie aus. Als das Hotel in Brand geriet, stand der Oberleutnant noch zwei Stunden in den verqualmten Kellerräumen, in denen es heißer und heißer wurde, um die Bergungsarbeiten zu leiten. Es gelang, Munition und Panzerfäuste herauszubringen. Die Artilleristen bezogen neues Quartier im Keller des Strandschlosses. Die letzten noch in deutschem Besitz befindlichen Straßenzüge boten ein unvorstellbares Bild der Verwüstung[26)].

Im Süden verlief die russische Kampflinie am 16.3. früh zunächst vom Hof des Säuglingsheims bis zur Südecke der Wilhelmstraße. Hier standen sowjetische Granatwerfer und Geschütze kleineren Kalibers. Das Haus Wilhelmstr. 13 brannte herunter; als Frl. Anna Bönecke in den Keller gehen wollte, um ihre 85jährige Mutter zu retten, hinderte lettische SS sie daran, und im selben Augenblick stürzte das Haus ein.

Innerhalb der Stadt gelang es den Russen, die Trümmer einiger Blocks in Besitz zu nehmen, indem sie durch Panzer und Pak die Häuser systematisch zerstörten[5)].

Ein russischer Panzer war am Vormittag des 16.3. an der Südostecke des Kaiser-Platzes an der Kreissparkasse vorgefahren. Der Gef.-Stand im Luftschutzkeller des Baugeschäfts Marten (I. Pfannschmieden 25) erhielt den Befehl, mit einem M.G. und 6 Mann den Panzer unbrauchbar zu machen; der Befehl konnte nicht ausgeführt werden, da ein M.G. ausgefallen und ein zweites nicht mehr zu erreichen war, während ein anderes nur zur besonderen Verwendung stand. Der zweite Befehl lautete: „Dann nehmen Sie Panzerfäuste." „Bedaure, wir haben keine mehr." „Was haben Sie denn noch?" „Gewehr und Revolver." „Versuchen Sie es damit!"[56)]

Um 10.30 Uhr wurden die Soldaten, die auf dem Martenschen Grundstück in Stellung waren, alle abberufen. Die Zivilisten im Keller befanden sich plötzlich in der Kampfzone zwischen Deutschen und Russen. Nach stundenlangem schweren Beschuß wurde der Kellereingang um 18 Uhr mit Handgranaten belegt. Russische Soldaten durchsuchten dann die Kellerräume nach deutschen Soldaten. Auch die nächsten Häuser wurden von den Russen durchsucht[56)].

Nachdem mehrere Häuser in der Brunnenstraße vernichtet waren, ging auch das Haus des Straßenbaumeisters Gockowiak (Brunnenstr.3) in Flammen auf. Er suchte mit den anderen Flüchtlingen Schutz im Nachbarkeller, Brunnenstr. 4. In diesem Keller bezogen bald darauf deutsche Soldaten Stellung. Sie gaben den Flüchtlingen bekannt, daß der allgemeine Räumungsbefehl ausgesprochen sei. Den Flüchtlingen war es jedoch nicht mehr möglich, von der Ostseite auf die Westseite der Brunnenstraße zu gelangen, denn ein feindliches M.G.-Nest befand sich in Höhe der I. Pfannschmieden und bestrich die ganze Brunnenstraße. Die im Keller befindliche Gruppe der Wehrmacht versuchte unter Feuerschutz einen Ausfall, der aber unter Verlusten im feindlichen Feuer zusammenbrach[7)].

Die Bewohner des Hauses Wallstr. 39 wurden von Polen aus dem Keller geholt. Frau Martha Müller mußte ihre 85jährige, hilflose Mutter, Frau Berta Noack, im Keller zurücklassen; sie verbrannte dort lebendigen Leibes, und ihr Schreien war markerschütternd.

In der Maikuhle bereiteten die Russen gegen 6.30 Uhr neue Angriffe vor. Der Hauptangriff erfolgte auf den Fischereihafen und wurde abgeschlagen. Die eigene Artillerie erwiderte russische Feuerüberfälle mit Erfolg. Der Feind setzte sich in den Häusern am Vogelsang fest; K.Kpt.Prien forderte Beschuß dieser Häuser von der 3,7-cm-Flak von der Redoute Schill an. Der Volkssturm-Führer meldete um 14.30 Uhr, der Volkssturm habe hohe Verluste erlitten und sei stark erschöpft. Weitere Feindangriffe waren vom Westrand der Maikuhle zu erwarten. Auf den deutschen Stellungen lag schweres Granatwerferfeuer. Das Feuer der deutschen Schiffsartillerie lag aber gut und entlastete die deutschen Stellungen. Kranke und kampfunfähige Soldaten wurden laufend mit Schiffen abtransportiert[16)].

Mittags wurden der Stab und die 3. Kp. des Btl. Kell gelandet. Mit ihr wurde im Zuge der Moltkestraße eine neue Widerstandslinie aufgebaut[5]. Den Bahnhof hatte der Russe bereits besetzt. Der Ring um die Verteidiger wurde beängstigend eng. Viele glaubten nicht mehr, daß sie aus Kolberg herauskommen würden[20].

Im Kampfabschnitt Ost rief der Führer des I./F.A.R., Hptm. Gruber, Oblt. Erdmann zu: „Eben ist ein Melder gekommen; vor unserer Stellung soll Panzer-Geräusch zu hören sein. Kommen Sie doch gleich mit. Wir beide wollen mal sehen, was da los ist." Beide gingen sofort in Richtung der dem Bataillon unterstellten Pionier-Kompanie an der Waldenfelsschanze fort. Bei dem ersten Flakgeschütz angekommen, rief Hptm. Gruber dem Geschützführer zu, er möge doch einmal die Baumkronen abstreuen, da Baumschützen die Pioniere öfter beschössen. Kaum hatte er das gesagt, als Oblt. Erdmann einen scharfen Knall neben sich hörte und Hptm.Gruber hintenüber zu Boden stürzte, während sein Stahlhelm davonkollerte: Er hatte durch einen Scharfschützen einen Kopfschuß erhalten und war sofort tot. Angehörige der 1. Kp. beerdigten diesen unerschrockenen Offizier abends im Hofe der Waldenfelsschanze und setzten ihm das Soldatenkreuz. Er hatte vor der Einschließung, als die Front immer näher rückte, eines Abends gesagt: „Erdmann, ich glaube, wir werden in Kolberg auch bald kämpfen müssen, und dabei wird uns wohl nichts anderes übrigbleiben, als den Heldentod zu sterben."[22] Der Führer des Flakgeschützes nahm an den Russen bittere Rache für den Tod Hauptmann Grubers[32]. Auf Befehl des Regiments übernahm Oblt. Erdmann die Führung des I. Btl.[22]

Nach Einbruch der Dunkelheit wurde ihm gemeldet, daß die Soldaten der Pionier-Kompanie ihre Stellung zwischen Waldenfelsschanze und Rennbahn verlassen hätten. Da am Tage vorher der Ordonnanz-Offz., Ob.Fähnr. Bergemann, verwundet war, nahm Oblt. Erdmann den Adjutanten, Lt. Hamann, mit. Sie fanden die Reste der Kompanie, etwa 15 Mann, verängstigt am Strande sitzen. Ihr Kompanie-Führer war bereits verwundet, der älteste Dienstgrad ein Feldwebel. Die Leute hatten die Nerven verloren. Oblt. Erdmann sagte ihnen, daß keiner von ihnen jemals aus Kolberg herauskommen würde, wenn sie die Stellung verließen, denn dann könnte der Russe ungehindert zum Hafen vordringen, und an einen Abtransport mit Schiffen wäre dann nicht mehr zu denken; sie müßten alle noch einen oder zwei Tage aushalten. Sie ließen sich dadurch bewegen, ihre Stellung wieder zu besetzen[22)].

Am Nachmittag des 16.3. sprangen die Nachrichtenleute aus dem Lw.-Bauamt zum Strandschloß hinüber, da sie im Lw.-Bauamt überflüssig waren und sich vielleicht bei der 2. Bttr., die hier lag, nützlich machen konnten. Gfr. Toews fand 3 Kameraden von seiner l. Bttr. der Abtlg.100 aus Rügenwalde wieder. Die 2. Bttr. stand am Strande unmittelbar vor dem Strandschloß, hatte schwere Ausfälle und konnte nicht mehr schießen, wenn der Batterie-Chef seine Männer nicht in den sicheren Tod treiben wollte; Artilleristen und A.B. saßen im Keller des Strandschlosses. Die schweren Do-Werfer dagegen waren am Strande in Stellung gegangen. Sie schickten sich an, ihre letzten Kästen loszulassen. Jaulend und mit gewaltigem Feuerschweif zogen sie los. Es waren die letzten Schüsse der schweren Waffen der „Festung" Kolberg[31)].

Infolge des tiefen Einbruchs in die Innenstadt von Westen her befahl der Kommandant um 17 Uhr das Zurückgehen des Btl. Hempel in der Nacht zum 17.3. auf das Ostufer der Persante[5)]. Um 19 Uhr kam die Zusage, der Sperriegel sollte durch die Heeresreserve Meckens verstärkt werden; diese blieb aber aus, wurde nachts im Bunker Fort Münde mit 40 Mann festgestellt und in den Sperriegel aufgenommen[16)]. Die Verbindung mit dem Volkssturm und der M.-Abt. des K.Kpt. Prien blieb erhalten[5)]. Die neue Linie des Btl. Hempel nach der Zurücknahme verlief westlich der Münder-Schule am Ufer der Persante bis zur Eisenbahn in Höhe der Strandstraße[5)].

Siloah brannte am 16.3. gegen 22 Uhr ab[73)]. –

Um 21 Uhr berichtete die Volkssturm-Gruppe Uplegger, der Volkssturm sei durch Granatwerfer stark gelichtet; weitere Angriffe wurden erwartet. Auf Grund dieser Meldung wurde Feuer der Schiffs-Artillerie auf die Feindstellung vor dem Maikuhlenfriedhof und der Friedhofskapelle erbeten[16].

Wieder wurde die Stadt durch Funkspruch zur Übergabe aufgefordert. Dieser Funkspruch blieb unbeantwortet, da noch die Möglichkeit bestand, die Besatzung und den Rest der Bevölkerung auf dem Seewege aus der Stadt herauszuschaffen[5].

Der Abtransport der Flüchtlinge lief am 16.3. auf Hochtouren. Um 1 Uhr fuhr die erste Gruppe von Fahrzeugen mit Flüchtlingen und Verwundeten aus dem Hafen heraus. Der Zerstörer „Z 34" übernahm außer den Flüchtlingen 250 Schwerverwundete. Der Abtransport von kranken und kampfunfähigen Soldaten erfolgte laufend. Ein kleines Fahrzeug verließ mit 50 Flüchtlingen den Hafen; viel mehr Menschen hätten auf ihm noch Platz gehabt, aber da der Beschuß stark war, hatte der Transporter es begreiflicherweise eilig, aus dem Hafen zu kommen[75]. Eine Kolbergerin berichtet über die dramatischen Szenen, die sich vor und bei ihrer Einschiffung abspielten: „Schließlich sind wir (Freitag) nachts (2 Uhr) unter ständigem Beschuß der Molen – alles hell erleuchtet vom Brennen – an den Kornspeichern am Hafen zwischen toten Soldaten und toten Pferden auf allen Vieren die ganzen Molen entlanggekrochen in Schneeschlamm und Regen und sind im Nebel am Molenkopf von Matrosen auf ein Kriegsschiff gebracht worden mit Soldaten und Eisenbahnern, die herausbefördert wurden."[77]

Vom 16.3. ab mußten die Männer der Küstenüberwachung die Leute, die nicht fliehen wollten, mit Gewalt aus den Kellern auf der Münde, aus Monopol, Siloah, Hafenbauamt, Strandhotel usw. herausholen. Das war ein Glück für diese Menschen! Der Matrose Tuchtenhagen, der am 18.3. freiwillig in Kolberg zurückgeblieben war, erlebte noch am selben Tage, welches Schicksal dieser auf ihre Befreiung wartenden Menschen – darunter viele Fremdarbeiter, Franzosen, Belgier, Polen und Russen – harrte: In fast jeden Keller wurden Handgranaten geworfen, die diese Räume „still" machten. So saßen in der Huke im Keller des Witwenhauses (gegenüber dem Kleistschen Hause) 7 Franzosen, 2 Frauen und ein alter Mann; die Franzosen kannte er von der Maschinenfabrik Borowski her, wo sie als Granatendreher Zwangsarbeit geleistet hatten. T. konnte sie nicht bewegen, den Keller zu verlassen. Die Franzosen dachten: „Für uns ist der Krieg zuende, in Kürze sind wir befreit." T. sah dann, wie von den Eroberern Handgranaten in die Kellerfenster geworfen wurden. So geschah es in vielen Kellern, u.a. beim Monopol und in Siloah. Hinzu kam, daß die Solequellen infolge der Zerstörung ihrer Abflüsse die Keller überfluteten[119)].

In der Nacht zum 17.3. wurden auch die Bewohner des Hauses Brunnenstr. 6 gewaltsam von deutschen Soldaten herausgebracht, da der Russe bereits in der Wilhelmstraße kämpfte; das Haus wurde zur Verteidigung hergerichtet und zur Sprengung vorbereitet. Die Bewohner flüchteten zum Hafen. Hierüber liegt ein Bericht der Hausbesitzerin, Frau Anna Krüger, vor: „Inzwischen wurde viel mit Brandgranaten geschossen. Fünf Stalinorgeln beschossen die brennende Stadt, und unter diesem Inferno sind die Reste unserer Hausgemeinschaft, unter ihnen die 76jährige Frau Elisabeth v. Schuckmann, dazu einige Flüchtlinge, zum Hafen gezogen, begleitet von Drogeriebesitzer Paul Schunke. Am Hafen warteten Tausende auf den Abtransport, der nur nachts geschehen konnte. Wir standen wohl 2-3 Stunden, da setzte plötzlich ein furchtbarer Artillerie-Beschuß auf den Hafen ein. Die Menschen stoben wie irr auseinander." In dem Chaos verloren sich Frau Krüger und Frau v. Schuckmann. Frau Krüger wurde dann auf ein Fährboot gedrängt. Später stellte sich heraus, daß Frau v. Schuckmann in die Stadt zurückgegangen war und sich in ihrer Wohnung aus dem Fenster gestürzt hatte[76)].

„Z 34" übernahm in der Nacht zum 17.3. auf dringende Bitte des Hafenkommandanten bei laufendem Artillerie-Feuer in Feuerlee noch einmal 3 Fährprähme mit insgesamt 1200 Soldaten und Flüchtlingen[17]. Es wurden außer den Zivilisten auch Eisenbahner, Mannschaften der Organisation Todt und anderer unbewaffneter Organisationen, Teile des Volkssturms und Nichtdeutsche eingeschifft. Hierbei war auch das gesamte San.-Personal der beiden Bttr.10,5[26].

In den Nachtstunden des 16./17.3. bekam Oblt. Erdmann 1 Uffz. und 9 Mann Ersatz, krank oder verwundet gewesene Angehörige des Bataillons; diese Gruppe behielt er sich als Bataillons-Reserve zurück. Die beiden Pioniergruppen, die am Abend des 14.3. als Eingreifreserve beim Btl.-Gef.-Stand in den Kasematten der Waldenfelsschanze zurückbehalten waren, waren längst für die starken Ausfälle eingesetzt worden[22].

In der Nacht zum 17.3. fand ein Kriegsrat statt, an dem der Festungs-Kommandant, die Rgt.- und Btl.-Führer teilnahmen. Oberst Fullriede gab bekannt, daß die Festung zur Kapitulation aufgefordert worden sei und daß er die Aufforderung unbeantwortet gelassen habe, da er hoffe, daß die kämpfenden Einheiten in der Nacht zum 17.3. abtransportiert werden könnten. In dieser Nacht konnten aber keine weiteren Schiffe geschickt werden; sie wären ihm jedoch für die Nacht zum 18.3. als bestimmt zugesichert worden. Oberst Fullriede fragte, ob die Kommandeure dafür einstehen könnten, daß die Stadt noch 24 Stunden gehalten werde; man meinte, das wäre wohl möglich, – aber nicht länger; denn die Soldaten seien am Ende ihrer Kraft, und der freie Raum sei so klein geworden, daß einem mit aller Kraft geführten feindlichen Ansturm nicht standgehalten werden könnte. Oberst Fullriede gab bekannt, er beabsichtige, die Verteidigung einzustellen, wenn wider Erwarten in der Nacht zum 18.3. keine Schiffe kommen sollten. Dann stehe es jedem frei zu versuchen, sich auf eigene Faust durchzuschlagen[5].

Sonnabend, 17.3.1945

Entgegen der Erwartung, daß der Feind am Sonnabend, dem 17.3., zum letzten Stoß ansetzen würde, beschränkte er sich zunächst auf eine ständig sich steigernde Feuertätigkeit aller schweren Waffen[5)].

Die Kellerräume auf dem Marten'schen Grundstück (I. Pfannschmieden) wurden am 17.3. früh russischer Gef.-Stand. Etwa 6-8 russische Offiziere breiteten ihre Karten auf den Tischen aus. In ganz kurzer Zeit war bereits Telefon gelegt. Den in den Kellern befindlichen Deutschen stellte man anheim, entweder zum Hafen oder stadteinwärts zu gehen. In der Haustür standen 8 russische Soldaten, von denen zwei tadellos deutsch sprachen; sie bedeuteten den Ausgewiesenen, daß sie auf keinen Fall auf die Straße gehen dürften, denn nach kaum sechs Schritten würden sie wahrscheinlich schwerverletzt am Boden liegen. Eine Frau hatte den Eindruck, mit einem Deutschen zu sprechen, und sagte es ihm, woraufhin er zur Erde sah. Die beiden deutschsprechenden Soldaten hatten keine Waffen, trugen aber russische Uniformen[56)].

Die Flüchtlinge gingen dann über den Hof und den Bauplatz zur Persante, als plötzlich das Feuer auf die Persante gerichtet wurde. Sie liefen zur Luisenstraße, wo sie bei dem Möbelgeschäft v. Germar von polnischen Soldaten aufgegriffen und auf Umwegen zum Rathaus gebracht wurden. Hier waren alle Räume mit Deutschen angefüllt. Die Türen waren von Polen besetzt. Im Sitzungssaal lagen Wollsachen (Pullover, Strümpfe, Wolle) auf den Tischen, die aus dem Kaufhaus Zeeck herausgebracht waren, ehe es geplündert wurde. Hunderte von Polen, die in der Maschinenfabrik Borowski gearbeitet hatten, waren im Rathaus, holten fortwährend Spirituosen in großen Glasballons von der Firma Hindenberg (Baustraße) und waren alle stark betrunken[56)].

Auf wiederholte Bitten wurden Deutsche und Polen dann gesammelt und aus Kolberg herausgeführt. Der Transport bestand aus mehreren hundert Zivilisten: Frauen jeden Alters, Kindern und Männern; an der Spitze marschierte eine Gruppe von Polen, die in Kolberg beschäftigt gewesen war. Der Weg führte durch die Börsen-, Schmiedestraße, Schweinemarkt, Körliner Straße, an der Georgenkirche vorbei. In den Straßen lagen gefallene deutsche Soldaten und Zivilisten, doch waren keine toten Russen zu sehen. Die Russen hatten ihre Gefallenen beerdigt. Ziel des Marsches war die russische Kommandantur in Garrin[56)].

Im Luftschutzkeller des Hauses Riemannstr. 5 waren am 17.3. morgens noch drei Frauen, zwei Kolbergerinnen und eine aus Berlin, als deutsche Soldaten in den Keller kamen, die sich wunderten, die Frauen hier noch zu finden. Sie wurden aufgefordert, sofort zum Hafen zu gehen, da auf See ein letztes Transportschiff zur Abfahrt bereitliege. Die Frauen weigerten sich zunächst, den Keller zu verlassen, da sie in der Nacht zum 17.3. am Hafen vergebens auf Schiffsgelegenheit gewartet hätten und danach in ihren Luftschutzkeller zurückgegangen seien, den sie nur mit Mühe in dem völlig zerstörten Gelände gefunden hätten. Der Unteroffizier erklärte ihnen mit vorgehaltener Pistole, daß er sie als Spioninnen ansehen müsse, wenn sie sich weiterhin weigern würden, die Stadt zu verlassen. Sie begaben sich daher zu dem Kahn und kamen am 21.3. nach Vorpommern[116)].

In der Stadt setzten deutsche Soldaten im Laufe des Kampfes die Luisenstraße von den Kammerlichtspielen an, den Kaiserplatz, die Wilhelm-, Augusta- und Friedrichstraße in Brand; am Kaiserplatz brannte es nur bis zur Post. Auf diese Weise wurde zwischen beide Fronten ein Feuerwall gelegt, hinter dem sich die Verteidiger zu den Pfannschmieden und zur Bahnstrecke absetzten.

Im Westen hielt die Marine den Sperriegel[116)]. –

Der Russe begann, über die Maikuhle an den Hafen vorzustoßen, brach beim Friedhof durch und erreichte die Häuser. Er war nun nur noch 30 m vom Strande entfernt. Der angesetzte Gegenstoß warf den Russen nicht zurück, brachte ihn aber zum Stehen. In diesem Kampf fielen der Batterie-Chef Oblt. Frehse und Oblt. Hohgrefe; der Zug war von 17 Mann auf 7 zusammengeschmolzen[32]. Zwei Kompanien Landesschützen, die in der Maikuhle lagen, kamen durch den Vorstoß der Russen in größte Gefahr, konnten sich aber nach dem befohlenen Einschiffungspunkt absetzen, da die Schiffsartillerie mit gutliegendem Feuer den Feind, der trotz großer Überlegenheit nur vorsichtig angriff, solange in Schach hielt und Entlastung brachte[16].

Die Volkssturm-Linie vor dem Sperriegel war größtenteils zusammengebrochen. Alle strebten zum Hafen, an dessen beiden Ufern Brände loderten[16].

Der Abschnitts-Gef.-Stand „Indigo" erhielt wiederholt Volltreffer. Die oberen Stockwerke des Brandenburgischen Seehospizes wurden vernichtet[16].

Die feindliche Artillerie schoß pausenlos. Hafen und Strand lagen in schwerstem Feindfeuer[16]. Der Feind belegte das kleine noch in deutscher Hand befindliche Stadtgebiet mit einem Feuer aller Kaliber und schoß auf alles, ob es von militärischem Wert war oder nicht; auch Lazarette und mit dem roten Kreuz versehene Gebäude wurden dem Erdboden gleichgemacht[33].

Infolge des Andrangs der Menschen am Hafen nahmen die Verluste katastrophale Ausmasse an. Eine Panik konnte nur durch das energische Eingreifen einiger Offiziere verhindert werden. Die Marine führte den Abtransport trotzdem auf Schnellbooten weiter nach den auf See liegenden Zerstörern durch[33]. Der Zerstörer „Z 34" hielt wieder zahlreiche Ziele an Land unter Feuer[17].

An der Ostflanke war der Feind in die Stellung der Luftwaffen-Kompanie am Lokwerk eingebrochen; die Kompanie ging auf den Häuserrand am Beginn des Kurparks zurück. Die Lage war gefährlich. Stieß der Feind durch den Kurpark an die See durch, so war das ganze I./F.A.R. abgeschnitten. Oblt. Erdmann eilte mit seinen 10 Mann Reserve und 2 Meldern an die gefährdete Stelle. Der Russe saß bereits in den Gärten der Laubenkolonie und versuchte, in den Kurpark einzudringen. Er wurde durch heftiges Gewehrfeuer wieder zurückgetrieben. Als die erste Gefahr beseitigt war, gab Oblt. Erdmann dem Unteroffizier den Auftrag, mit seiner Gruppe den Rand des Kurparks an der Hans-Benzmann-Straße zu sichern, und eilte mit einem Melder weiter zum Gef.-Stand der Luftwaffen-Kompanie. Hier traf er den Kompanieführer, einen alten Major, bei ihm mochten etwa 30 Mann sein. Oblt. Erdmann ersuchte den Major, seine Stellung im Gegenstoß wiederzugewinnen, und machte ihm die gefährliche Lage klar. Oberst Woller konnte keine Reserven für den Gegenstoß zur Verfügung stellen; Oblt. Erdmann fand jedoch an einer Straßenecke zwei Panzer-Fahrzeuge (ein P III und ein Spähwagen), deren Kommandanten er bat, ihn durch das Feuer ihrer Waffen bei einem Gegenstoß in die Laubenkolonie zu unterstützen; sie fuhren daraufhin in einen Garten, von dem aus sie freies Schußfeld hatten. Zur festgelegten Zeit fuhren die gepanzerten Fahrzeuge vor und eröffneten das Feuer in die Gärten. Die Gruppe von Oblt. Erdmann sprang über etwa 100 m ungedecktes Gelände in den ersten Garten hinein. Es waren nur noch wenige Russen zu sehen, die infolge des Beschusses zurückliefen. Die Gruppe drang nun bis in die alte Stellung der Luftwaffen-Kompanie vor, die wieder von letzterer besetzt wurde. Oblt. Erdmann hatte einen Verwundeten bei dem Unternehmen[22)].

Die allgemeine militärische Lage aber war inzwischen hoffnungslos geworden[16)]. Der Russe stand in der Parkstraße, an der Güterabfertigung, im Theaterpark bis an den Hafen herunter und in der Maikuhle. In deutscher Hand war nur noch ein schmaler Geländestreifen. In diesen schoß der Russe mit allen Kalibern hinein[31)]. Die deutsche Schiffsartillerie beschoß ihrerseits die feindliche Aufmarschbewegung mit gutem Erfolg[16)].

Um 9 Uhr fand eine Lagebesprechung beim Festungs-Kommandanten statt. Oberst Fullriede gab bekannt, er habe den Absatzbefehl für den Abend des 17.3, auf eigene Verantwortung vorgesehen, falls der Befehl zum Absetzen bis dahin vom Führerhauptquartier nicht erteilt sein sollte[16]. Mit dem Abtransport der Frauen und Kinder, der unbewaffneten Organisationen, der Schlüsselkräfte usw. sei der am 7.3. durch Funk vom O.K.H. gegebene Auftrag erfüllt. Der weitere Auftrag an die Besatzung, Feindkräfte zu binden, könne nur noch bis zum Morgen des 18.3. erfüllt werden; denn für später sei infolge des Zusammendrängens der Besatzung auf einen 1800 m langen und 400 m breiten Strandstreifen, infolge der zahlenmäßigen Schwäche der körperlich und seelisch erschöpften Besatzung, infolge des Ausfalls der letzten eigenen Panzer und des größten Teiles der schweren Waffen sowie wegen der in dem schmalen noch gehaltenen Strandstreifen sich besonders stark auswirkenden artilleristischen Überlegenheit des Feindes weiterer Widerstand aussichtslos. Der Festungskommandant war entschlossen, am Abend des 17.3. auf eigene Verantwortung und ohne Befehl zu versuchen, unter Belassung von kampfstarken Sicherungen bis zum Morgen des 18.3. die Kampfbesatzung während der Nacht über See abzusetzen und somit zu erhalten[5]. Dieser Entschluß löste allerdings kein Aufatmen aus, denn die Offiziere wußten, daß dieses Absetzen buchstäblich unter den Augen des Feindes in der Reichweite aller seiner Waffen erfolgen mußte[26].

Der Nachrichten-Offizier beim Abt.-Stab der „Abteilung Heimel" stellte seine Funkstelle, die als einzige noch funkklar war, dem Kommandanten zum unmittelbaren Verkehr mit den weit draußen auf See liegenden Einheiten der Kriegsmarine zur Verfügung[26].

Oberst Fullriede funkte um 15 Uhr an Pz.A.O.K.3 nachstehende Meldung über die beabsichtigte Räumung: „Restbesatzung im Nah- und Häuserkampf. Feind drückt mit Panzern. Widerstandskraft wird stündlich geringer. Beabsichtige Restbesatzung auf Prähme zu laden, falls noch möglich."[4]

Auf diesen Funkspruch erhielt Oberst Fullriede die Antwort,

daß man ihm „wegen Überlastung" nicht antworten könne, er aber weiter funken dürfe. Das hieß mit anderen Worten: „Tu, was du willst, aber ohne uns!"[4)]

Der Einschiffungsbefehl für den Rest der Besatzung an den Einsatzleiter der Kriegsmarine, F.Kpt. Kolbe, lautete: „Um 21 Uhr legt sich Fährprahm I an das äußerste Ende der Ostmole, nimmt die dort wartenden Soldaten auf und fährt ab. Ab 22 Uhr legt sich Fährprahm an dieselbe Stelle, um die Sicherungstruppen aufzunehmen. Zur selben Zeit stehen die Schiffsboote vor der Küste zwischen Familienbad und Seesteg, um die letzten weit von Osten kommenden Sicherungen aufzunehmen. Die Boote sollen die an der Küste eintreffenden Soldaten zu den dahinter stehenden U-Jägern oder Schnellbooten leiten. Ein Motorboot wartet ab 21 Uhr am Seesteg auf mich. Fullriede."[4)]

Die Gegenmeldung von F.Kpt. Kolbe lautete: „Seit 19.40 Uhr stehen 4 Flusi (= Flugsicherungsboote) im laufenden Pendelverkehr. Bisher 1000 Soldaten abtransportiert. Stehe mit Booten in laufender Funkspruchverbindung. Jedes Boot mit 250 Mann. Sobald ein Boot fertig, legt nächstes an. Zur Zeit ein Boot an der Mole. Es sind nur wenige Soldaten hier. Zweites Boot liegt vor der Einfahrt, macht fest, sobald erstes Boot abgelegt hat. Zur Zeit außer einem Flusi noch ein Schlepper an Mole. Soldaten kommen nicht."[4)]

Da somit der Befehl des Kommandanten nicht befolgt wurde, wäre beinahe die Räumung mißglückt[12)]. Vor der Ostmole standen eigene Werfer. Gegen Abend schoß die Marine mit 10,5-cm-Geschützen in sie hinein, weil ein Marine-Soldat dem Fregatten-Kapitän gemeldet hatte, es handele sich um russische Geschütze[12)].

Nach Einbruch der Dämmerung kam ein Offizier des Kommandanten an Bord des Zerstörers ‚Z 34' mit der Meldung, die Stadt werde nach völliger Räumung in den frühen Morgenstunden des 18.3. aufgegeben werden und der Kommandant lasse um alle verfügbaren Boote bitten, welche die letzten Sicherungen an einer bestimmten Stelle des Oststrandes aufnehmen sollten. Auch der Stab der Festungs-Kommandantur, der sich noch ausnahmslos in Kolberg befand, sollte dort aufgenommen werden. Die Räumung sollte durch einen starken Feuerschlag der Schiffsartillerie auf den Ost- und Westteil des Hafens gegen den nachdrängenden Feind abgeschirmt werden[17)].

Im Osten und Süden des Bahnhofs griff der Russe am Spätnachmittag mit stärksten Kräften an, die von 4 Panzern, Artillerie und Stalinorgeln unterstützt wurden, und durchbrach die dünne deutsche Linie. Die feindliche Infanterie folgte aber nur zögernd nach. Diesem Umstande war es zu danken, daß die deutsche Front sich wieder auffing[5)].

Am 17.3. abends waren sämtliche Verbände durcheinandergewirbelt. Jeder Kommandeur hielt das Gelände, das er überblikken konnte. Deutsche und feindliche Linien waren derart ineinander verzahnt, daß nur noch durch Melder Befehle gegeben werden konnten. Im allgemeinen wurden der Bootshafen, der Bahnhof ohne Lokschuppen, die Benzmann-Straße und ein Strandstreifen noch gehalten. Häuserkampf tobte in allen Straßen, ebenfalls in einzelnen Stockwerken, wobei mit Panzer-Fäusten und Handgranaten gekämpft wurde[12)].

Im Kampfabschnitt Ost überbrachte gegen 21 Uhr ein Rgt.-Melder den schriftlichen Befehl des Rgt.-Kmdr. Oberst Woller an den Btl.-Führer I./F.A.R., Oblt. Erdmann, zur Räumung der Stellung und zur Einschiffung ab 1 Uhr nachts (18.3.)[22) 121)]. Der Btl.-Führer sollte um 22 Uhr das Btl. herauslösen, eine Riegelstellung in Höhe der Gneisenauschanze* provisorisch besetzen und unter Zurücklassung von Sicherungen dann am 18.3. ab 1 Uhr zum Hafen gehen[22)].

Auf den schmalen Geländestreifen am Strande hatte der Russe

* Hier muß es „Ziegelschanze" heißen (s.Karten).

seit Tagen mit etwa 20 Batterien getrommelt. Das Lw.-Bauamt und das Strandschloß waren die einzigen Häuser dieses Abschnitts, die noch nicht niedergebrannt waren. Da schlug am 17.3. um 16 Uhr eine Granate in den runden, nach See zu gelegenen Turm des Strandschlosses, der im Nu in Flammen stand. Sämtliche Mannschaften wurden angesetzt, um unter schwerstem Beschuß das Feuer zu löschen, doch umsonst; das Strandschloß war verloren. Der Dachstuhl und das oberste Stockwerk, in dem Hunderte von Panzer-Fäusten gestapelt lagen, brannten bereits, aber die Männer im Keller blieben. Da erfolgte ein ohrenbetäubendes, langanhaltendes Krachen: Die Panzer-Fäuste explodierten. Der Qualm erfüllte schließlich die Kellerräume derart, daß die Soldaten in den Abendstunden über brennende Balken hinweg den Weg ins Freie suchen mußten[31)].

Der Stab und die Mannschaften der Batterien erhielten Befehl, am Strande zu sammeln und sich hier einzugraben[26)]. Das geschah unmittelbar hinter der Düne, etwa 100 m vom Strandschloß entfernt, in Richtung Hafen[31)]. Bei ihnen sickerte das Gerücht durch, daß sie in der Nacht zum 18. 3. von der Kriegsmarine herausgeholt werden sollten. Das Meer lag tiefschwarz vor ihnen, aber die Artilleristen hörten dann und wann Motorengeräusch draußen auf See. Während der ganzen Nacht schoß der Russe ununterbrochen mit Granatwerfern auf den unmittelbar vor dem Strandschloß gelegenen Seesteg und zerstörte ihn vollkommen. Außerdem schoß er mit Phosphorgranaten auf den Strand, wo die Granaten wenige Meter über den Artilleristen auf der Düne einschlugen und einen Feuerregen über die Männer hinwegsprühten[31)]. Für die Verwundeten gab es keinen Arzt mehr, da das gesamte San.-Personal der Artillerie bereits in der Nacht zum 17.3. eingeschifft war[26)].

An der Waldenfelsschanze stand eine achtschüssige Stalinorgel, die der Batterie beim Strandschloß schwer zusetzte, indem sie parallel zum Strande auf den Geländestreifen der Gruppe feuerte und Meter um Meter abstreifte. Auch die Einschläge von der Stadt her rückten immer dichter an den Strand heran. Ein Einschlag verschüttete den Gefr. Toews in seinem Sandloch, aus dem er sich aber wieder herauswühlen konnte. Gegen Mitternacht ging Toews zurück in Richtung Strandschloß zur Batterie, wo der Batterie-Offizier noch in seinem Loch saß, ebenso ein Wachtmeister und ein Gefreiter. In diesem Augenblick kam ein Melder vom Festungs-Kommandanten und überbrachte den Befehl, sich nach dem Hafen abzusetzen, da sie von der Kriegsmarine herausgeholt werden sollten[31)]. Der Weg dorthin, ein kurzes Strandstück, lag unter dem Trommelfeuer der russischen Geschütze[26)].

Um 14 Uhr lag die Gruppe des Luftwaffen-Feldwebels Nickel, die ab 9 Uhr keine Munition mehr hatte, mit nur noch 10 Mann am Leuchtturm, wo die Männer sich unter dauerndem Beschuß eingruben. Sie hatten mit ihrem Leben abgeschlossen. Da kam um 21.30 Uhr ein Matrose angelaufen und rief, sie sollten schnell zur Mole kommen, dort liege ein Boot, das sie retten wolle. Um 22.15 Uhr lagen die 10 Mann unter Beschuß auf dem Boot. Nach einstündiger Fahrt übernahm sie ein größeres Boot, das sie zu einem Dampfer brachte, der dann nach Swinemünde fuhr[28)].

Um 17 Uhr wurde der Nachrichten-Offizier der Abteilung Heimel zum Kommandeur befohlen, der schwerkrank im Gef.-Stand des Festungs-Kommandanten im Lw.-Bauamt (Seestraße) lag. Der Major übergab dem Oberleutnant die Leitung der Absetzbewegung der Abteilung. Melder wurden eingeteilt und unterrichtet. Gegen 24 Uhr brachte der Oberleutnant den todkranken Major an den Strand zu den Artilleristen, die sich zur Einschiffung begaben, während der Nachrichten-Offizier mit zwei Mann noch in der Hölle zurückblieb. Zwischen 3 und 4 Uhr morgens (18.3.), als die Russen schon mit M.G. in den Hafen schossen, wurde der Nachrichten-Offizier mit seinen beiden Männern auf der äußersten Molenspitze in ein M.-Schnellboot übernommen, und mit äußerster Kraft ging es durch die vor, neben und hinter ihnen ins Wasser schlagenden Granaten auf die See hinaus[26)].

Beim I./F.A.R. verständigte nach Eingang des Absetzungsbefehls der Btl.-Führer die Einheitsführer durch eine Besprechung auf dem Btl.-Gef.-Stand. Ob.-Fähnrich Hentsch bekam die Führung der Nachhut. Das Absetzen sollte möglichst geräuschlos geschehen. Teile des Stabes schickte Oblt. Erdmann voraus, um die Riegelstellung zu erkunden; dann folgte er mit dem Rest des Stabes und der Masse des Bataillons. Auf dem Wege über die Strand-(Dünen-)Promenade bekam das Bataillon noch starkes Granatwerferfeuer. Es hatte kaum die 800 m entfernte Riegelstellung erreicht, als es auf der Waldenfelsschanze Schießen und Hurrarufen hörte; denn nachdem das Btl. die Stellung (Waldenfelsschanze und Umgebung) in guter Ordnung verlassen hatte, stieß der Gegner vor, und die schwache Nachhut mußte sich zurückziehen. Diese hatte den Auftrag, die Absetzbewegung des Btl. zu sichern, aber nicht die Stellung um jeden Preis zu halten. Nach kurzer Gegenwehr räumten die Sicherungen des Bataillons gegen 23 Uhr die Stellung; die Flak gab noch einige Feuerstöße ab und sprengte dann das Geschütz. Wenn die Verteidigung der Waldenfelsschanze zu diesem Zeitpunkt nicht hätte eingestellt werden müssen, hätte das Bataillon die Stellung durchaus noch halten können[121)].

Im Besitz der Waldenfelsschanze, beherrschte der Feind nun durch Pak- und Panzer-Feuer den gesamten Strandstreifen ostwärts der Persante, die Hafeneinfahrt und die Feuerstellung der westlichen eigenen Artillerie[5)].

Oblt. Erdmann baute rasch eine provisorische Sicherung auf und riegelte auch die Nebenstraßen zum Bahnhofsgelände ab. Es war mittlerweile ungefähr 24 Uhr geworden. Der Btl.-Führer begab sich noch einmal zum Rgt.-Gef.-Stand, wo schon alles zum Aufbruch bereit war. Kurz vor 1 Uhr (18.3.) kam von der Festungs-Kommandantur der Befehl zum weiteren Absetzen mit dem Stichwort „Hafen". Die Riegelstellung östlich des Familienbades bis zur Hakenstraße wurde geräumt. Zurück blieb der Rgt.-Ord.-Offizier als Führer schwacher Sicherungen, die sich vier Stunden später ebenfalls zum Hafen begeben sollten. Mit Lt. Hübner und einigen Soldaten des Bataillons trat Oblt. Erdmann dann den Weg zum Hafen durch eine Straße parallel zur Strandpromenade an. Das Artilleriefeuer schwieg. Zum ersten Male seit der Belagerung war er in den Straßen der Stadt, die ein Bild unvorstellbarer Verwüstung boten; fast alle Häuser waren ausgebrannt oder noch am Brennen und Schwelen, überall lagen zerschossene und umgestürzte Fahrzeuge, an einer Straßenkreuzung standen einige gesprengte Panzer. In Höhe des Strandschlosses betrat der Rest des Bataillons die Strandpromenade. Das Strandschloß stand noch in Flammen, auch das Lotsenhaus brannte. Am Leuchtturm bog er auf die Mole ein, an der sich schon viele Soldaten versammelt hatten, die auf ihre Einschiffung warteten. Die letzten Verteidiger der Waldenfelsschanze trafen im Morgengrauen des 18.3. auf dem Kopfe der Ostmole ein, wo sie sich nach Möglichkeit zu decken suchten, denn der Russe hatte von der Maikuhle aus Einsicht[22)].

Die Artilleristen, die um Mitternacht den Absetzbefehl erhalten hatten, liefen zum Hafen bis vorn auf den Molenkopf, wo sich Soldaten aller Waffengattungen zusammendrängten. Für die Artilleristen war es die höchste Zeit, sich hier anzuschließen.

Auf dem Westufer der Persante hatte die Marine am 17.3. die letzte Sicherung unter allen Umständen zu halten. K. Kpt. Prien ermahnte die Marine-Soldaten, in den Stellungen auszuhalten, da nur so Aussicht bestehe, selbst herauszukommen. Die Truppe zeigte eine gute, sehr zuversichtliche Haltung. Um 15 Uhr beobachtete man, daß der Russe in der Maikuhle Flammenwerfer vorbereitete. Feindliche Werferbatterien streuten beide Hafenseiten und die Molen ab. Das unbemerkte Absetzen für die Marine sollte am 17.3. um 20 Uhr beginnen; auf das Stichwort „Strand" sollten die Linien auf starke Sicherungen unter Führung von Offizieren verringert werden; auf das Stichwort „See” sollten diese Linien dann ganz geräumt werden. Voraussetzung war das Herankommen von Schiffsraum. Beide Molen waren zur Einschiffung vorgesehen[16)]. Bis 24 Uhr war aber kein Boot zur Einschiffung für die Westmole eingetroffen. Beobachtet wurde, daß von der Ostmole laufend Transporte in See gingen. Der Volkssturm hatte zu erheblichen Teilen auf die Ostmole übergesetzt[16)].

Am 17.3. abends waren noch einsatzbereit: 3 l. Feldhaubitzen 18, 1 Flak 3,7 cm, 2 Flak 2 cm und mittlere Granatwerfer. Beim Abtransport wurden mitgenommen: 6 mittlere Granatwerfer; alle übrigen Waffen wurden unbrauchbar gemacht, ebenso Munitions-, Treibstoff- und Lebensmittelvorräte[5)].

Sonntag, 18.3.1945

In der Nacht zum 18.3. (Sonntag) traf „Z 43” wieder auf Reede ein, dazu „T 33”, um bei der Räumung zusätzlich Feuerunterstützung zu geben. „T 33” unter Kpt.Lt. Riebe hat nur am 18.3. mitgewirkt[12)]. Die beiden Zerstörer und „T 33” legten eine Feuerglocke über die erschöpften Soldaten am Molenkopf. Feuerschlag auf Feuerschlag heulte über die Köpfe der Landser hinweg in die Stadt hinein. Fast augenblicklich schwieg die russische Artillerie.

Etwa um 2 Uhr früh glitten Schnellboote lautlos an die Ostmole heran. In den Hafen konnten keine Boote mehr hinein, da der Russe schon am linken Ufer der Persante stand. Das erste Schnellboot machte am Molenkopf fest. Mit Soldaten überfüllt, setzte es sich in Bewegung. Rot flackerte die Glut der brennenden Stadt auf den Gesichtern der Männer. Schon legte ein zweites Boot an. Dann heulten die Motoren auf, und die Boote fuhren mit höchster Geschwindigkeit in die nächtliche See hinaus, bis die Bordwände großer Transporter vor ihnen aufragten. Bei ruhiger See gingen die Boote längsseits, die Verwundeten wurden die steile Bordwand emporgewunden, und dann kletterten die Soldaten an Bord der Schiffe[31]. Die Kriegsschiffe feuerten, solange Schnellboot auf Schnellboot mit Überlebenden längsseits kam.

Die Einschiffung der Reste des I./F.A.R. erfolgte am 18.3. ab 2 Uhr.

Gegen 2.30 Uhr verschoß „Z 34" 50 Schuß auf zahlreiche Feind-Panzer, die bei der Kleistschanze zum Angriff auf das westliche Hafengelände bereitstanden[17].

Inzwischen war der Abtransport der Heeressoldaten am Oststrande bis auf Teile der Sicherungen beendet[16]. Gegen 3 Uhr erfolgte ein gemeinsamer Feuerschlag und weitere Störungen, bis die Boote zurückkamen, die jetzt die restlichen Sicherungen aufnahmen[17]. Die Sicherungen von I./F. A.R. blieben vom 17.3. um 23 Uhr bis zum 18.3. um 5 Uhr im letzten Sperriegel[22].

Bei der Marine ging das Stichwort „Strand" am 18.3. um 0 Uhr ein. Die Soldaten sammelten sich allmählich am Abschnitts-Gef.-Stand, dem Brandenburgischen Seehospiz. Da Schiffe ausblieben, wurde die Lage bedrohlich, falls der Feind die Absetzbewegung bemerkte[16]. Als für die Westseite der Mole kein Schiffsraum mehr zu erwarten war, bemannte K.Kpt. Prien um 3 Uhr die vom Sonder-Kmdo. Fähre mangels Seefähigkeit zurückgelassene Siebelfähre. Sie war im Anfangsstadium des Zusammenbaues und größtenteils ohne Decksplanken. Teilweise erhebliche Lecks wurden mit Bordmitteln abgedichtet. Schlauchboote und Schwimmwesten wurden herbeigeschafft. Der Absetzbefehl „See" blieb aus; da aber der starke Beschuß und die zu erwartenden Angriffe der Flammenwerfer bei weiterem Aufenthalt nur unnötige Verluste verursachen mußten, handelte K.Kpt. Prien auf eigene Verantwortung, zog die Sicherungen ein, besetzte am Seehospiz die Siebelfähre und ließ sie von der ebenfalls stark beschädigten Hafenbarkasse „Marga" schleppen. Im Augenblick des Absetzens entstanden durch Granatwerfertreffer die letzten Verluste mit 2 Toten und 5 Verwundeten. Nördlich des Yachthafens wurden nicht abtransportierte Volkssturm-Männer an Bord genommen; die Fähre war jetzt mit ca. 450 Mann stark belastet. Infolge starker Strömung gehorchte die Fähre dem Notruder nicht und wurde an die Ostmole gedrückt. Hier wurde sie von 50 verspäteten Soldaten gestürmt und war mit fast 500 Mann dem Sinken nahe. An Bord entstand eine Panik. Die Fähre hatte Schlagseite und konnte nicht manövrieren, wurde dann aber im schwersten Artillerie-Feuer doch durch die Molenköpfe gebracht. Man ließ sie treiben, und „Marga" warf los. In der Morgendämmerung wurde die Siebelfähre ausgemacht, längsseit gegangen und die Besatzung bei einigem Seegang unter größten Schwierigkeiten etwa 2,5 sm in See ohne Verluste übernommen; die Fähre blieb sinkend zurück. Auch „Marga" konnte im Schlepptau nicht gehalten werden[16)].

Auf Reede sichtete K.Kpt. Prien nach längerem Suchen die leere Minenkampffähre „F 879" und stieg über. Ein Einlaufen der Kampffähre in den Hafen war aber wegen des starken feindlichen Artillerie-Beschusses unmöglich, sie mußte deshalb unverrichteter Sache wieder umkehren, erreichte den Sammelplatz des Geleits und lief in diesem westwärts[16)].

Wie sich später herausstellte, war der Abtransport der Kampftruppe verfrüht als beendet angesehen worden, da eine Möglichkeit der Verständigung nach See in der Nacht zum 18.3. nicht mehr bestand[16)].

Um 4.30 Uhr kam das Verkehrsboot von „Z 34" mit der Jolle von „Z 43" im Schlepp nach „Z 34" zurück. Die Jolle hatte als Letzten den Festungs-Kommandanten, Oberst Fullriede, an Bord genommen. Er war trotz heftigen M.G.- und Werferbeschusses erst eingestiegen, als die andern Boote in Sicherheit waren. Die Jolle hatte kurz nach Ablegen Motorschaden und wurde unter heftigem Beschuß von Land durch das Verkehrsboot von „Z 34" unter dem Kmdo. des Kpt. Lt. Hecht in Schlepptau genommen.

Strand und Mole schienen um 6.30 Uhr von eigenen Truppen geräumt[17].

„Z 34" trat um 5 Uhr den Rückmarsch nach Swinemünde mit restlichen Verwundeten, Flüchtlingen und Wehrmachtsangehörigen an, „Z 43" um 6.30 Uhr, nachdem der Zerstörer ebenfalls restliche Verwundete, Flüchtlinge und Wehrmachtsangehörige übernommen hatte. „T 33" setzte sich um 6.30 Uhr gleichfalls nach Swinemünde in Marsch[12].

Von Bord aus erschien Kolberg als ein einziges Flammenmeer. Es brannte in der Nacht zum 18.3. in ganzer Breite[16]. In der Lindenallee explodierten die auf dem Geleise stehenden Munitionswaggons mit ohrenbetäubendem Getöse; im Lagerschuppen von Teifke (neben Elias Schleppengrells Gaststätte ‚Nothafen'), Lindenallee 31, flogen acht Stunden lang Hunderte von Benzinfässern in die Luft[119]. Die Stadt bot, von See aus in 10-15 km Entfernung gesehen, ein Bild, das sich seinen letzten Verteidigern unauslöschlich eingeprägt hat. Es war ruhige See; ein hoher Himmel wölbte sich darüber, blutrot über der Stadt bis zum tiefen Schwarzblau im Norden[18]. Schwarz stand kilometerhoch eine Rauchwolke über der Stadt, die Soldaten und Flüchtlinge von den Schiffen aus noch lange sahen, ehe die brennende Stadt, in der sie 14 Höllentage durchgemacht hatten und die sie nach tapferem Abwehrkampfe verließen, hinter ihnen versank. – Doch wenn auch die Masse der überlebenden Verteidiger über See abtransportiert werden konnte, gerieten eine Reihe von Nachhuten in Gefangenschaft, so eine Kampfgruppe von 350-400 Mann. Diese Gruppe hatte wie alle den Befehl gehabt, sich zum Hafen abzusetzen. Mit dem nachdringenden Feind hatte sie in ihrem Abschnitt schwere Häuser- und Straßenkämpfe, und in der Nähe von Kauffmanns Strandhotel hatte sie ebenfalls noch hinhaltenden Widerstand geleistet und sich erst dann zum Hafen absetzen können[48].

Soldaten eines Inf.-Geschützzuges im Ostabschnitt hatten in der Nacht zum 18.3. durch Funkspruch die Meldung erhalten: „Unter Feuerschutz am Hafen zur Fahrt nach Swinemünde absetzen." Was sie noch an Munition hatten, jagten sie aus den Rohren, dann machten sie die Geschütze unbrauchbar und gingen durch die Parkstraße und den Rosengarten, wo der Russe ihnen mit seinen Granatwerfern zu schaffen machte, ohne daß sie dank der vielen Blindgänger große Verluste hatten, zum Hafen. Als sie zum Leuchtturm kamen, schoß der Russe mit Granaten, doch die Einschläge lagen zu weit. Dann kam ein Schiff in den Hafen, doch nur wenigen gelang es, fortzukommen. Tumult entstand, Schüsse knallten, Soldaten stürzten ins Wasser. Sie warteten vergebens; kein Schiff kam mehr. Sie liefen dann auf die Mole, legten sich dicht an die Molenmauer und suchten so den Querschlägern und Splittern zu entgehen[57)]. Dort lagen auch Soldaten der Kampfgruppe, die von Kauffmanns Strandhotel her sich zum Hafen abgesetzt hatte. Sie alle sahen das letzte Schiff in Richtung See abdampfen[48)].

Plötzlich peitschten Schüsse in ihrer Nähe. Ein alter Major winkte mit einem Taschentuch auf einem Stock. Polnische Soldaten kamen auf die Mole. Die Waffen der deutschen Soldaten flogen über die Molenmauer. Dann standen Polen vor ihnen, die M.P. in der Hand. Mit erhobenen Händen mußten sich die deutschen Soldaten am Strande aufstellen. Alle ihre Habe wurde ihnen abgenommen. Später mußten sie sich in der Parkstraße einer Kolonne Gefangener anschließen. Zum letzten Male führte ihr Weg sie durch Kolberg[57)].

Während die Gefangenen noch am Strande standen, fuhr der Feind viele Geschütze am Strande mit Schußrichtung zur See auf. Russen und Polen begannen vor Freude über ihren Sieg wie toll in das Meer zu schießen[48)]. Sie hatten den Sieg schon reichlich mit Wodka begossen und konnten sich kaum noch auf den Beinen halten. Mit M.P. und Gewehren schossen sie über die Gefangenen hinweg; Handgranaten flogen über ihre Köpfe. Besonders beliebt war bei den Gegnern das Abschießen von Leuchtmunition. Es war eine tolle Schiesserei. Polen und Russen benahmen sich wie ausgelassene Kinder[59]. Die Siegesfeier des Feindes dauerte 3 Tage, und der Schnaps floß dabei in Strömen[69].

ZUSAMMENFASSUNG

Dem gemeinsamen Einsatz von Heeres- und Marinestreitkräften, Mannschaften des Fliegerhorstes Bodenhagen und des Volkssturms war es trotz Fehlens einer Luftwaffe gelungen, 14 Tage lang die schwachbesetzte Stadt gegen alle konzentrischen Angriffe von zwei sowjetischen Panzer-Divisionen, verstärkt durch Verbände der 3., 4. und 6. polnischen Inf.-Div., durch Panzer, Werfer und Artillerie-Verbände, darunter das 4. russische Art.-Regiment, so lange zu halten, daß 70-80000 Flüchtlinge und der größte Teil der Kampfgruppe – außer den 350-400 Mann, die nicht mehr hatten abtransportiert werden können – über See nach Westen gebracht werden konnten[5) 17)].

Ohne den Einsatz der Zerstörer wäre das Schicksal der in der Stadt eingeschlossenen Menschen schon in den ersten Tagen besiegelt gewesen. Der nicht vorbereitete und doch erfolgreich durchgeführte Einsatz der beteiligten Streitkräfte wurde durch Großadmiral Dönitz als ausgezeichnete militärische und seemännische Leistung in einem Tagesbefehl besonders gewürdigt[17].

Die eigenen Verluste an Toten, Verwundeten und Kranken werden bis 40% beziffert, beim Volkssturm sogar mit 60%[5].

Beim Beginn der Belagerung standen dem Festungs-Kommandanten an Heerestruppen etwa 3300 Mann zur Verfügung, davon im infanteristischen Einsatz etwa 2200 Mann. Die Verluste wurden laufend durch Zuführung unbewaffneter Soldaten und durch die Neuzuführung des Alarm-Btl. Kell ausgeglichen. Daher wurden in der Nacht zum 18.3. noch etwa 2000 Mann der kämpfenden Truppe, davon 1200 Infanteristen, abtransportiert[5)]. Das Alarm-Btl. Oblt. Hempel, das am 4.3. etwa 400 Mann gehabt hatte, war am 18.3. auf etwa 150 Mann zusammengeschmolzen[25)]. Das I./F.A.R. war mit 448 Mann Gefechtsstärke in den Kampf gezogen; das Häuflein, das sich am 19.3. in Swinemünde um den letzten Btl.-Führer, Oblt. Erdmann, versammelte, war einschließlich Stab und Trossen der Kompanien noch rd. 150 Mann stark[22)].

Über die Verluste der Marine und der Soldaten der Luftwaffe waren keine genaueren Angaben zu ermitteln.

Der Volkssturm-Führer meldete am 16.3. von seiner Anfangsstärke (rd. 700 Mann) einen Ausfall von 450 Mann an Toten, Verwundeten und Vermißten[14)].

Der Gegner hatte bei vorsichtiger Schätzung, die durch Aussagen von Gefangenen erhärtet wurde, bis zu 50% Verluste gehabt. „Die Menschenverluste des Feindes waren ... außerordentlich hoch. Nach Gefangenenaussagen war der Gegner schließlich gezwungen, seine Trosse in vorderer Linie einzusetzen."[5)]*

An diesen Erfolgen war die Festungs-Artillerie-Gruppe Schleiff wesentlich beteiligt. Trotz ihrer improvisierten Aufstellung während der Kampfhandlungen entlastete sie die Truppe immer wieder fühlbar durch ihre Wendigkeit und Treffsicherheit. Dies war besonders der Tatkraft und der hohen artilleristischen Fähigkeit des Majors Schleiff zu verdanken. Ebenso war es besonders sein Verdienst, daß die Zusammenarbeit mit der unterstützenden Schiffs-Artillerie der Zerstörer 43 und 34 reibungslos funktionierte. Ohne diese Unterstützung wäre das 14tägige Aushalten zweifellos nicht möglich gewesen[5)].

Die Verluste der Zivilbevölkerung während der Kampf-

---

* Über die Verluste beider Seiten siehe auch im Anhang „Das Ehrenbuch der im Zweiten Weltkrieg in Kolberg Gefallenen."

handlungen werden unterschiedlich geschätzt. Die genaue Zahl wird sich niemals ermitteln lassen, denn nicht nur befanden sich in der Stadt ungezählte Massen von Flüchtlingen, zahlreiche Evakuierte und auch ausländische Arbeitskräfte, sondern es wird sich auch nicht feststellen lassen, wie viele während der Belagerung und wie viele in der Zeit nach der Besetzung ihr Leben verloren. So erklärt es sich auch, daß in einigen Quellen davon die Rede ist, daß 17000 oder 10000 Zivilpersonen in Kolberg ums Leben gekommen seien, während von anderer Seite die Zahl der Toten unter der Zivilbevölkerung in der Zeit bis zum 16.3. allein auf 1500 geschätzt worden ist. Es steht aber fest, daß bereits während der Belagerung eine hohe Säuglings- und Kindersterblichkeit zu verzeichnen war, die vornehmlich auf den Mangel an Milch und Trinkwasser zurückzuführen war. Viele Kolberger schieden in ihrer Verzweiflung freiwillig aus dem Leben[5)].

Tausende von Menschen haben die Stadt nicht verlassen, teils aus freiem Entschluß, weil sie in ihrer Vaterstadt bleiben wollten, teils weil es ihnen wegen ihres hohen Alters, Gebrechlichkeit oder schwerer Krankheit nicht möglich war, auf ein Schiff zu gelangen. Viele andere blieben an der Seite dieser ihrer gebrechlichen Angehörigen. Auch sie fielen oftmals dem Chaos zum Opfer[84)].

Die Haltung der Kolberger Zivilbevölkerung während der Belagerung wird verschieden beurteilt. Am 6.3.1945 vermerkte eine Kolbergerin in ihrem Tagebuch: „Der Kampf um das Einbooten geschah unter fortwährendem Beschuß mit allen Mitteln (aus Panikstimmung heraus)." Einmal, am 8.3., glaubte auch der Kommandant Anzeichen einer beginnenden Panik zu erblicken, die durch den pausenlosen Artilleriebeschuß hervorgerufen zu werden drohte. Dagegen urteilte Dr. med. W. Brand[14)], er sei erstaunt und erschüttert gewesen, mit welcher Ruhe die Kolberger den Beschuß über sich hätten ergehen lassen; es sei geradezu bewundernswert gewesen, in welcher Haltung die Zivilbevölkerung all die furchtbaren Schrecken ertrug. Ob.-Stud.-Rat Dr. H. Wachsmuth, der Kolberg am 11.3. mit seiner Familie verließ, schrieb: „Von einer Panik unter der Kolberger Bevölkerung haben wir nichts bemerkt. Wir hatten den Eindruck, daß sie gefaßt der ungewissen Zukunft entgegenging." Der Wehrmachtsbericht meldete am 12.3.: „Kolberger Bevölkerung benimmt sich mustergültig." „Was sollte man auch anderes machen?" bemerkt ergeben eine Kolbergerin hierzu in ihren Tagebuchaufzeichnungen[58]. Ein Stabsintendant meinte: „Ausgesprochene Panik gab es wohl nicht. Leichte Beunruhigungen konnte man nach Lage der Dinge kaum als Panik bezeichnen."[21] Ein Offizier des Festungs-Stabes schrieb: „Es gab viele Bilder des Jammers, und es ist zu bewundern, daß die Menschen immer noch eine gewisse Disziplin bewahrten, vielleicht erklärlich daraus, daß sie allmählich abgestumpft waren durch wochen- und monatelanges Elend."[15]

So darf wohl gesagt werden, daß das Verhalten der Bevölkerung bis zum 16.3. im ganzen ruhig und besonnen war. Dem widerspricht es keineswegs, daß die Massen der Menschen, die sich am Hafen zur Einschiffung stauten, unter dem schweren Beschuß der feindlichen Artillerie in panischer Todesangst ihr Leben zu retten suchten, indem sie auf die Schiffe drängten; aber auch hier wurde der Panik immer wieder Einhalt geboten. So berichtet ein zum Abtransport vorgesehener verwundeter M.G.-Schütze: „Die schwersten Stunden, die ich während meiner ganzen Kolberger Zeit erlebt habe, waren am Morgen des 17.3. Der Hafen sowie der Strand lagen im schwersten Feindfeuer. Der Andrang der Menschen am Hafen gab dem Feind immer wieder ein lohnendes Ziel, so daß die Verluste katastrophale Ausmaße annahmen. Die hierdurch hervorgerufene Panik konnte nur durch energisches Eingreifen einiger Offiziere beseitigt werden."[33]

Der Festungs-Kommandant selbst hat die Haltung der Kolberger Bevölkerung als vorbildlich bezeichnet.[11] Er hebt besonders die tapfere Haltung mancher Frauen hervor, die sich beim Löschen von Bränden und beim Bergen von Verwundeten unter Einsatz ihres Lebens hervortaten. Eine Wehrmachts- und zwei Nachrichtenhelferinnen harrten freiwillig bis zum letzten Abtransport von Frauen und Kindern aus und versahen ihren Dienst in selbstloser Weise[5].

Über Haltung und Leistung der Heeressoldaten urteilt Oberst Fullriede: „An die kämpfende Truppe mußten außergewöhnlich hohe Anforderungen gestellt werden. Der hohe Grundwasserstand machte in fast allen Abschnitten ein Eingraben unmöglich, so daß die Truppe dem massierten Feuer der schweren Feindwaffen fast deckungslos ausgesetzt war. Hierzu kam ein vierzehntägiger fast pausenloser Kampf mit weit überlegenem Gegner ohne die Möglichkeit auch nur eines zeitweiligen Herausziehens. Die schlechten Trinkwasserverhältnisse zeitigten überall schwere Verdauungsstörungen, welche die körperliche Widerstandsfähigkeit der Besatzung beeinträchtigten. Die Leistungen der Truppe waren dennoch erstaunlich. Sie mußte sich im Häuserkampf feindlicher Panzer, Pak und Flammenwerfer erwehren. Ohne jede eigene Pak wurden 28 Feindpanzer vernichtet, davon 12 mit Nahkampfmitteln, die übrigen durch Flak und Artillerie. Weitere Feindpanzer wurden zweifellos in nicht feststellbarer Zahl in den Bereitschaftsräumen durch die eigene Schiffsartillerie vernichtet. Weiterhin wurden mit Sicherheit vernichtet oder erbeutet: 15 Pak, 9 leichte Geschütze, 8 Granatwerfer, 10 s.M.G., zahlreiche leichte Infanteriewaffen und 9 leichte LKW”[5].

Haltung und Leistungen der Matrosen, die zum Abtransport der Bevölkerung kommandiert waren, wurden voll Dankbarkeit allgemein anerkannt: „Die Leistungen der Marine waren über alles Lob erhaben.” In der Nacht zum 12.3. übernahm „Z 34” an Verwundeten und Flüchtlingen fast 1000 Menschen; „auf dem Schiff herrschte eine furchtbare Enge, doch die Matrosen sorgten in vorbildlicher Weise für die Flüchtlinge.”[62] Am 17.3. war unter den am Hafen Wartenden eine Panik ausgebrochen; den dadurch erschwerten Abtransport führten die Matrosen „mit staunenswerter Ruhe, größter Umsicht und Schnelligkeit" durch, und „nur dem tatkräftigen Eingreifen unserer Marine ist es zu danken, daß ein Teil der Schwer- und Leichtverwundeten mit den Zivilisten, Organisationen und Ausländern abtransportiert wurde."[33)] „Die Marine leistete Übermenschliches": Diesem Urteil von Dr. med. Brand stimmt die Bevölkerung Kolbergs ohne Einschränkung zu.

Der Volkssturm war mangelhaft ausgerüstet, z.T. nur mit Jagd- und Sportflinten bewaffnet[38)], schlecht mit Munition versorgt, tagelang unzureichend verpflegt; ein Teil des Volkssturms bestand zudem aus unausgebildeten Männern. Ohne schwere Waffen verteidigten diese alten Männer in der Maikuhle jeden Fußbreit Boden, damit der Hafen für den Abtransport so lange wie möglich gehalten werden konnte. Von ihnen, die zumeist weit über das wehrpflichtige Alter hinaus waren, konnten nicht die gleichen Leistungen erwartet werden wie von jungen Soldaten. Der Volkssturm war eine Truppe, die vom militärischen Standpunkt allenfalls zum Wachdienst geeignet war[122)]. Die Kolberger werden es den Männern vom Volkssturm nicht vergessen, daß sie sich für sie geopfert haben. Wenn sich am 16.3. beim Volkssturm Auflösungserscheinungen zeigten, – wer dürfte es wagen, hier nach einer 12tägigen großen körperlichen und seelischen Belastung rechten zu wollen? Auch einzelne Gruppen des Heeres und der Luftwaffe verließen vorübergehend ihre Stellungen. Derartige Erscheinungen waren nur zeitweilig und trafen nur auf einzelne Soldaten und Kampfgruppen zu, nicht aber auf die Gesamtheit der Verteidiger. Über sie urteilt ein Mitkämpfer: „Die Truppeneinheiten haben sich äußerst tapfer und treu gehalten."[51)]

Die französischen Freiwilligen kämpften ebenfalls hervorragend[12)].

Ein tendenziöser Bericht nach der Einnahme Kolbergs behauptete: „Die gesamten Dienststellen und Behörden, unter ihnen die noch sinnlos vorher eingesetzte OT, verließen in den Vormittagsstunden des 4.3. die Stadt und überließen die Bevölkerung ihrem Schicksal."[41]* Diese Angaben entsprechen bei weitem nicht der Wahrheit. Sowohl Stadtamtmann Wachholz, der Zivilkommandant des Hafens, der Leiter des Hafenbauamtes, der Zivilbeauftragte der Ärzte, Dr. Brand, als auch der Kreisleiter und alle Ortsgruppenleiter haben bis zuletzt ausgehalten. Die Hafenstreife hatte am 7.3. den stellv. Oberbürgermeister, Gen. Krapp, den Kreisleiter und Mitglieder der Behörden wegen Fluchtverdachts verhaftet und in die Kommandantur gebracht. Der Kommandant vernahm Gen. Krapp am Morgen des 8.3.; nach dem Verhör verübte Gen. Krapp Freitod[7) 55)]. Die anderen Verhafteten schickte der Kommandant zum Kreiskommandanten, SS-Ob.Gr.-Führer Bertling, ins Neue Solbad, damit sie sich dort verantworten sollten. In der Verhandlung konnten sich die Verhafteten entlasten, die dann nach 24stündiger Unterbrechung ihre Arbeit für den Abtransport am Hafen wieder aufnahmen. Auch die Behauptung, daß die Kreisleitung 6 Tage vor dem Fall Kolbergs die Stadt bei Nacht und Nebel verlassen habe, trifft nicht zu[86)].**

---

* In diesem Artikel der Ostberliner SPD-Zeitung „Das Volk" vom 20.3.1946 versucht sich ein E.(berhard) St.(ern) mit fantasierten, wahrheitswidrigen Behauptungen als Antifaschist zu profilieren.

** Überhaupt bemächtigte sich nach dem Kriege die Legende der Zustände in Kolberg während der Belagerung. In „Christ und Welt" erschien am 21.4.1949 ein Aufsatz „Kolberg – Legende und Wirklichkeit" (11.Jg. Nr.16 S.4), in dem es heißt: „Ein mit großem Aufwand kurz zuvor hergestellter Harlan-Film über den Kampf des alten Kolberg (1807) wurde nach Kolberg gesandt. Er sollte dartun, daß selbst in aussichtsloser Lage der unerschütterliche Wille zum Siege Berge versetzen konnte. Während abgekämpfte deutsche Soldaten in Häuserkämpfen mit sowjetischen und polnischen Divisionen rangen und am Ufer der Persante deutsche Frauen mit ihren Kindern im Arm unter dem Feuer sowjetischer Maschinengewehre auf die rettenden Schiffe warteten, lief der Film in einem Kolberger Kino...Angesichts des Jammers der Millionen und der hoffnungslosen Übermacht des Gegners eine an die Grenzen des Hohns reichende Farce des sterbenden Regimes." Hierzu ist zu bemerken: Da es seit dem ersten Belagerungstag (4.3.) keinen Strom mehr gab, konnte ein Kinobetrieb gar nicht aufrechterhalten werden; im „Deli", dem größten Kino Kolbergs, waren außerdem Flüchtlinge untergebracht, und in die Kammerlichtspiele wagte sich am 4.3. schon niemand mehr. Leider brachte „Christ und Welt" die erbetene Richtigstellung nicht.

Die Ärzte richteten zahlreiche Sanitäts-Dienststellen ein. Mitglieder der Behörden, der Partei und die Kolberger Polizei halfen der Bevölkerung bei Verladung und Abtransport, stellten Verpflegung bereit und ließen für die Flüchtlinge kochen, wo es nur ging, vor allem in Siloah. Bäcker und Fleischer arbeiteten bis zuletzt; gerade unter ihnen waren die Verluste an Toten und Verwundeten groß. Erst nach Abtransport der Frauen und Kinder und des größten Teils der Männer verließen die Dienststellen die Stadt im Laufe des 16.3., als der Russe bereits im Winterhafen lag und den Hafen unter Gewehrfeuer hielt[14)].

AUSLÄNDISCHES PRESSE - ECHO

Über die Einnahme Kolbergs berichtete die Londoner Presse am 19.3.1945: „Gestern nahmen Sturmtruppen der Roten Armee die von Granaten zerwühlten Ruinen des deutschen Ostseehafens Kolberg, womit eine dreizehntägige Belagerung der Stadt endete. Der Zusammenbruch des Feindwiderstandes in Kolberg, einem alten pommerschen Seehafen mit einer Vorkriegsbevölkerung von 36.600 Einwohnern, wurde durch Premier Stalin in einem Tagesbefehl bekanntgegeben. Die hochbefestigte Zitadelle, zu Lande eingeschlossen von der Roten Armee, wurde von Marschall Gregory K. Shukows 1. Weißrussischer Armee unter Beteiligung polnischer Einheiten genommen. Die Deutschen gaben den Verlust der Stadt zu, behaupteten aber, daß die Nazi-Garnison am frühen Morgen des gestrigen Tages evakuiert worden wäre. Moskaus mitternächtliches Kriegsbulletin besagte, daß Shukows Artillerie den Hafen von Westen her beschossen habe und mehrere deutsche Schiffe versenkte, die versuchten, in den Hafen einzulaufen, um Truppen zu evakuieren."

Zu diesem Bericht ist zu bemerken: Kolberg wurde durch eine Kgl. Anordnung 1872 als Festung aufgehoben. Die Festungswerke wurden seit 1873 sämtlich geschleift. Es gab 1945 keine „hochbefestigte Zitadelle" in Kolberg. Die Besatzungstruppe ist bis auf 400 Mann am 18.3.1945 in den frühen Morgenstunden abtransportiert worden. Es ist dabei keines der abtransportierenden deutschen Schiffe versenkt worden. –

Die polnischen Einheiten innerhalb der 1. Weißrussischen Armee gehörten zur 1. polnischen Armee. Die polnische Darstellung über die Kämpfe in Pommern sucht den Eindruck zu erwekken, die Belagerung und Eroberung Kolbergs sei allein ein Werk der polnischen Streitkräfte gewesen. Polnische Soldaten kämpften zwar Seite an Seite mit russischen Truppen, z.T. unter dem Befehl sowjetischer Offiziere – die Einnahme Kolbergs selbst war aber nur möglich mit Hilfe der schweren russischen Waffen[42).*]

FULLRIEDES DANK AN DIE BESATZUNG

Oberst Fullriede erließ „An die Soldaten der Festung Kolberg" ein Dankschreiben, in dem er folgendes ausführte:

„Nur Eurem tapferen Einsatz ist es zu danken, daß 70000 deutsche Männer, Frauen und Kinder vor dem Zugriff unseres unbarmherzigen Feindes bewahrt wurden. Ihr habt Euer eigenes Leben für sie eingesetzt und Euch damit den Dank aller dieser sonst verlorenen Menschen und des ganzen deutschen Volkes verdient... Ich persönlich spreche allen meinen Offizieren, Unteroffizieren und Mannschaften meinen tiefsten Dank aus. Ich bin stolz, der Führer einer solchen Truppe zu sein, der es gelungen ist, ohne eigene schwere Waffen einen übermächtigen Gegner immer wieder aufzuhalten und ihm schwerste Verluste zuzufügen. In die Geschichte Kolbergs habt Ihr eine neue Seite einge-

---

* 1951 erschien ein Buch von Stanislaw Komornicki mit dem für die polnische Geschichtseinstellung bezeichnenden Titel „Kolbergs Befreiung". Tadeusz Rawski schrieb zu diesem Buch die Einleitung und eine Operationsaufklärung.

fügt, die sich würdig an die ruhmreiche Tradition dieses Namens reiht. Unter härtesten Bedingungen, die ganze Männer forderten, habt Ihr Euch gleichwertig jenen Männern erwiesen, die einst unter Gneisenau und Nettelbeck unter den gleichen Mauern fochten. Euch ist der Regimentsname „Kolberg" verliehen. Ihr habt ihn Euch ehrenvoll erkämpft. Wenn es nach diesen Tagen der Ruhe in einen neuen Einsatz geht, dann werdet Ihr Euch, davon bin ich überzeugt, an jeder Stelle genau so tapfer einsetzen, wie Ihr Euch als Verteidiger von Kolberg geschlagen habt. Es geht wie in Kolberg um das Leben unserer Frauen und Kinder, um die Zukunft unseres Volkes."[60)]

Die geschickte Führung der Verteidigung ist das Verdienst von Oberst Fullriede. Als die ihm vom O.K.H. gestellte Aufgabe, die Flüchtlingsmassen über See zu retten, dank dem aufopfernden Kampfe der Verteidiger gelöst und nur noch ein enger Raum um den Hafen in eigener Hand war, verließ der Kommandant mit den überlebenden 2000 Mann die zerstörte Stadt[45)]. Es war ihm gelungen, die restliche Besatzung bis auf etwa 400 Mann zu bergen, wie er es seinen Soldaten versprochen hatte.

SCHLUSSWORT DES VERFASSERS

An 23.5.1255 hatten der Kamminer Bischof Hermann von Gleichen und Herzog Wratislaw III. von Pommern-Demmin eine Urkunde ausgestellt, durch die beide die deutsche Stadt Kolberg gründeten und mit Lübischem Recht ausstatteten.

Am 18.3.1945 fiel dem Feind eine völlig niedergebrannte und verwüstete Stadt in die Hand.

Sie wurde verteidigt nicht nur um des Namens willen, den sie trägt, sie wurde verteidigt, um viele Zehntausende von Menschen zu retten. Sie wurde verteidigt von Angehörigen aller deutschen Stämme und von treuen Söhnen der Heimat – jener Heimat, die im Herzen bewahrt bleibt, wie sie einst war. Die unermeßlichen Leiden und Opfer aber mahnen, daß ein Friede der Gerechtigkeit geschaffen und gewahrt bleibe für alle Zeiten, in denen jedes Volk in seiner Heimat leben kann und alle in einer gemeinsamen Heimat.

Johannes Voelker

ANHANG

QUELLEN-NACHWEIS ZUM TAGEBUCH

1) „Gefechtsbericht des Heeres", Klbg. Ztg. 1951, Nr. 1 u. 5, nach dem Kriegstagebuch des ehemaligen IIa der Kommandantur, dem aktiven Hauptmann Döllefeld, geschrieben (Schleiff, Br. v. 8.8.57). Dieser Gefechtsbericht wurde später mit dem „Kampfbericht der Marine" zusammengearbeitet. In dieser Fassung wurde er veröffentlicht in der „Dokumentation der Vertreibung der Deutschen aus Ost-Mitteleuropa", herausgeg. vom Bundesministerium der Vertriebenen, Bd.I/1, Nr. 62, S. 237-246.

2) Einzeichnungen auf den Gefechtskarten.

3) Verzeichnis f.d. Offz.-Stellenbesetzung des Fest.-Stabes.

4) Letzte Funksprüche, Klbg. Ztg. Nr. 3/1954.

5) Fullriede, in „Neue Jeetzel-Ztg.", 1.3.1950.

6) „Fullriede-Belagerungsbericht einseitig", Klbg.Heimatbrief Nr. 2/1951

7) „Schwere Beschuldigungen Fullriedes gegen Behörden und Einzelpersonen", Klbg. Ztg., Nov. 1952 (Verf. nicht gen.).

8) „Oberst Fullriede und die Belagerung Kolbergs", Klbg. Zeitung, Apr. 1952 (Verf.nicht gen.).

9) Brand, Werner, Dr. med., „Antwort an Oberst a.D.Fullriede", Klbg. Ztg., Juli 1952.

10) „Oberst Fullriedes Entgegnung", Klbg. Ztg., Nov. 1952.

11) Fullriede, Brf. an Luther, 6.5.1957.

12) Fullriede, „Ergänzungen zum Gefechtsbericht" (hsl.), 21.5.1957, 26.5.1957, 30.7.1957.

13) Fullriede, mdl. Bericht, 3.6.1957.

14) Brand, Dr. Werner, „Kritik zum Gefechtsbericht von Oberst Fullriede", Hs.

15) Herrmann, P., Gen.-Major, Br. v. 26.5.1952.

16) Prien, Waldemar, F.Kpt., „Kampfbericht Marine über die Verteidigung der Festung Kolberg v. 1.-18. 3. 1945", 1945.

17) Hetz, Karl, K.Kpt., „Marine-Einsatz vor Kolberg. Aus dem Kriegstagebuch des Zerstörers ‚Z 34' über seinen Einsatz vor Kolberg", „Marineztg.", März 1955, nachgedruckt Klbg. Ztg. Nr.3/1956.

18) Troschel, Gerhard, Oberst a.D., Br. v. 6.1.1957.

19) Schleiff, Erich, Major d.R., Bericht v. 28.7.1957.

20) Nehring, Herbert, Stabsintendant, Br. v. 1.4.1945.

21) Nehring, Herbert, Br. v. 5.3.1957.

22) Erdmann, Erhard, Oblt., „Festung Kolberg 1945 – aus dem Tagebuch eines Infanteristen", Hs., 1945.
23) Erdmann, Erhard, Br. v. 28.4.1957.
24) Erdmann, Erhard, Br. v. 24.6.1957.
25) Hempel, Alfred, Oblt.d.R., Br. v. 14.1.1957.
26) Lundstedt, Oblt.d.R., Br. v. 28.3.1945.
27) Kirchhoff, Otto, Hfw.d.Lw., Br. v. 7.8.1949.
28) Nickel, Robert, Fw.d.Lw., Br. v. 1.9.1946.
29) Schmidt, Helmut, Fw.d.Lw., Br. v. 24.9.1946.
30) Lux, Uffz., Klbg. Ztg., März 1952.
31) Toews, Ernst, Gfr., R.O.B., Tagebuchaufzeichnungen über seine Teilnahme als A.B. während der Belagerung Kolbergs.
32) „Aufzeichnungen über die letzten Tage von Kolberg" v. einem ungenannten Geschützführer des leichten Flakzuges.
33) Böttcher, Emanuel, M.G.-Schütze 1 im M.G.-Btl. 91, „Die Kämpfe in und um Kolberg (4.-18.3.1945)".
34) Petersen, Johannes, Führer d.II. V. St.Btl., Br. v. 22.4.1949.
35) Falkenberg, Zugführer i.e.V. St.-Kp., Br. v. 12.3.1949.
36) Labs, Karl, V. St.-Mann, Br. v. 4.5.1949.
37) Westphal, Willi, V.St.-Mann, mdl.Bericht, 1954.
38) Haenisch, Gerhard, Dr.med., „Die Flucht der Familie H. aus Kolberg im März 1945".
39) Hille, Karl, Dr. med., Stabsarzt d.R., Br. v. 15.4.1956.
40) Gockowiak, Willy, „Bericht über meine Erlebnisse vom 3.3. bis 29.12.1945".
41) „Die Einnahme von Kolberg", „Völkische Tagesztg. der SPD Berlin", Nr. 66/1945, 20.3.1945 (gezeichnet: E. St.).
42) Zuckowski, Michael, „Die 1. poln. Armee im Kampf um Pommern", „Pomorze Zachodnie" (Veröffentlichung d. West-Instituts, Posen), 1949.
43) Esebeck, Hans Gert von, „Afrikanische Schicksalsjahre", 1949.
44) Thorwald, Jürgen, „Es begann an der Weichsel", 1950, S. 338.
45) Tippelskirch, Kurt von, „Geschichte des zweiten Weltkrieges", 1951, S. 627.
46) „Ostdeutsches Schicksal", Lüneburger Landesztg., 29.7.1949.
47) „Dt. Soldatenztg.", Nr.7/1954 (11.2.), S. 12.
48) Lossin, Fritz, „Auf der Mole in Gefangenschaft", Klbg. Heimatbrief, Nr.1/1951.

49) Hering. E.(Fr.), in „Die ersten kritischen Stimmen", Klbg.Heimatbrief, Nr.2/1951.
50) „Der 4.März 1945 in Kolberg...u. was danach geschah", Klbg. Ztg., März 1952.
51) Ulbricht, Paul, Klbg. Ztg., März 1952.
52) „Ostsee – das Meer unserer Heimat – das Grab unserer Toten", Klbg. Ztg., Apr.1952.
53) „Was d. Bürger Kolbergs in d. letzten Belagerung leisteten", Klbg. Ztg., Juni 1952.
54) „Vom Zivil-Einsatz im belagerten Kolberg", Klbg. Ztg., Juni 1952 (Verf. nicht gen.).
55) „General Krapps Tod in d. Festungskommandantur", Klbg. Ztg., Juni 1952 (Verf. nicht gen.).
56) „Wieder gedenken wir der Schreckenstage des Märzmonats 1945". Klbg. Ztg., März 1953.
57) Burkhardt, Georg, „Einer, der sich nicht absetzen konnte", Klbg. Ztg., März 1953.
58) Reussner, Margarete, „Ein Tagebuch über Kolbergs Schicksalstage", Klbg. Ztg., März 1953.
59) Burkhardt, Georg, „Die letzten Minuten auf den Molen", Klbg. Ztg., Nr. 3/1954.
60) Fullriedes Dankschreiben an seine Soldaten, Klbg. Ztg., Nr. 3/1954.
61) Keup, Else (Fr.), „Während der Belagerung Kolbergs unter den feindlichen Truppen", Klbg. Ztg., Nr. 3/1954.
62) Tuchtenhagen, Karl, „Wie ich Kolberg in den Märztagen 1945 erlebte", Klbg. Ztg., Nr. 3/1954.
63) Kunza, Erzpriester i.R., „Über die letzten Tage des Kolberger Martinsbades", Klbg. Ztg., Nr. 8/1955.
64) Mews, Erich, „Die Nacht vom 3. zum 4.3.1945 in Henkenhagen, Kr.Kolberg, Klbg. Ztg., Nr. 3/1956.
65) + Wedig, Robert, „Die Beschießung Kolbergs vom 4.-18. März 1945", Klbg. Ztg., Nr. 2/1957.
66) Glander, in „Das Pommernblatt", Jg. 4, Folge 7, 5.4.1954, S.11.
67) Pervölz, Frieda, Br. v. 9./10.3.1945.
68) Wissinger, Anneliese, geb.Wachsmuth, Br. v. 14.3.1945.
69) + Genzel, Wally. „Die letzten Tage der Belagerung in Kolberg", Hs., Okt.1945.

70) Voelker, Johanna, Br. v. 16.11.1945.
71) Hennings, Luise, geb.Wulff, Protokoll v. 23.11.1945 (aufgenommen v. Stadtobersekr. Dresewski in Lübeck).
72) Bartz, Kohlenhändler, Br. v. 8.1.1946 an Spediteur Lau.
73) Lemke, Meta, Br. v. 15.2.1946.
74) Semmerow, Br. v. 10.3.1946.
75) Schilter, S., Br. v. 7.4.1946.
76) Krüger, Anna (Fr.), Br. v. 22.4.1946.
77) Siegert, Clara (Fr.), Br. v. 28.4.1946.
78) Schulz, Marie, Diakonisse, Br. v. 28.7.1946 an Spt. Handtmann.
79) Eltner, Hans, Br. v. 9.9.1947.
80) + Arnholz, E., Br. v. 26.6.1949.
81) Schmidt, Ulrich, Br. v. 30.12.1949.
82) Panten, Emil, Br. v. 20.1.1950.
83) Finger, Erich, Bauer in Degow, Erlebnisbericht, 26.3.1950.
84) Dresewski, Paul, Br. v. 31.3.1950.
85) + Kliegel, Mathilde, Br. v. 2.4.1950.
86) Eltner, Hans, Br. v. 7.11.1950 und 12.3.1951.
87) Littmann, Willi, mdl. Bericht, aufgezeichnet 1.7.1951.
88) Schröder, Johanna, Br. v. 25.10.1951.
89) Vahl, Otto, Br. v. 15.4.1954.
90) Tolks, Margarete, mdl. Bericht, 1956.
91) Zimmermann, Martha (Fr.), Br. v. 2./3.8.1956.
92) Lewin, Elisabeth (Fr.), Br. v. 21.8.1956.
93) Rutzen, Paul, „Meine Erlebnisse während der Belagerung Kolbergs", hds. Bericht, Dez. 1956.
94) Dietrich, Gustav, Br. v. 11.1.1957.
95) Bischof, Otto, Lok.-Führer, Bericht v. 22.4.1957.
96) Schilter, Siegfried, Br. v. 22.4.1957.
97) Boness, Charlotte, Br. v. 16.5.1957.
98) Besser, Hilda, Br. v. 18.6.1957.
99) Völzke, Robert, „Vom Fliegerhorst Bodenhagen", Br. v. 9.7.1957.
100) Behr, Dr. Hildegard, Br. v. 27.7.1957.
101) Quandt, Käthe (Fr.) mdl. Bericht v. 31.7.1957.
102) Pumplun, Franz, Br. v. 10.8.1957.
103) Braun, Ilse, in Rundbr. d.Klasse 7a d.Oberschule f. Mädchen zu Kolberg.

104) Hannemann, Otto, „Erinnerungen an die Belagerung und Beschießung Kolbergs in den Tagen vom 4. bis 16. März 1945", 1945.

105) Osterroht, Hilda von, Br. ohne Datum.

106) Pagel, Jutta, Br. ohne Datum.

107) Pinnow, Günther, mdl. Bericht.

108) Ratunde, Emil, mdl. Bericht.

109) Romeyke, Adolf, mdl. Bericht.

110) + Rusch, Ernst.

111) Stiller, Ilse, geb. Kruckow, „Erlebnisse in Kolberg und in der Umgebung von Kolberg v. 3.3.1945-20.8.1945".

112) Strenske, „Erlebnisbericht des Lehrers Str. aus Kolberg-Altstadt über die Zeit von März bis Weihnachten 1945".

113) Weiher, Frida, „Erlebnisse in Kolberg vom 15.3.1945 bis zur Ankunft in Heide am 19.9.1945".

114) Seefeldt, Elisabeth (Fr.), mdl. Bericht v. 5.9.1957.

115) Meyer, Käthe, mdl. Bericht v. 9.9.1957.

116) Briesemeister, Marie (Fr.), mdl. Bericht v. 9.9.1957.

117) „Die letzten Tage auf dem Kolberger Bahnhof", Klbg. Ztg., März 1954 (Verf. nicht gen.).

118) Franz Müggenburg, Rev.-Förster, mdl. Bericht v. 14.10.1957.

119) „Karl Tuchtenhagen schreibt – aus seinem Kolberger Notizbuch", Klbg. Ztg., Sept.1957.

120) „Karl Tuchtenhagen schreibt – aus seinem Kolberger Notizbuch", Klbg.Ztg., Okt.1957.

121) Erdmann, Erhard, Br. v. 16.10.1957.

122) Erdmann, Erhard, Br. v. 6.11.1957.

123) „Karl Tuchtenhagen schreibt – aus seinem Kolberger Notizbuch", Klbg. Ztg., Nov. 1957.

DEUTSCHE EINHEITEN BEI DER VERTEIDIGUNG KOLBERGS

Rgt.Woller: F.A.R. Pz. A.O.K. 3. vom I. Btl. Nachr.-Zug, 1. und 2. Kp., vom II. Btl. einige unvollständige Einheiten in Kolberg etwa seit 20.1.1945 aufgestellt.

Etwa 100 Pioniere mit 1 Lt.

2 Einsatz-Bttr., im Febr. 1945 in Deep aufgestellt: a) Bttr. Frehse, b) Bttr. Billerbeck, c) Abt. „Heimel".

2 Bttr. 10,5 cm, aus dem Raum Pyritz zugeführt.

Flak-Abt. Heinzel seit 1.3.1945.

2 l. F.H.-Bttr., seit 2.3.1945.

Fest.-M.G.-Btl. 51 (m), seit 3.3.1945.

Pz.-Zug Römig, seit 4.3.1945.

1 Bttr. schwerer Werfer, seit 4.3.1945.

7 Flak 10,5 cm, seit 4.3.1945.

7 Flak 3,7 cm, seit 4.3.1945.

2 Flak 2 cm, seit 4.3.1945.

Fest.-M.G.-Btl. 91 mot., seit 4.3.1945.

Alarm-Btl. Hempel, am 4.3.1945 etwa 400 Mann stark.

Art.-Gruppe Schleiff, nach dem 4.3.1945.

Pz.-Gruppe Beyer, nach dem 4.3.1945

Marine-Gruppe Prien, am 2.3.1945: 373 Mann, 7 Offz.

Die „Hoko", die einzige infanteristisch ausgebildete Kp. des Fliegerhorstes Bodenhagen, etwa 60 Mann, unter Lw.-Major Engewald.

Die Werft-Abt. d. Fliegerhorstes Bodenhagen.

Die Einsatzkp. des Fliegerhorstes Bodenhagen in Nest, seit dem 3.3.1945 neu aufgestellt, unter Major Kofke wenige Tage.

Fest.-M.G.-Btl. 92, seit dem 5.3.1945 dem I./F.A.R. unterstellt.

Feldbahnkp. 608.

3. Eis.-Bau-Btl. 408.

Ia/Artl.-Werferz.

Funktr. II. L.-Flotte.

Pz.-Zug 5 (identisch mit Pz.-Gruppe Beyer?)

Einh. Allers.

Gruppe Hoffmann (Inf.-Zug).

Pz.-Zug 72a.
Alarm-Btl. Kell = I./Fest.-Rgt. 5, seit dem 15.3.1945.
V. St.-Rgt. SA-Marine-Standarten-Führer Pfeiffer:

a) I./V.St.Btl., Btl.-Führer Kastenbein,

b) II./V.St.Btl., Btl.-Führer Hans Petersen,

8.V.St.Kp., nicht zum II. Btl. gehörig, einem anderen V.St.-Btl. zugeteilt, Kpf. Hptm. d.R. Schulz aus Pasewalk,

9.V.St.Kp., nur f. Wachdienst vorgesehen, löste sich am 7./8.3.1945 selbst auf,

V.St.Btl., Führer Uplegger.

V.St.-Werferzug.
Versprengte der 3. SS-Waffen.-Grenadier-Division (1. französische).
Versprengte der 15. SS-Waffen-Grenadier-Division (lettische Nr. 1).

Die Gesamtzahl der in Kolberg auf deutscher Seite beteiligten Soldaten dürfte nach dem Studium aller erreichbarer Quellen etwa 5.000-5.500 Mann betragen haben. Die in dem von Hptm. Döllefeld nach Beendigung der Kämpfe aufgestellten Gefechtsbericht des Festungskommandanten genannte Zahl von 3.300 Soldaten zu Beginn der Kampfhandlungen enthält vermutlich nicht die zu diesem Zeitpunkt nicht voll bewaffneten Luftwaffen- (ca. 200 Mann) und Volkssturmeinheiten (800 Mann) sowie die Marinegruppe Prien (ca. 450 Mann). Hinzuzufügen ist auch das am 12./13. März aus Swinemünde zugeführte Alarm-Bataillon Kell (ca. 700 Mann).

Bei Berücksichtigung der eingetretenen Verluste – ca. 750 Gefallene und mindestens 1.700 Verwundete – und der etwa 400 Mann (überwiegend Volkssturmangehörige), die am Morgen des 18. März in Gefangenschaft gerieten, kommt man in die Nähe der ebenfalls im Bericht Fullriede genannten Zahl von 2.000 Soldaten, die in der letzten Nacht über See evakuiert wurden.

Eine Dunkelziffer bleibt die Zahl der kampfunfähigen und kampfunwilligen Angehörigen von versprengten Einheiten, von Trossen, Eisenbahnern und anderen Hilfskräften, wie der Organisation Todt, die überwiegend am 17. März abtransportiert wurden. Nach Fullriedes späterer Bekundung waren zu keiner Zeit mehr als 3.500 Bewaffnete im Einsatz, zu mehr hätten allein schon die zur Verfügung stehenden Waffen nicht gereicht.

Voelkers obige Aufstellung zeigt, daß es sich bei Kolbergs Verteidigern, wie sie von Oberst Fullriede am 1. März vorgefunden wurden, um eine bunte Mischung von Angehörigen von Heer, Marine und Luftwaffe handelte. Das aktive Kolberger Infanterie-Regiment Nr. 4 befand sich nicht darunter. Es kämpfte an der Ostfront in Kurland und zuletzt auf Hela, wo es schließlich bei Kriegsschluß kapitulieren mußte.

Aus dem Grenadier-Ersatz-Bataillon 4 Kolberg wurde am 20.1.45 ein Alarmbataillon aufgestellt, das in der Gegend von Küstrin zum Einsatz kam. Und aus den verbleibenden Soldaten wurde am 4.2. ein Ausbildungsbataillon gebildet, das kurz darauf nach Wismar in Marsch gesetzt wurde.

Bei der Marinegruppe Prien handelte es sich im wesentlichen um das Stamm- und Ausbildungspersonal der Torpedoschule III., die ihren Standort an der Langenbeckstraße hatte. Die Kursusteilnehmer der Schule, ca. 700-800 junge Torpedomechaniker der Kriegsmarine, rückten auf Befehl der Marineleitung am 2. März 1945 auf dem Küstenwege nach Dievenow ab. Aus ihnen wurde unter Leitung von Freg.-Kpt. Riede auf Usedom im Rahmen der 3. Marine-Inf.-Division das Marine-Schützenbataillon 128 gebildet.

Von den vier Kolberger Volkssturm-Bataillonen wurde das des 1. Aufgebotes, das mit den noch gesündesten und marschfähigsten Männern, am 4. Februar per Bahn in den Raum Schneidemühl transportiert, wo es gegen Ende des Monats zum Einsatz kam und weitgehend aufgerieben wurde.

4. - 7. März	45. Panzerbrigade **(sowj.)**
4. - 7. März	362. Panzerartillerie-Regiment **(sowj.)**
4. - 7. März	270. Mörser Garderegiment **(sowj.)**
4. - 7. März	9. selbst. Garde-Motorradbataillon **(sowj.)**
6. - 9. März	272. Infanteriedivision **(sowj.)**
9. - 17. März	Regt. 1063 der 272. Infanteriediv. **(sowj.)**
7./8. - 18. März	6. Infanteriedivision (poln.)
7./8. - 18. März	3. Art.-Haubitzenbrigade (poln.)
9. - 18. März	3. Infanteriedivision (poln.)
9. - 18. März	2. Art.-Haubitzenbrigade (poln.)
9. - 18. März	1. Granatwerferregiment (poln.)
9. - 18. März	5. schwere Artilleriebrigade (poln.)
9. - 18. März	1. Pionierbrigade (poln.)
11. - 18. März	2. Flammenwerferbataillon (poln.)
12. - 18. März	4. Infanteriedivision (poln.)
12. - 18. März	4. schweres Panzerregiment (poln.)
13. - 18. März	1. Flakartilleriedivision (poln.)
16. - 18. März	6. Raketenbrigade **(sowj.)**
bei Wetterlage	4. Luftwaffendivision (poln.)

Befehlshaber der Kampfgruppe polnischer Verbände bei Kolberg war Brigadegeneral Marek Karakoz. Die Einheiten gehörten zur 1. Polnischen Armee (Div.-General Stanislaw Poplawski) und waren Teil der 1. weißrussischen Front. Zur 2. weißrussischen Front gehörte vor Kolberg nur die sowjetische 272. Infanteriedivision, Grenze zwischen den beiden Fronten war die Persante.

Die Mannschaftsstärke der auf sowjetischer Seite in der Zeit vom 4. bis 7. März vor Kolberg eingesetzten Einheiten war leider nicht zu ermitteln. Die Stärke der polnischen Verbände (7. bis 18. März) beschreibt dagegen Dr. Kroczyñski sehr genau in seinem 1998 in Warschau erschienenen Werk „Twierdza Kolobrzeg" (Festung Kolberg). Er kommt auf eine Sollstärke von insgesamt 28.867 Mann, die, teilweise zeitlich versetzt, vor Kolberg im Einsatz waren.

DIE AN DER EVAKUIERUNG DER BEVÖLKERUNG BETEILIGTEN SCHIFFE DER KRIEGS- UND HANDELSMARINE

Folgende **Einheiten der Kriegsmarine** waren an der Verteidigung Kolbergs und am Abtransport der Flüchtlinge beteiligt:

Zerstörer Z 34 (Kommandant Korv.-Kpt. Hetz),

Zerstörer Z 43 (Kommandant Kpt.z.S. Wenninger),

Torpedoboot T 33 (Kommandant Kpt.Lt. Riebe),

Minensuchboote – Minenräumboote –

MFPs = Marine Fährprähme – U-Jäger – Siebelfähren – Minenkampffähren – KFKs = Kriegsfischkutter – Vorpostenboote – Flugsicherungsboote und die Seenotrettungsgruppe 81.

Von der **deutschen Handelsflotte** beteiligten sich die folgende Schiffe beim Abtransport der 70.000 in Kolberg Eingeschlossenen: die größeren Dampfer: Nautik (1.127 BRT) – Söderhamn (1.499 BRT) – Oranje (1.800 BRT) – Hestia (2.883 BRT) – Westpreußen (2.877 BRT) – Heinz Horn (3.994 BRT) – Nordenham (4.052 BRT) Winrich von Kniprode (10.132 BRT), ferner die kleineren Schiffe: Theseus – Greif – Lys – Sextant – Oktant – Zenith – Möwe – Koholyt – Saar – Albert – Merkur – Nadir – Pickhuben – Heluan – Heidelberg – Ostpreußen – Balangen – Hans-Karl – Bernd – Kolberg – Martha Geiss – Amrum – Wiking II – Prinz Adalbert – Reiher – Nordpol – Stolpe und die Schlepper C 72 S und Charles Nungesser, dazu das Fischereischutzboot Gneisenau des Oberfischereimeisters.

Die Einsatzleitung für die Seetransporte von und zu den Häfen der hinterpommerschen Küste lag im März 1945 in der Hand von Freg.-Kpt. Kolbe. Er gab nach der Aufgabe von Kolberg am 21. März 1945 einen zusammenfassenden Bericht an den Admiral Westl. Ostsee. In Kolberg wurde er unterstützt von Oberfischereimeister Dr. Otto Marquard, der schon vor dem 4. März als Leiter der Marine Dienststelle Kolberg dafür sorgte, daß auf nach Westen laufenden Schiffen Flüchtlinge mitgenommen und so in Sicherheit gebracht wurden.

DAS EHRENBUCH DER IM ZWEITEN WELTKRIEG IN KOLBERG GEFALLENEN

Über die Zahl der 1945 in Kolberg ums Leben gekommenen Soldaten und Zivilisten gibt es keine genauen Angaben. Die in den ersten Nachkriegsjahren vorgenommenen Schätzungen bewegten sich zwischen 10.000 und 17.000 Toten. Diese Zahlen sind aber deutlich zu hoch. Nach Untersuchungen des polnischen Militär-Historikers Dr. Hieronim Kroczyński im Jahre 2005, niedergelegt im dreisprachig gehaltenen „Ehrenbuch der im Zweiten Weltkrieg in Kolberg Gefallenen" sind im März 1945 bei den Kämpfen um Kolberg 1.441 polnische, 257 russische und 441 deutsche Soldaten ums Leben gekommen.

Während diese Zahlen für die polnischen Verluste als recht genau angenommen werden können, gilt dies nicht für die beiden anderen Gruppen von Gefallenen. Schon die russischen Verluste müssen als unsicherer angesehen werden. Viele durch die Uniform als Russen identifizierte Soldaten wurden anonym beerdigt, denn es gab zu der Zeit auf sowjetischer Seite kein Erkennungsmarkensystem.

Die Namen der deutschen Gefallenen wurden für obiges Buch aus den Unterlagen des Volksbundes Deutsche Kriegsgräberfürsorge entnommen und für die Wehrmacht dem Verfasser durch Dr. H.-R. Marten übermittelt. Peter Jancke überarbeitete die Namen der vermißten und gefallenen Volkssturmangehörigen nach den Verschollenenlisten des Deutschen Roten Kreuzes. Für beide Gruppen bleibt ein großer Prozentsatz von ungeklärten Fällen. Die Zahl der deutschen gefallenen Soldaten und vor allem der Volkssturmmänner, die besonders schwere Verluste hatten, ist wohl mit 600-800 nicht zu hoch gegriffen. Noch heute werden im Stadtgebiet bei Grabungsarbeiten die Leichen 1945 verscharrter Soldaten gefunden. Insgesamt kann wohl von einer Gesamtzahl von ca. 2.500 gefallenen Soldaten aller drei Streitkräfte ausgegangen werden. In Anbetracht des engen Raumes und des Erfahrungswertes, daß auf einen gefallenen zwei bis drei verwundete Soldaten kommen, ist dies für Kolberg ein gewaltiger Blutzoll innerhalb von nur 10 Großkampftagen. So haben die Polen, wenn man den Todeszeitpunkt betrachtet, gleichmäßig verteilt täglich fast eine ganze Kompanie an Toten verloren.

Nach europäischem Brauch werden nach Ende eines Krieges Denkmale und Ehrenfriedhöfe für alle Gefallenen errichtet. Nicht so im Osten nach dem letzten großen Völkermorden. Der Haß auf den Verursacher des Krieges, Hitlerdeutschland, war so groß, daß man in Polen meist, so auch in Kolberg, den gefallenen deutschen Soldaten Gräber verweigerte. Während die gefallenen polnischen und russischen Soldaten noch während der Kämpfe oder in den Tagen danach registriert und beerdigt wurden, wurden die deutschen Soldaten und Volkssturmmänner wie sie gefunden wurden namenlos in Einzel- oder Massengräbern eingescharrt.

Auf dem Rundplateau von Fort Münde begrub man nach dem Ende der Feindseligkeiten 46 russische und 16 polnische Soldaten, um mit diesem symbolischen Friedhof einen zentralen Ort für die alljährlichen Gedenk- und Siegesfeiern zu haben. 1963 wurden aber diese Gräber auf den Zentralfriedhof an der Treptower Chaussee verlegt, wo ein großer Militärfriedhof entstand, der 1979/80 zu einer Kriegsgräberstätte ausgebaut wurde. In der südwestlichen Ecke dieses Zentralfriedhofs liegen im einzigen deutschen Soldatengrab die beiden deutschen Luftwaffensoldaten, die am 4. März 1945 mit ihrer Focke-Wulf 190 abstürzten und 1995 vor der Ostmole des Kolberger Hafens aus den Trümmern ihres Flugzeuges geborgen wurden.

Zu diesen Verlusten an Soldaten kommt eine unabsehbare Zahl von toten Zivilpersonen, meist Flüchtlinge aus den Ostprovinzen des Reiches, die dem Artilleriebeschuß und den Luftangriffen beim Warten auf die Schiffe am Hafen und beim Anbordgehen zum Opfer fielen oder nach Beendigung der Kämpfe den Strapazen, Krankheiten und Entbehrungen erlagen. Abgesehen von dem Untergang der „Consul Cords", die schon am 15. Februar, auch mit Kolbergern an Bord, vor Warnemünde auf eine Mine lief, sind von den per Schiff aus Kolberg Fliehenden auf See nur ganz vereinzelt Personen zu Schaden gekommen. Kein von Kolberg während der Belagerung ablegendes größeres Schiff ging verloren. Allerdings haben auch viele am 12. März in Swinemünde ausgeladene Frauen und Kinder, die in den amerikanischen Luftangriff gerieten, ihr Leben lassen müssen.

Für viele dieser zivilen Opfer, ihre Zahl geht gewiß in die Hunderte, gibt es außer den Angaben in Voelkers „Totentafeln" nur eine Aufzeichnung: die „Gesamterhebung des Schicksals der deutschen Bevölkerung in den Vertreibungsgebieten". Diese nennt 1964! von den erfaßten 32.000 Stadtbewohnern noch 1881 Vermißte und von der Landbevölkerung des Kreises von 41.000 erfaßten Personen noch 2.580 Vermißte. Vor allem unter den im Freien kampierenden Flüchtlingen in den Parks und auf den Straßen, die ja nicht registriert waren, hat es große Verluste gegeben. Für diese wird es wohl in aller Zukunft nur heißen können: bei Kolberg im März 1945 verschollen.

Die Gesamtzahl der Toten in der Stadt in so kurzer Zeit ist erschütternd. Die vielen Soldaten, dazu die Flüchtlinge und jene Kolberger, die die Stadt nicht verlassen wollten und sich vielfach auch mit ihren Familien selbst das Leben nahmen, um dem grausamen Feind nicht in die Hände zu fallen. Insgesamt kommt man für die Stadt Kolberg in diesem Bericht auf 459 Zivilpersonen, für den Landkreis auf 1.546 Personen, die während der Belagerung und als Folge der Vertreibungsmaßnahmen ihr Leben verloren haben. –

In Anbetracht dieser Verluste an Menschenleben wird man den Verszeilen der Kolberger Dichterin Hildegard Behr zustimmen können, die 1954 im Geleit zu Johannes Voelkers Kolberger Totentafeln schrieb:

Hier ist auf jedem Fleck ein Mensch gestorben,
Ob Kind, ob Greis, ob Frauen ohne Zahl –
Ob Männer, die für unser Sein sich gaben,
Zerfetzt, zermalmt, geschändet, unbegraben...
Weiht eure Herzen zum Erinnerungsmal!

LITERATUR ZU KOLBERGS BELAGERUNG 1945

Bruns, Axel: *Gefechtsbericht über den Durchbruch der Infanterie-Division Pommern im Verbande der Korpsgruppe Tettau,* masch.-schriftl, ca. 1960.

Brustat-Naval, Fritz: *Unternehmen Rettung,* Koehlers Verlagsges., Herford 1970.

Eitner, Hans Jürgen: *Kolberg ein preußischer Mythos,* edition q, Berlin 1989.

Gehrke, Ulrich: *Die letzten Tage von Kolberg im Panorama der Abwehrkämpfe in Pommern im März 1945...,* in: Mitteilungen der Vereinigung ehemaliger Schüler des Dom- und Realgymnasiums zu Kolberg, S. 2654-2676, Hamburg, 2005.

Gosztony, Peter: *Stalins fremde Heere,* Bernhard Graefe Verlag, Bonn 1991.

Güth, Rolf: *Zerstörer Z 34,* Koehlers Verlagsges. Herford, 1980.

Jadziak, Emil: *Wyzwole Nie Pomorza* (Die Eroberung von Pommern), Wydawnictwo Ministerstwa Obrony Narodowej, Warszawa 1962.

Jancke, Peter: Rettungseinsatz der Marine vor Kolberg, in: Pommersche Zeitung Folge 2 und 3, Lübeck 1996.

Jancke, Peter u.a.: *Flucht und Vertreibung aus dem Kolberger Land,* in: Kolberg damals und heute, Bd. 22 der Schriftenreihe zur Geschichte der Stadt Kolberg, Verlag Peter Jancke, Hamburg 2001.

Jancke, Peter: *Der Einsatz des Kolberger Volkssturms,* in: Pommersche Zeitung Folge 10 und 11, Lübeck 2005

Karweina, Günter: *Der große Treck,* E. Werncura-Verlag, Stuttgart 1980.

Kroczyñski, Hieronim: *Twierdza Kolobrzeg (Festung Kolberg),* FENIX editions, Warszawa, 1998.

Kroczyñski, Hieronim: *Das Ehrenbuch der im Zweiten Weltkrieg in Kolberg Gefallenen,* dreisprachig, Wydawnictwo Kamera, Kolobrzeg 2005.

Kroczyñski, Hieronim: *Kronika Kolobrzegu,* Le Petit Cafè, Kolobrzeg 2005.

Lindenblatt, Helmut: *Pommern 1945,* Verlag Gerhard Rautenberg, Leer 1984.

Murawski, Erich: *Die Eroberung Pommerns durch die Rote Armee,* Harald Boldt Verlag, Boppard, 1969. Neuauflage unter dem Titel: *Der Kampf um Pommern,* Lindenbaum Verlag, Beltheim-Schnellbach, 2011

Saint Loup: *Legion der Aufrechten, Frankreichs Freiwillige an der Ostfront,* Druffel Verlag, München 1973.

Schön, Heinz: *Ostsee 45 – Menschen, Schiffe, Schicksale,* Motorbuch Verlag, Stuttgart 1984.

Schön, Heinz: *Die letzten Kriegstage – Ostseehäfen 1945,* Motorbuch Verlag, Stuttgart 1995.

Sroga, Alojzy: *Na drodze stal Kolobrzeg* (Im Wege lag Kolberg), Wydawnictwo Ministerstwa Obrony Narodowej, Warszawa 1980.

Thorwald, Jürgen: *Es begann an der Weichsel,* Stuttgart 1950.

Tippelskirch, Kurt, von: *Geschichte des Zweiten Weltkrieges,* 2. Aufl., Athenäum Verlag, Bonn 1956.

Wojdyñski, Ksawery; *Es geschah in Kolberg,* Wydawnictwo WERS, Poznan 2000.

Zukowski, Michael: *Die 1. poln. Armee im Kampf um Pommern,* Posen 1949.

Abkürzungen

A.B.	=	Artillerie-Beobachter
Abt.	=	Abteilung
A.K.	=	Armeekorps
A.O.K.	=	Armee-Ober-Kommando
Art.	=	Artillerie
Br.	=	Brief
B.-Stelle	=	Beobachtungsstelle
Btl.	=	Bataillon
Bttr.	=	Batterie
DO-Geräte	=	Raketenwerfer 15 cm
F.A.R	=	Feld-Ausbildungs-Regiment
F.H.	=	Feldhaubitze
F.Kpt.	=	Fregatten-Kapitän
FT	=	Funk-Telegramm
Fw.	=	Feldwebel
Gef.-Stand	=	Gefechtsstand
Gfr.	=	Gefreiter
H.-	=	Heeres-
Hfw.	=	Hauptfeldwebel
H.K.L.	=	Haupt-Kampf-Linie
„Hoko"	=	Horstkompanie
Hptm.	=	Hauptmann
Hs.	=	Handschrift
hsl.	=	handschriftlich
Inf.	=	Infanterie
Kfz.	=	Kraftfahrzeug
K.Kpt.	=	Korvetten-Kapitän
Klbg. Ztg	=	Kolberger Zeitung
KMD	=	Kriegsmarine-Dienststelle
Kmdo.	=	Kommando
Kmdr.	=	Kommandeur
Kmdt.	=	Kommandant
Kmdtr.	=	Kommandantur
Kp.	=	Kompanie
Kpf.	=	Kompanieführer
Kpt.	=	Kapitän
l.M.G.	=	leichtes Maschinengewehr

Lok.	=	Lokomotive
Lt.	=	Leutnant
Lw.	=	Luftwaffe
mdl.Ber.	=	mündlicher Bericht
M.(E.)	=	Marine (-Einheit)
M.E.A	=	Marineersatzabteilung
M.G.	=	Maschinengewehr
M.-Kp.	=	Marine-Kompanie
mot.	=	motorisiert
M.P.	=	Maschinen-Pistole
Oblt.	=	Oberleutnant
Offz.	=	Offizier
Ofw.	=	Oberfeldwebel
O.K.H.	=	Oberkommando des Heeres
Pz.	=	Panzer
RAD	=	Reichsarbeitsdienst
Rgt.	=	Regiment
R.O.B.	=	Reserve-Offizier-Bewerbe
s.M.G.	=	schweres Maschinengewehr
Stfw.	=	Stabsfeldwebel
T.S.	=	Torpedoschule
Uffz.	=	Unteroffizier
Ufw.	=	Unterfeldwebel
v.B.	=	vorgeschobener Beobachter
V.St.	=	Volkssturm
W.M.	=	Wachtmeister

ERKLÄRUNGEN ZU DEN BEILIEGENDEN PLÄNEN

BEARBEITET VON RUDOLF LUTHER

PANZERGRABEN MIT ÜBERGANGSBRÜCKE
TEILS GEBAUT / TEILS IM BAU / TEILS GEPLANT
STADTRANDSTELLUNG ZUM TEIL IM BAU
STRASSENSPERREN
KOMMANDANTUR KOLBERG
VERLAUF DER EIGENEN FRONTLINIEN
VERLAUF DER FEINDLICHEN FRONTLINIEN
EIGENE ANGRIFFSRICHTUNG
FEINDLICHE ANGRIFFSRICHTUNG
EIGENE BEFEHLSSTELLUNG
FEINDLICHE BEFEHLSSTELLUNG

DATUMSANGABEN: 10/11. BEDEUTET IN DER NACHT VOM 10. ZUM 11.
10.-13. BEDEUTET VOM 10. BIS 13.

STRASSEN

A. KÖSLINER STRASSE
B. KÖRLINERSTRASSE
C. WALLSTRASSE
D. KUMMERSTRASSE
E. BAUSTRASSE
F. MÜNDERSTRASSE (ADOLF HITLER STRASSE)
G. NETTELBECKSTRASSE
H. BAHNSTRASSE
I. LANGENBECKSTRASSE
K. TREPTOWER STRASSE
L. LUISENSTRASSE
M. GRADIERSTRASSE
N. STETTINERSTRASSE
O. JAHNSTRASSE
P. VOGELSANG
Q. BENZMANNSTRASSE
R. PARKSTRASSE
S. MOLTKESTRASSE
T. VIKTORIASTRASSE
U. 1. PFANNSCHMIEDEN
V. 2. PFANNSCHMIEDEN

GEBÄUDE UND PLÄTZE

1 GASANSTALT
2 GEORGEN-FRIEDHOF
3 ALTE- UND NEUE GEORGENKIRCHE
4 LOKOMOTIV-SCHUPPEN
5 RATHAUS MIT MARKT
6 DER DOM
7 LANDRATSAMT MIT LUISENSCHULE (LYZEUM)
8 SCHILLKASERNE
9 DER KAISERPLATZ (ADOLF HITLERPLATZ)
10 FINANZAMT
11 KRANKENHAUS
12 SCHLACHTHAUS
13 STADTGÄRTNEREI
14 NEUES GYMNASIUM
15 STADTTHEATER
16 STRANDSCHLOSS
17 LUFTWAFFENBAUAMT IN DER SEESTRASSE
18 NIKOLAI - KIRCHE IN DER NÄHE HOTEL MONOPOL DER BALTENHOF KURHEIM SILOAH UND MÜNDERSCHULE
19 HAFENBAUAMT
20 YACHTHAFEN
21 RESTAURANT GRÜNHAUSEN
22 SCHIESSSTÄNDE
23 WAISENHAUS
24 FISCHEREIHAFEN
25 BRANDENBURGER KURHAUS
26 KURHAUS SILOAH
27 LOTSENTURM
28 WASSERTURM
29 ELEKTRIZITÄTSWERK
30 ST-MARTIN - KURHAUS MIT KATHOLISCHER KIRCHE
31 PREUSSENPLATZ
32 MÜNDERSCHULE